Rudolf Klußmann

Gicht – Gier – Größe – Macht

Herrscher im Spannungsfeld von Lust und Leid

Rudolf Klußmann

Gicht – Gier – Größe – Macht

Herrscher im Spannungsfeld von Lust und Leid

Ich weiß nicht, aber mich dünkt, ich sähe zwei Wege,
um zur Wissenschaft der menschlichen Geschichte
zu gelangen. Der eine, mühsam und unabsehlich,
mit unzähligen Krümmungen, der Weg der Erfahrung,
der andere, fast *ein* Sprung nur, der Weg
der inneren Betrachtung.

Novalis
Heinrich von Ofterdingen
(2. Kapitel)

Die Deutsche Bibliothek - CIP-Einheitsaufnahme
Klußmann, Rudolf:
Gicht - Gier - Größe - Macht : Herrscher im Spannungsfeld
von Lust und Leid / Rudolf Klußmann. - Gießen :
Psychosozial-Verl., 1998
ISBN 3-932133-32-3

Friedrichstr. 35, D-35392 Gießen,
Tel.: 0641/77819, Fax: 0641/77742

Umschlaggestaltung: Dirk Heller
Umschlagabbildung:
Friedrich I (König in Preußen), Otto von Bismarck, Friedrich II. (der Große)
Druck: KM-Druck, Groß-Umstadt
ISBN 3-932133-32-3

Inhaltsverzeichnis

Seite

Vorwort

Lange Zeit befaßte sich die Geschichtsschreibung hauptsächlich mit Themen wie kriegerischen Auseinandersetzungen, Besitzerwerb und -verlust, wirtschaftliche Abhängigkeiten – Zahlen über Zahlen. In jüngster Zeit wird die subjektive Dimension der handelnden Personen zunehmend berücksichtigt. Die Persönlichkeit der meist männlichen Potentaten, ihre Zuträger, ihre Familien und gesellschaftlichen Bedingungen geraten ins Blickfeld. Den persönlichen und sozialen Beweggründen, die Heil wie Unheil, Kunst wie Kriege, Leben wie Tod über die Menschheit gebracht haben, wird mehr Aufmerksamkeit geschenkt. Es ist nicht mehr nur der „Zufall" eines angeborenen Charakterzuges, der verantwortlich ist für Revolution und Evolution, für Rückzug und Fortschritt, Macht und Ohnmacht. Welchen Einfluß haben persönliche Entwicklungsschicksale, die durch die Eltern, Ammen, Erzieher, auch durch die gesellschaftlichen Umstände, die ökonomische Situation und die psychosozialen Bedingtheiten geprägt sind, auf historisches Geschehen?

Eindeutig belegbare Daten und Fakten von Schlachten, Stärke und Ausrüstung der Heere, Geldwesen, Gebets-, Heirats- und Todeszahlen sind besser dokumentiert als Persönlichkeitszüge der handelnden Personen und als die Einflüsse, denen sie ausgesetzt waren. Aber auch die Psychologie ist auf möglichst genaue Fakten angewiesen. Aus der Sekundärliteratur sind sie nur begrenzt herauszufiltern. Dadurch wird ein stringent psychoanalytisches Vorgehen, dessen Basiserkenntnisse mit Begriffen wie Übertragung, Gegenübertragung, Widerstand u.a.m. verbunden sind, nur begrenzt anwendbar sein. Geschichtliche Persönlichkeiten lassen sich nicht analysieren. Es kann nur reduktionistisch gearbeitet werden. Deshalb wird auch eine exaktere diagnostische psychosomatisch-psychodynamische Zuordnung der Person allenfalls im Ansatz richtig sein können. Damit wird den Kritikern der psychohistorischen Forschung und Betrachtungsweise reichlich Material an die Hand gegeben, das ein Begeisterter, vielleicht auch Schwärmender, akzeptieren muß. Aber: Die in psychodynamisches Denken eingebetteten klinischen Beobachtungen an unseren psychosomatisch kranken Patienten zeigen Zusammenhänge, die auch für historische Persönlichkeiten gelten, wenn die zeitlich-sozialen Bedingtheiten entsprechend berücksichtigt werden.

Dieser Hintergrund war der Anlaß, historisches Interesse mit psychosomatisch-psychodynamischer Forschung zu verbinden und einige der vielen gichtkranken Herrscher unter diesem Aspekt anzuschauen. Die Untersuchung von Patienten, die an der Stoffwechselkrankheit „Gicht" litten, ergab erstaunliche Zusammenhänge zwischen der körperlichen Erkrankung und der psychischen Befindlichkeit. Das war überraschend, weil Stoffwechselforscher annehmen, daß die Gicht auf dem Boden einer angeborenen, familiären Hyperurikämie, d.h. Harnsäureerhöhung im Blut, erwächst. Die Gicht ist nach dem Diabetes mellitus die häufigste Stoffwechselerkrankung, tritt aber fast nur bei Männern auf, von denen 3 % betroffen sind. Sie beginnt plötzlich mit sehr heftigen Schmerzen und ausgeprägten Entzündungszeichen, zu 80 % am Großzehengrundgelenk. Der Verlauf ist gekennzeichnet durch kristalline Harnsäureablagerungen (Gichtknoten, die aufbrechen und zu Geschwüren führen können), die nicht nur in den Gelenken, sondern auch in vielen anderen Geweben – oft auch schmerzlos – zur Destruktion führen. Die Gicht neigt zur Chronifizierung und breitet sich über den ganzen Körper aus, wobei die Nieren (mit Nierensteinbildung) besonders häufig betroffen sind; deren Versagen ist nicht selten die Todesursache von Gichtikern. Alimentäre Exzesse mit purinreichen Mahlzeiten (Innereien, Fleisch, Fisch, Käse u.a.) zusammen mit dem Verzehr von reichlich Alkohol sind meist 15 Stunden später für den Ausbruch der Gichterkrankung respektive eines Gichtanfalls pathogenetisch verantwortlich. Bei der Gicht handelt es sich um eine „Wohlstandskrankheit", die während Kriegszeiten in der Allgemeinbevölkerung so gut wie nicht vorkommt.

Der organpathologisch orientierte Stoffwechselforscher fragt nicht danach, warum die betreffende Person zu diesen Exzessen neigt. Ebensowenig interessiert ihn, warum sich Gichtkranke selten an die Empfehlungen der Ärzte halten. Diesen Fragen sind wir nachgegangen und haben das Persönlichkeitsbild und dessen Entwicklung erforscht. Die gewonnenen Erkenntnisse haben wir auf historische Persönlichkeiten, die an dieser Krankheit litten, angewendet.

Bei der Untersuchung interessierte weniger, ob eine primäre psychische Anlage mit bestimmten Charakterzügen ursächlich am Entstehen der Stoffwechselkrankheit beteiligt war oder ob es sich um sekundäre Erscheinungen einer Krankheitsverarbeitung handelte. Vielmehr ist die Frage, ob bei den erwähnten Potentaten Zusammenhänge zwischen Anlage, Lebensführung, Persönlichkeitsentwicklung, Konfliktgeschehen und den Krankheitssymptomen nachzuweisen sind. Bei dieser Untersuchung haben wir die Gicht in den Mittelpunkt unserer Überlegungen gestellt.

Wissenschaftliche Literatur zur psychosomatischen Gichtforschung ist kaum zu finden, psychophysiologische Untersuchungen gibt es nur wenige. Die Ergebnisse ließen sich jedoch auf historische Persönlichkeiten übertragen, die an einer Gicht erkrankt waren. Zweifellos gibt es Gichterkrankungen, bei denen sich ein psychophysischer Zusammenhang nicht herstellen läßt; auch bei einmaligem Auftreten einer Schmerzattacke ist ein entsprechender Nachweis meist nicht möglich, vielleicht auch nicht vorhanden. Dennoch ist das Ineinandergreifen von körperlichen und seelischen Faktoren bei einer spezifisch menschlichen Krankheit für den größten Teil der Beschwerden eines Patienten in einer ärztlichen Praxis entscheidend. Das gilt auch für die Gichterkrankung.

Das Buch ist so aufgebaut, daß die einzelnen Kapitel und die Betrachtung der Persönlichkeiten für sich verständlich sind. Dennoch ist es für denjenigen, der mit psychodynamisch-psychoanalytischen Begriffen nicht vertraut ist, ratsam, das im Anhang befindliche Glossar zu befragen und das Einführungskapitel zu lesen, das einige Gedankengänge psychosomatischer Betrachtungsweise zusammenfaßt und entsprechende Zusammenhänge bei der Gichterkrankung aufzeigt.

Dagmar Mösch und Peter Schneider sei gedankt. Sie haben mit ihren fundierten, auf die Quellen zurückgreifenden Dissertationen über Bismarck und die spanischen Habsburger wesentliche Anregungen zu dem Gesamtthema gegeben. Gute Freunde aus den Bereichen der Psychoanalyse und der Geschichtswissenschaft betrachteten mein Vorgehen wohlwollend skeptisch, machten mich auf Defizite aufmerksam. Hier war mir der verstorbene Prof. Dr. Hans Schmidt, Historiker der Universität München, in besonderer Weise behilflich, als er das Manuskript auf Fehler hin durchsah, auf ungenaue Zusammenhänge hinwies und sie richtigstellte. Karoline Birnkofer bearbeitete und korrigierte das Manuskript und machte anregende Einwände. Ihr gilt mein Dank in gleicher Weise. Einen besonderen Dank spreche ich meiner Frau Barbara aus, die meine Gedanken außerordentlich kritisch, insgesamt jedoch wohlwollend-bestätigend begleitete, Zweifel konstruktiv ausräumte, Geduld aufbrachte und mich ermunterte. Dem Psychosozial-Verlag, Herrn Dr. Hans-Jürgen Wirth und Herrn Stephan Vopel sowie dem Lektorat, sei für die Übernahme des Manuskriptes und die gute Zusammenarbeit gedankt.

1. Einführung

1.1 Das psychosomatisch-psychodynamische Verständnis von Krankheit

Psychoanalyse und Krankheit

Die Psychosomatische Medizin versteht den Menschen ganzheitlich als Individuum mit all seinen Möglichkeiten, Hemmungen und Anpassungsmechanismen und spürt dem „Sinn" nach, der hinter einer Krankheit stecken kann. Diese kann dem Selbstschutz dienen oder der Konfliktbewältigung, sie kann als eine seelisch-ökonomische Leistung einen sekundären Krankheitsgewinn liefern oder auch als Möglichkeit zur Selbstzerstörung angesehen werden. Bei fast allen psychosomatisch Kranken finden wir einen aus der frühen Kindheitsentwicklung stammenden Basiskonflikt: eine narzißtische Regulationsstörung mit Auswirkungen auf das Selbstwertgefühl und eine Störung des Trennungs-Individuations-Prozesses. Sie weist auf eine problembeladene Beziehung zwischen dem kleinen Kind und der wichtigsten Bezugsperson (meist der Mutter) hin. Hinzu kommt Konfliktmaterial aus der individuellen Phasenentwicklung (oral – anal – ödipal), die (allerdings in Grenzen) Anhaltspunkte auf eine gewisse Spezifität des Krankheitsangebotes geben.

Die psychoanalytische Entwicklungspsychologie mit der Lehre von der (Phasen-)Entwicklung des Kindes, den Beziehungs- und Anpassungsmustern im Rahmen der Kommunikation mit den ersten Pflegepersonen bildet die entscheidende Grundlage für psychodynamisches Denken und damit auch für die psychodynamische, „verstehende" Psychosomatik. Hierzu einige Grundlagen.

Der „psychische Apparat" Freuds beinhaltet das „Es", vergleichbar einem „Kessel voll brodelnder Erregungen", dessen Triebimpulse unablässig zur Befriedigung streben – ohne auf reale Gegebenheiten Rücksicht zu nehmen. Diese Triebregungen können jedoch meist nur in Form von Kompromißbildungen in das Bewußtsein gelangen und werden vom „Ich" und vom „Über-Ich", d.h. dem Gewissen, gesteuert.

Eine Erweiterung dieser Annahmen erfolgte durch die Erkenntnis eines Wechselspiels zwischen den Instanzen Es, Ich und Über-Ich, die das bewußt Wahrnehmbare beeinflussen. Die Weiterentwicklung psychoanalytischer Wissenschaft im Rahmen der Objektbeziehungstheorie weist auf die psychischen „Repräsentanzen" hin. Es handelt sich um unbewußte Abbilder der eigenen Person wie derjenigen von den engsten Bezugspersonen (Selbst- und Objektrepräsentanzen). Zudem spielen Bedeutungsinhalte insofern eine Rolle, als sie die Schablone für gegenwärtiges Handeln und Erleben liefern.

Freuds großes Verdienst war die Beschreibung des dynamisch Unbewußten als eines wesentlichen Movens für unsere Motivation zu Handlungen, Haltungen, Bindungsgeschehen und -abläufen. Wir haben heute Einsichten in die frühe (präödipale) Zeit der Kindheitsentwicklung u.a. durch direkte Kinderbeobachtung gewonnen, die ein genaueres Bild neurosenpathologischer Auswirkungen von Beziehungsstörungen abgeben. So bekommt der Schmerz über einen Objektverlust oder die Bedrohung des Selbstwertgefühls durch narzißtische Kränkungen bei entsprechender Intensität einen „kategorischen" Charakter. Er zwingt das Selbst, mit Hilfe von narzißtischer oder Borderline-Abwehrstruktur die eigene Integrität zu bewahren und vor einem Persönlichkeitszerfall zu schützen. Die stete Suche nach Gefühlen von Wohlbefinden und Selbstsicherheit zeigt sich vor allem im Beziehungsbereich. Ist er gestört und wird Geborgenheitswünschen und Trennungsbestreben nicht ausreichend ausbalancierend begegnet, so werden pathologisch-symbiotisches Verhalten oder überkompensatorische Pseudounabhängigkeit die Folge sein.

In diesem Zusammenhang spielen die Begriffe der „Übertragung" und „Gegenübertragung" eine besondere Rolle. Beide Phänomene sind allgegenwärtig. Sind wir psychoanalytisch geschult, geben sie uns Auskunft über Konflikt- und Verhaltensmuster wie über Haltungen, Wahrnehmungen, Einstellungen und die psychische Struktur des Analysierten. Übertragungsgeschehen steht nicht selten der persönlichen Reifung als „Widerstand" im Wege; es bietet aber die Chance einer Weiterentwicklung. Ähnliches ist von der Gegenübertragung zu sagen, der Reaktion des Psychoanalytikers auf die emotionale Situation seines Analysanden. So wird die unreflektierte Gegenübertragung den Entwicklungsprozeß des Analysanden hemmen und ebenso Widerstand bedeuten, der seinerseits die Nachreifung behindern kann.

Familiäre Bezüge

Der psychoanalytische Übertragungsbegriff ist auch für die Familiendynamik gültig und ermöglicht es, fehlgelaufene Familienbeziehungen zu verstehen und auch für gesellschaftliche Abläufe im Rahmen der historischen Wissenschaft nutz- und erklärbar anzuwenden. Eine transfamiliäre (die Familiengrenze überschreitende) Übertragung liegt nach Helm Stierlin vor, „wenn Verhaltensmuster, Phantasien, Einstellungen, Erwartungen, Wahrnehmungen etc., die sich in nahen Beziehungen zur Ursprungsfamilie, insbesondere der Eltern, etablieren, unangemessen auf Außenstehende, d.h. nicht der Ursprungsfamilie angehörende Personen, übertragen werden". Fehlgelaufene Familienbeziehungen können hierdurch eine emotionale Erleichterung (wie in der Therapie) erfahren und korrigiert werden.

Bei der intrafamiliären Übertragung handelt es sich um eine Erscheinung innerhalb der Familie, die mindestens zwei Generationen umfaßt. So können Eltern den Kindern ein „falsches Selbst" oktroyieren, indem sie ihnen unbewußt Verhaltensmuster und Phantasien auferlegen, die ihnen selber angemessen wären; sie „parentifizieren" ihre Kinder. Umgekehrt übertragen Kinder – auch noch später als Erwachsene – ihren Eltern Einstellungen und Konfliktmuster, die diesen nicht (mehr) gerecht werden und sehen sie gleichsam „durch die Brille" ihrer Kindheitserfahrungen.

Bei einer psychosomatischen (Problem-)Familienkonstellation liegt häufig eine „rigide Homöostase" vor, die Abgrenzungen der einzelnen Familienmitglieder oft unmöglich macht. Es handelt sich um eine Nähe-Distanz-Problematik, die eine gesunde Selbstentfaltung erheblich einschränkt.

Um Autonomie zu erlangen, ist die Selbst-Objekt-Differenzierung notwendig: die Fähigkeit, Selbst von Nicht-Selbst, innen von außen, eigene Wünsche, Gedanken, Empfindungen von denen anderer zu unterscheiden. Bei einem inadäquaten Bindungsvermögen mit einer zu engen Beziehung der Familienmitglieder, Überprotektivität und Starrheit können innerfamiliäre und individuelle Konflikte nur noch schwer besprochen und gelöst werden. Auch können vegetative, biologische Körpersignale kaum realitätsgerecht wahrgenommen und eingeschätzt werden. Treten bei diesen Voraussetzungen emotionale Konflikte auf, so verbergen sie sich nicht selten hinter den körperlichen Sensationen, verstärken sie und entlasten die Betroffenen z. B. von Angst und Depressionen. Seelische Konflikte sind damit in körperliche Reaktionen transformiert worden. Der Psychiater spricht von einer „larvierten Depression".

Weitere Hintergründe zur Entwicklung psychosomatischer Beschwerden und Krankheiten seien in diesem Beziehungsrahmen kurz erwähnt. Familien können z. B. ein ungeliebtes Kind ausstoßen. Dadurch wird es zu früh unabhängig und kann eine Pseudoautonomie mit betont leistungsorientiertem und normenkonformem Verhalten entwickeln, hinter der sich jedoch Gefühle einer schweren Depression verbergen. Diese von der psychoanalytischen Familienforschung erarbeiteten Zusammenhänge sollte der psychologisch-historisch arbeitende Biograph berücksichtigen, um zu annähernd plausiblen Ergebnissen zu gelangen.

Säuglingsforschung

Die Entwicklung des Menschen in der Zeit zwischen der Geburt und der Sprachentwicklung („präverbale" Zeit) ist schon immer ein Faszinans für Psychoanalytiker und Psychologen gewesen. Die Psychoanalyse hat wesentliche Beiträge dazu geliefert. Sie sind jedoch weitgehend Rekonstruktionen aus psychoanalytischen Behandlungen Erwachsener und damit angreifbar. Die Direktbeobachtung von Säuglingen hat alte Begriffe in neuem Licht erscheinen lassen und zu einem tieferen Verständnis von Objektbeziehungen und -bedeutung verholfen. Sie hat u. a. nachgewiesen, daß das Baby über eine große Anzahl angeborener Fähigkeiten verfügt, aktiv Kontakt zu den Pflegepersonen aufzunehmen. Der Säugling sucht den Austausch mit der Bezugsperson und „will" bewirken, daß sich diese um ihn kümmert. Das ist für sein Leben essentiell. Die primäre Aktivität gilt heute als Grundausstattung des Ich. Es ist von biologisch verankerten Entwicklungsfaktoren auszugehen, die die Gemütsbeschaffenheit hinsichtlich Selbststeuerung, Aktivität, sozialer Einpassung und affektiver Überwachung der Pflegeperson und der eigenen Handlungen genetisch beeinflussen. Trotz dieser Erkenntnisse besteht kein Zweifel daran, daß Erbeinflüsse generell geringer sind als Umwelteinflüsse, weil Interventionen immer über menschliche Beziehungen ablaufen; Erbeinflüsse werden also erst durch Gen-Umwelt-Interaktionen manifest. Das Wissen um diese Zusammenhänge schützt vor einseitigen psychodynamischen Interpretationen, erweitert sie aber gleichzeitig.

Psychosomatische Diagnostik

Der Psychosomatiker sollte sich im körperlichen (d.h. im organpathologischen) wie im seelischen, entwicklungspsychologischen Bereich auskennen und das Unbewußte in die Beurteilung des Krankheitsgeschehens einbeziehen, wie es die Psychoanalyse tut. So berücksichtigt die psychosomatische Diagnostik drei Aspekte:

1. den organpathologischen und funktionspathologischen Aspekt
2. den individuell-psychologischen, ich- und selbstpsychologischen Aspekt mit der Frage, wie die betroffene Person mit den Anforderungen der eigenen Triebwünsche (des Es), den Einschränkungen des Über-Ich (d.h. des Gewissens mit seinen internalisierten Ge- und Verboten) und der Versagung respektive Versuchung der Umwelt fertig wird (das Ich des psychischen Apparates)
3. den Beziehungsaspekt mit den sozialen, beruflichen und familiären Gegebenheiten sowie die Arzt-Patienten-Beziehung (Übertragung – Gegenübertragung)

So wird bei einem integrativen Ansatz in der Psychosomatik die Diagnose dreifach gestellt:

1. klinisch-symptomatisch,
2. dynamisch-strukturell mit der Frage nach den Trieb-Abwehr-Verläufen (also Konflikten, Wünschen, Abwehrmaßnahmen, Persönlichkeitsstrukturen) und
3. sozial mit dem Schwerpunkt der Subjekt-Objekt-Beziehungen, also den zwischenmenschlichen Kontakten und dem sozialen Status.

Michael Balint spricht von der „umfassenden Diagnose", bei der die Ausstattung des Organismus gleichberechtigt neben der Struktur des psychischen Apparates, d.h. den Kräften des Es, der Wirksamkeit des Über-Ich, der Stabilität des Ich, und auch der Umwelt beurteilt wird. Thure von Uexküll hat diese Erkenntnisse in neuerer Zeit zu dem „biopsychosozialen" Modell erweitert.

Die Krankheitssymptome des Patienten sind Ausdruck eines innerpsychischen Konfliktgeschehens. Der Nestor der psychosomatischen Medizin, Georg Groddeck (1866–1934), dessen zusammenfassende Beschreibung noch heute als eine Leitlinie der Anamneseerhebung, des Erstinterviews, gilt, forderte die Beantwortung von drei Fragen, um das Symptom zu verstehen: „Warum (bin) ich (erkrankt) und nicht ein anderer, warum (bin ich) jetzt und nicht früher (krank geworden), warum (bin ich) an diesem Organ (krank geworden) und nicht an jenem Organ?"

Groddeck greift die Spezifitätsfrage psychosomatischer Symptome und Erscheinungen auf, die in der psychosomatischen Forschung, insbesondere der 30er, 40er und 50er Jahre, oft einseitig betrachtet wurde, was letztlich nicht zu befriedigenden Antworten geführt hatte. Ein multifaktorielles Verstehen von Krankheit bezieht den Körper, die individuelle persönliche Ausstattung des Kranken und die ihn beeinflussende (soziale) Umwelt ein. Im Mittelpunkt psychosomatischen Denkens steht der Umgang des kranken Menschen mit seinen affektiven Gegebenheiten und seinen zwischenmenschlichen Beziehungen.

Biomedizinisches Denken und Psychosomatik

Biomedizinisches Denken beruht auf der kartesianischen Unterscheidung von Geist und Materie. „Der Körper enthält nichts", so Descartes, „was dem Geist zugerechnet werden könnte, und der Geist beinhaltet nichts, was zum Körper gehörig wäre." Diese Unterscheidung hat das abendländische Denken tief beeinflußt. Das zeigt sich u.a. darin, daß sich die Geisteswissenschaften auf die Res cogitans (d.h. der Bereich des Denkens), die Naturwissenschaften auf die Res extensa (d.h. der Bereich der Materie) konzentrieren. Folgerichtig war für Descartes der menschliche Körper eine Maschine. Er vergleicht ihn mit einem Uhrwerk: „Ich sehe keinen Unterschied zwischen Maschinen, die von Handwerkern hergestellt wurden und den Körpern, die allein die Natur zusammengesetzt hat."

Die kartesianische Methode war und ist sehr erfolgreich, ist jedoch an eine Grenze gestoßen. Eine große Anzahl, wahrscheinlich die meisten Krankheitsangebote von Patienten, werden von einseitiger Organmedizin nicht mehr verstanden. Dem Diktum von Naunyn (1908): „Die Medizin wird (Natur-)Wissenschaft sein, oder sie wird nicht sein", steht Virchows Feststellung von 1848 gegenüber: „Die Medizin ist eine soziale Wissenschaft." Pasteur vertrat die Ansicht, daß seelische Zustände die Widerstandskraft gegenüber Infektionen beeinflussten. Es ist schon überraschend, wie schwer eine einseitig naturwissenschaftlich orientierte Medizin Erfahrungen aus den Bereichen der „exakten Naturwissenschaft" – etwa der Physik – integrieren kann. Die medizinische Wissenschaft , die sich auch von ökonomisch-industriellen Interessen abhängig gemacht hat, ist auf den wissenschaftstheoretischen Grundlagen des 19. Jahrhunderts stehengeblieben. Heisenberg betonte, daß die Beobachtung auf das Beobachtete einwirke; es sei aber auch umgekehrt so, daß das Beobachtete auf den Beobachter Einfluß nehme. 1926 überzeugte Einstein Heisenberg, daß es unmöglich sei, nur „beobachtbare Größe in eine Theorie aufzunehmen. Es ist vielmehr die Theorie, die entscheidet, was man beobachten kann." Die Philosophie hat diese Zusammenhänge längst erkannt. Kant stellte fest, daß aller Irrtum darin bestehe, daß wir unsere Art, Begriffe zu bestimmen, abzuleiten oder einzuteilen, für Bedingungen der Sachen an sich hielten. Und Jaspers schloß, daß das Unheil menschlicher Existenz beginne, wenn das wissenschaftlich Bewußte für das Sein selbst gehalten werde, und wenn alles, was nicht wissenschaftlich wißbar ist, als nicht existent gelte.

Das Unbewußte ist wissenschaftlich nicht oder allenfalls in Ansätzen meßbar – jedoch „wißbar". Alexander Mitscherlich formulierte Defizit und Fortschritt folgendermaßen: „Die organpathologisch denkende Medizin hat die Bedeutung der Dynamik der Erlebnisverarbeitung unterschätzt. Die Psychoanalyse hat das wettgemacht." Durch die Aufdeckung und exakte Beschreibung des Unbewußten hat uns Sigmund Freud zu einer gleichsam kopernikanischen Wende geführt, die auf alle Lebensbereiche von Individuen und Gesellschaft entscheidend Einfluß genommen hat.

Die anstehenden Fragen erfordern eine neue wissenschaftstheoretische Konzeption. Auf die großen Erfolge der naturwissenschaftlich geprägten Medizin des 19. Jahrhunderts möchten wir ebensowenig verzichten wie auf die technologische Weiterentwicklung, die zu der oft allzu negativ beurteilten Apparatemedizin führte.

Aber: „Unter Beibehaltung ihrer Naturwissenschaften und technologischen Errungenschaften wird sie (die Medizin) im nächsten Jahrhundert anthropologisch sein" (Buchborn), d.h. die Einheit der menschlichen Person in ihrer bio-psychosozialen Ganzheit ist die individuelle Wirklichkeit, nicht die Einheit des Organismus allein. Der Dualismus von Objekt und Subjekt muß in der ärztlichen Praxis überwunden werden. Damit wird die sogenannte exakte Wissenschaft als alleiniges Erklärungsmodell vom kranken Menschen zur Disposition gestellt.

1.2 Psychosomatische und psychohistorische Aspekte der Gicht

Die Gicht ist eine chronische Gelenkkrankheit auf dem Boden einer Purinstoffwechselstörung mit Ausfällung und Ablagerung von Uraten bei einer Erhöhung der Harnsäurekonzentration im Blut und der damit verbundenen verminderten Ausscheidungsfähigkeit in den Nieren. Der typische Gichtanfall betrifft ganz überwiegend Männer zwischen dem 25. und 40. Lebensjahr.

Die Gicht ist seit dem Altertum bekannt, doch erst Thomas Sydenham (1624–1689) hat den Gichtanfall genau beschrieben. 1776 konnte Scheele in Stralsund die Harnsäure isolieren. Erst um die Jahrhundertwende gelang es Garrod, die Beziehung zwischen biochemischen Gegebenheiten und der Krankheit Gicht herzustellen.

Selbst wenn die Gicht in naturwissenschaftlichem Sinne weitgehend erklärbar und auch therapierbar ist, bleiben doch einige Fragen offen, die die Einbeziehung seelischen Geschehens in das

Gesamtkrankheitsverständnis sinnvoll erscheinen lassen. Hielten sich die Gichtpatienten an die Ratschläge ihrer Ärzte und folgten ihrem Wissen, könnte die Gicht zu den „ausgestorbenen" Krankheiten zählen. Diese Patienten sind aber oftmals nicht „vernünftig", sie halten sich nicht an die notwendige Diät mit purinarmer Nahrung und mäßigem Alkoholgenuß; sie nehmen auch nicht regelmäßig ihre – wirksamen – Medikamente ein. Für die Psychosomatik stellt sich die Frage, welch ein innerpsychischer Konflikt sich hinter diesem Verhalten verbirgt. Leiden diese Patienten möglicherweise unter einem mangelhaften Grundvertrauen in zwischenmenschliche Beziehungen? Eine weitere Unklarheit ergibt sich aus der Tatsache, daß sich – bisher unerklärbar – der erste (und auch weitere) Gichtanfall zu 80 % am Großzehengrundgelenk – als „Podagra" – abspielt.

Psychosomatische Gichtforschung

Psychosomatische Forschung zielt auf die Persönlichkeitsentwicklung und deren aktuelle Charakterprägung im Rahmen der äußeren Lebens- und inneren Erlebensgeschichte ab. Die konfliktauslösende Situation führt zum körperlichen Symptom und ist Ausdruck und Endpunkt einer psychophysischen Krise.

Die Ergebnisse der wenigen Arbeiten im Rahmen psychosomatischer Gichtforschung seien kurz zusammengefaßt; auffallend ist dabei, daß Personen in eher intellektuell orientierten Führungspositionen z.T. hochsignifikant erhöhte Harnsäurewerte haben. Untersucht wurden Hochschulprofessoren, Collegestudenten, Manager. Sie waren alle charakterisiert durch ein ausgeprägtes Leistungsverhalten, besaßen Führungs- und Erfolgseigenschaften, zeigten sich aktiv, vielbeschäftigt, dominant. Dabei war auffallend, daß sie ein eher geringes Verantwortungsbewußtsein für andere hatten (Amunonye u. a., Brooks u. Mueller, Kasl u. a., Montoye u. a., Fowler). Ängstlichkeit schienen sie eher verdrängt zu haben. Die Ergebnisse der Harnsäurebestimmungen bei Kandidaten eines amerikanischen Militärtrainings weisen auf Beziehungen von physiologischen Veränderungen und exzessivem Streß hin. Es handelte sich um die lebensbedrohlichen Übungen eines Teams, das seine Experimente unter Wasser durchführen mußte. Die Serumharnsäurewerte waren bei den Personen am höchsten, die die Prüfung bestanden und gut abgeschnitten hatten. Die Werte fielen also nicht ab, sondern blieben in Form einer chronifizierten Spannung hoch und geben damit Hinweise auf eine genetisch bedingte und/oder erworbene, ständig vorhandene Leistungsbereitschaft (Rahe u. a.). In einer Arbeit über die tiefenpsychologisch-analytische Langzeittherapie eines Gichtkranken wird betont, daß Gichtattacken in Situationen auftraten, in denen sich der Erkrankte durch eine Trennung bedroht fühlte und wenn er in der Therapie von seinen Bedürfnissen nach Unabhängigkeit und Expansion sowie von Selbstvertrauen sprach. In der psychoanalytischen Psychotherapie eines Gichtkranken zeigte Castelnuovo-Tedesco dessen gestörten Umgang mit Objektverlusten und einen ausgeprägten Unabhängigkeitsdrang.

Eigene psychosomatische Forschungsergebnisse seien kurz aufgelistet. Der methodische Ansatz bestand hier aus dem psychoanalytischen Erstinterview sowie psychometrischen und projektiven Tests an 59 Gichtpatienten. Folgende Charakteristika sind bei den untersuchten Gichtikern auffallend:

- ihre starke Selbstbezogenheit mit dem Bedürfnis, bewundert zu werden
- ihr Genießertum (besonders beim Essen)
- ihr Geltungsstreben und ihre Suche nach Reichtum, Macht und Erfolg
- ihre Leistungsorientiertheit
- ihre Unsicherheits- und Minderwertigkeitsgefühle bei freundlich-charmanter Fassade und Haltung
- ihre Kränk- und Verletzbarkeit
- ihre verborgenen Angstgefühle

Die Persönlichkeit des Gichtkranken

Das Persönlichkeitsbild der Gichtiker ist durch pathologisch narzißtische Merkmale charakterisiert. Diese Patienten besitzen ein ungewöhnliches Maß an Selbstbezogenheit mit dem starken Bedürfnis, von anderen geliebt und bewundert zu werden. Sie neigen dazu, andere zu idealisieren (um eine narzißtische Gratifikation zu erlangen) oder sie mit Verachtung zu strafen, sie zu entwerten.

Hinter einer charmanten, auch arroganten Fassade verbirgt sich oft eine emotionale Kälte, aber im Gegensatz dazu auch eine große Sentimentalität. Beide Einstellungen oszillieren: Größenideen, Egozentrik und Mangel an Einfühlungsvermögen paaren sich mit einer „Gier" nach Anerkennung und Bewunderung. Echte Gefühle von Trauer, Sehnsucht, Bedauern, Freude fehlen bei oft krankhaftem Narzißmus; vielmehr ist der Wechsel von Minderwertigkeits- und – als Kompensation – Omnipotenzgefühlen charakteristisch. Vorhandene aggressive Gefühle sind Ausdruck einer narzißtischen Enttäuschungswut auf Verlorenes. Es kommt zu affektiven Ausbrüchen, die Objektbeziehungen immer wieder gefährden, welche im Innersten jedoch sehnlichst gewünscht werden.

Für diese beiden Ausprägungen einer narzißtischen Persönlichkeit hat sich klinisch die Balintsche Typisierung des „Philobaten" und des „Oknophilen" bewährt. Der „Oknophile" überschätzt das Objekt und klammert sich an, wodurch seine Entwicklung zur Selbständigkeit gebremst wird. Dem „Philobaten" sind die Objekte nicht vertrauenswürdig, daher gleichgültig. Sein Ich muß „Geschicklichkeit" erwerben, die ihm Bewegungsfreiheit und damit Harmonie – in jenen „objektlosen Weiten" verschafft, „als da sind Gebirge, Wüsten, See und Luft" (Balint).

Das letzte Ziel des libidinösen Strebens – und da liegt die Basis beider Persönlichkeitstypen – besteht in der Bewahrung und Herstellung der ursprünglichen Harmonie im Sinne einer „unio mystica" wie wir sie vorgeburtlich besaßen und im Tod, in der Wiedervereinigung mit der „Mutter Erde", wiederfinden.

Auf diese Persönlichkeitsmerkmale stießen wir in besonderer Weise bei Wallenstein, Bismarck und Friedrich II., aber auch bei den anderen hier behandelten Persönlichkeiten. Von besonderem Interesse war für uns, wann die Gichtkrankheit sich erstmals manifestierte.

Bei unserem aktuellen Forschungsprojekt trat der erste Gichtanfall bei drei Viertel der untersuchten Patienten nach einem Objektverlust auf, der nicht adäquat verarbeitet werden konnte. Der innerpsychische Konflikt bestand bei den meisten der untersuchten Patienten darin, daß sie den Verlust als besonders schmerzhaft erlebten, jedoch emotional nicht entsprechend beantworten konnten (und unbewußt nicht „durften"), weil es sich um narzißtische Objekte, d.h. Teile ihrer selbst handelte. Um das narzißtische Gleichgewicht wiederherzustellen, griffen sie reaktiv auf ein ungewöhnliches Eß- und Trinkverhalten im Sinne einer Abwehrreaktion und eines Konfliktlösungsversuchs zurück. In der oralen Regression kam es regelhaft zu unkontrollierten alimentären purin- und alkoholreichen Exzessen.

Regression und Symptomatik verhinderten die andere Abwehrmöglichkeit des Gichtkranken: die Flucht. Es stellte sich die psychodynamische Frage, ob es sich um ein Konversionssymptom handeln könnte. Wie häufig bei psychosomatischen Erkrankungen, fließen libidinöse Impulse und pathologisch-narzißtische Anteile ineinander: Zum einen ist der phallische Charakter des gewählten Organs auffallend, zum anderen wird durch das Großzehengrundgelenk, mit Hilfe dessen der Fuß abgerollt wird, das reibungslose Gehen und Laufen erst möglich. So weist Eccles darauf hin, daß neben dem Hüftgelenk das Großzehengrundgelenk das wesentliche Gelenk in der Evolution des Menschen ist. Wichtig für unsere Betrachtung hinsichtlich der Gicht und ihrer Erstmanifestation am Großzehengrundgelenk in 80 % der Fälle ist der bipede, schreitende Gang des Menschen. Bei diesem Vorgang trägt das „Standbein" das Gewicht, während das „Schwungbein" nach vorne geworfen wird, bis die Ferse den Boden berührt und schließlich selber zum „Standbein" wird – und umgekehrt, abwechselnd. Das ursprüngliche „Standbein" nimmt einen Schub mit, der ihm durch eine Kontraktion des langen Zehenbeugermuskels, des musculus flexor hallucis longus, von der großen Zehe mitgeteilt wird. Ihm kommt die entscheidende Last und Funktion des bipeden Ganges zu: die Standphase endet mit dem Abstoßen der großen Zehe.

Beim bipeden Gang wird jeder Schritt durch die Kontraktion des musculus flexor hallucis longus eingeleitet, ein Vorgang, der über eine Entladung von Impulsen aus der motorischen Rinde des Gehirns über die Pyramidenbahn des Rückenmarks läuft. Damit kommt der großen Zehe, die also über den Musculus flexor hallucis longus vom Gehirn in seiner Funktion gesteuert wird, eine besondere Bedeutung für das aufrechte Gehen und Schreiten zu. Der bipede, schreitende Gang ist eine höchst effiziente Art der Fortbewegung auf dem Boden und ein ausschließliches Merkmal des Menschen. Die Evolution gab dem Homo erectus mit der Möglichkeit zu bipeden Bewegungen große Vorteile für das Jagen, bei der Kriegführung und beim Heranschaffen der Nahrung zum gemeinschaftlichen Lager; auch dadurch wurde der Weg zum Homo sapiens geebnet. Wir können von einer spezifisch menschlichen Qualität sprechen, in der – vom Unbewußten gesteuert, von zerebralen Impulsen ausgehend – der großen Zehe eine besondere, nur dem Menschen eigene Funktion und Bedeutung zukommt. Um einer einseitigen Interpretation vorzubeugen, sei darauf hingewiesen, daß das Großzehengrundgelenk das am weitesten vom Herzen entfernte Gelenk und beim stehenden Menschen am tiefsten gelagerte ist. Dadurch ist der venöse Rückfluß am schlechtesten, erschwert den Stoffwechselaustausch und -abtransport.

Bei der Gicht wird Expansionsverhalten und Weglaufen durch das Symptom unmöglich gemacht. So sagt Petrarca seinem gichtkranken Freund Colonna di san Vito „Wie die Zügel für das ungezähmte Pferd vonnöten sind, so für dich die Gicht." Das Größenselbst, das Potentsein schlechthin, droht Schaden zu nehmen, wird aber durch die (gesellschaftlich sanktionierte) Krankheit in seine Schranken gewiesen. Im Symptom – so scheint es auch bei dem Gichtkranken zu sein – kommt es zu einer Kompromißbildung zwischen Triebimpulsen und Selbstbestrafungsbedürfnissen.

Etymologie der Gicht

Zum besseren Verständnis des Zusammenspiels von Gicht und Persönlichkeitsstruktur dient auch eine etymologische Betrachtung der Wörter „Gicht" und „Podagra", zumal hier etwas über das Expansionsverhalten des Betroffenen ausgesagt wird.

Das deutsche Wort „Gicht" stammt nach Kluge aus dem Althochdeutschen (seit dem 8. Jahrhundert). „Gegihte", „giht", „jicht" heißt so viel wie Gliederlähmung, Zuckungen, Krämpfe. Es fällt zusammen mit dem altfriesischen „jecht" (Aussage, Bekenntnis) und beruht auf dem Germanischen „jehti". E. Müller-Graupa bringt in einer älteren Untersuchung das Wort „Gicht" mit „gehen", „Gang", in Verbindung und erinnert u. a. an die „Kirch-Gicht", den „Kirch-Gang". In Erweiterung seiner Annahme spricht er dann von

„Zuckungen" und „Ziehen" als Ausdruck für Bewegung. Ein Synonym sei „Zipperlein", hergeleitet von „zappeln", das langsam, in kleinen Absätzen „gehen" heiße und – nach Ebstein – mit einer Art Galgenhumor von den Kranken selbst erfunden worden sei. In Analogie zu dieser Auffassung steht Lowells Äußerung über das englische Wort „gout": „The disease derives its name from the patient's inability to go out." Mit diesem Begriff verbindet sich also die (verhinderte) Möglichkeit, heraus- und wegzugehen, wegzulaufen, somit expansiv und „frei" zu sein.

Auf eine andere Herkunft des Wortes Gicht weist Mertz hin. Er zitiert Ebstein, der das Wort auf das angelsächsische „ghida" zurückführt, das sich von dem lateinischen Wort „gutta" (Tropfen) ableiten lasse und sich in ähnlicher Form in verschiedenen Sprachen wiederfindet (z. B. „gout" im Englischen, „goutte" im Französischen). Früher habe man bei uns das Wort „begicht" gebraucht, dessen Stamm „jehen" – sagen sei, von wo aus der Weg zu einer durch „Beschreien angezauberten Krankheit" verständlich werde. Die früher übliche Bezeichnung für die Gicht, das „Podagra", beschreibt ein Symptom der Krankheit und kann mit „Fußschlinge" übersetzt werden.

Auch der Gichtbrüchige der Lutherbibel (Matth. 4, 24) ist ein Gelähmter, dessen Leid man sich angezaubert dachte. Die Erklärung einer „angezauberten Krankheit" reicht bis in die griechische Kultur zurück. Nach Angaben von Mertz und Burger ging aus der Verbindung von Dionysos, dem Gott des Weines, und Aphrodite das Podagra hervor. „Pindar ließ in einer seiner Oden die Gicht aus dem Zusammenwirken von Kokytos (einem Höllenfluß) und der neidischen und boshaften Megäre (eine der Erinnyen) entstehen."

Ärzte wie Galenus, Seneca und Aretaeus von Kappadokien (81–138 n. Chr.) waren von der Gicht befallen und beschrieben ihre Symptome, insbesondere den häufigen Befall des Großzehengrundgelenkes beim ersten Anfall wie auch die Tophi. Aretaeus schrieb: „Wenn sie (die Gichtiker) sich erholen oder dem Tod entkommen, leben sie ausschweifend, unmäßig im Essen, verschwenderisch und genießerisch nur dem Augenblick." Oft wurde die Gicht mit starken, vollblütigen, lebenslustigen Menschen in Zusammenhang gebracht. William Cullen, einer der Gründer der

Medizinischen Schule in Glasgow in der zweiten Hälfte des 18. Jahrhunderts, widmete 35 Seiten seines Buch „First Lines of the Practice of Physic" der Gicht. Er schrieb darin, daß die „Weisen" eher betroffen seien als die „Dummen", Robuste und Wohlgenährte mit großem Kopf und breiter Brust eher als die Schwächeren. Der erste, der Gicht mit psychischen Faktoren in Verbindung brachte, war Paul Aegina. Er beobachtete, daß mindestens zwei Belastungen die Voraussetzungen für einen Gichtanfall seien: emotionaler Streß und diätetisches Fehlverhalten. Interessant ist, daß Cotton Mather Anfang des 18. Jahrhunderts die Gicht zu den fünf „Krankheiten zur Freiheit" zählte. Er erwähnte den englischen König Heinrich VII. (1485–1509; s. S. 41 ff.), der um seine Freiheit fürchtete, als er Prinzessin Elisabeth ehelichen sollte: Die Hochzeit mußte wegen seiner Gicht aufgeschoben werden. Ein weiterer Hinweis auf einen möglichen Zusammenhang zwischen der Gichtpersönlichkeit und der Erkrankung gibt Friedrich Soret, der in seinen „Conversations avec Goethe" von folgender Begebenheit berichtete: „Sie sehen, sagte er (Goethe) zu mir, das Musterbild eines Gichtkranken, er kann sich zwar nicht vom Fleck rühren, das hindert ihn jedoch nicht, obendrein die Ursachen seiner Leiden zu liebkosen: Bei diesen Worten zeigte er mir die halbe Flasche Weißwein, die er eben zur Hälfte gelehrt hatte."

Kuzell und Gaudin nehmen eine bemerkenswerte Aufteilung der Gichtkranken in zwei Gruppen vor: „Wir haben bei Gichtkranken häufig einen verhältnismäßigen Überschuß an Energie beobachtet, charakterisiert durch psychische und intellektuelle Aktivität und eine Rastlosigkeit, die oft von Schlaflosigkeit begleitet wird. Gesellt sich bei einem Gichtkranken zu dieser deutlich gesteigerten Tatkraft noch eine überdurchschnittliche Intelligenz, so ermöglicht ihm dieses glückliche Zusammentreffen den Aufstieg in eine privilegierte Klasse, wo er besser essen und trinken kann als seine nicht gichtkranken und weniger aktiven Kollegen. Wenn hingegen ein Gichtleidender mit seiner charakteristisch erhöhten Energie eine unternormale Intelligenz besitzt, so kann ihn diese extrem ungünstige Kombination in eine endlose Kette von Schicksalsschlägen verwickeln. Zu diesen Unglücklichen gehören die gichtkranken Gefängnisinsassen und Alkoholiker der Großstädte."

Gicht und Karikatur

Satire und Karikatur haben sich häufig mit dem Thema Gicht befaßt. Bei der Karikatur handelt es sich um eine Entlarvung von Personen, die sich in besonderer Weise hervorheben wollen. Ein einzelner, an sich komischer Zug wird dabei herausgehoben. Es scheint, als passe die Krankheit Gicht nicht recht zu den dargestellten Persönlichkeiten. Der Hintergrund war deutlich: Durch Schadenfreude konnte der oberen Schicht des Wohlstandes etwas genommen werden, so daß sich der Leser wenigstens in dem Augenblick selber etwas erhabener vorkommen konnte. Der Karikaturist Cruickshank (1792–1878) versah seine Darstellung des ersten Gichtanfalls des Prinzen von Wales, später Georg IV. von England, mit dem Titel „Prince Agility or the Sprained Ancle". Es handelte sich dabei eindeutig um einen Gichtanfall und nicht um eine Verstauchung. Eine weitere Karikatur des Prinzen zeigte ihn auf einer eigens konstruierten Maschine. Sie diente dazu, daß er trotz der Gicht sein Pferd besteigen konnte. Interessant ist hierbei der dargestellte orientalische Überfluß, den der Prinz liebte. Von demselben Künstler stammt die Karikatur des gichtbefallenen Ludwig XVIII. von Frankreich, der vergeblich versucht, sich die Stiefel des toten Napoleon überzustreifen. Der Untertitel lautet „Old Bumblehead the 18th trying on the Napoleon´s Boots – or Preparing for the Spanish Campaign".

Schon die Betrachtung der Geschichte und ihrer Zusammenhänge läßt vermuten, daß es sich bei der Gicht um eine Erkrankung handelt, die von verschiedenen Faktoren geprägt ist. Es ist anzunehmen, daß die Persönlichkeit und ihr Krankheitsverhalten bei der Gesamtbeurteilung des Krankheitsbildes ebenso berücksichtigt werden muß wie genetische Fakten, Ernährungsbedingungen einer Wohlstandsgesellschaft und soziologische und epidemiologische Gegebenheiten.

Zusammenfassung der psychosomatischen Gichtstudien

Eigene wissenschaftliche Forschung an Gichtikerpersönlichkeiten wie auch historische Darstellungen von Herrschern, die von dieser Krankheit befallen waren, zeigen zwei Ausprägungen einer narzißtischen Persönlichkeitsstruktur: Der größere Teil der Gichtiker ist der Balintschen Kategorisierung des „Philobaten" zuzuordnen, die durch überwiegend grandiose Selbstvorstellungen mit ausgeprägten expansiven Zügen gekennzeichnet sind, der kleinere Anteil weist überwiegend depressiv-masochistische Verhaltensmerkmale auf, die nach Balint den „Oknophilen" zuzurechnen wären, welche ein eher anklammerndes Verhalten zeigen. Bei den Patienten stehen die psychischen Abwehrmechanismen der Realitätsverleugnung und der Regression im Vordergrund. Sie sind als unbewußter Versuch zu verstehen, ein verborgenes Minderwertigkeitsgefühl zu überspielen und ein nach außen gerichtetes überkompensatorisch sicheres Selbstwertgefühl in allen möglichen Krisensituationen zu erhalten. Spitzen sich jedoch diese Krisensituationen in einer Weise zu, daß die psychoneurotische Abwehr nicht mehr ausreicht, so bleibt als weitere „Konfliktabwehr" die Somatisierung (hier im Sinne der Erstmanifestation der primären Hyperurikämie als Gichtanfall) im Rahmen spezifisch psychogen-hereditärer Gegebenheiten. Die Krise wird mit regressiven Verhaltensweisen als orale Abwehr mit der Hinwendung zum „Viel- und Gut-Essen" purinreicher Nahrung und zu Alkoholgenuß beantwortet. Dabei könnte die Bevorzugung von Fleisch und Innereien auch bedeuten, daß der Gichtiker seine kannibalistischen Wünsche im Rahmen der oralen Gier auslebt. Die progressive (Flucht-)Seite wird durch das körperliche Symptom der Podagra gebremst.

In diesem Zusammenhang kann von einem „Sinn" der Krankheit gesprochen werden, weil sie einen drohenden Persönlichkeitszerfall (eine Fragmentation des Selbst) verhindert. Es handelt sich um einen „Selbstheilungsversuch", um die psychische Integrität zu erhalten.

Der Anlaß für die vorliegende Untersuchung ist die Frage, ob die modernen wissenschaftlichen Erkenntnisse über das Persönlichkeitsbild des Gichtkranken auch auf die bekannten gichtkranken historischen Persönlichkeiten und Herrscher übertragbar sind. Gichtforschung an historisch herausragenden Persönlichkeiten wird jedoch dadurch erschwert, daß die Diagnose „Gicht" erst seit der Möglichkeit der Harnsäurebestimmung im Blut und anderer Gewebe exakt gestellt werden kann.

1.3 Einige Bemerkungen zum Verhältnis von Psychoanalyse und Geschichtswissenschaft

Novalis sagt zur Geschichtsschreibung („was erst die Geschichte zur Geschichte macht"): „Wenn ich das alles so recht bedenke, so scheint es mir, als wenn ein Geschichtsschreiber notwendig auch ein Dichter sein müßte, denn nur die Dichter mögen sich auf jene Kunst, Begebenheiten schicklich zu verknüpfen, verstehen. In ihren Erzählungen habe ich mit stillem Vergnügen ihr zartes Gefühl für den geheimnisvollen Geist des Lebens entdeckt. Es ist mehr Wahrheit in ihren Märchen, als in gelehrten Chroniken ... Wir verlangen nach der Anschauung der großen einfachen Seele der Zeiterscheinungen, und finden wir diesen Wunsch gewährt, so kümmern wir uns nicht um die zufällige Existenz unserer äußeren Figuren."

Die Wissenschaft ist eng mit dem Begriff des „Verstehens" verknüpft. Auch die Geschichtswissenschaft hat ihn als hermeneutisches Prinzip entwickelt und mit seiner Hilfe das politische Geschehen, sozialökonomische Bedingungen und gesellschaftliche Strukturen zu erklären versucht. Vor 30 bis 50 Jahren kam die Frage auf, ob der bis dahin gültige Verstehensbegriff den wissenschaftlichen Ansprüchen auch der Medizin genüge. Marcuse, Lorenzer, Adorno, Habermas, Horn und Mitscherlich kritisierten die bisherigen Theorien und brachten die Psychoanalyse in die historische Diskussion ein, welche die Diagnose (und Therapie) aus der Lebens- und Entwicklungsgeschichte des einzelnen unter Einbeziehung des Unbewußten erstellt. „Freuds Konzept des unbewußten Motivs erlaubt", so Habermas, „eine Erweiterung des subjektiv sinnverstehenden Ansatzes .... Die symbolischen Chiffren des Unterbewußtseins müssen gleichsam nur erst entziffert und die zugrundeliegende, nur zeitweilig verschleierte Intentionalität muß in ihm aufgedeckt werden ... Unbewußte Motive ... sind ... in symbolischen Zusammenhängen gegeben und können hermeneutisch verstanden werden."

Es sollte jedoch nicht übersehen werden, daß die Freudsche Psychoanalyse ursprünglich vom Individuum ausging und deshalb eine Erweiterung der daraus gewonnenen Erkenntnisse auf gesellschaftliche Phänomene durchaus problematisch ist. Nach Freuds Einschätzung sind die „Ereignisse der menschlichen Geschichte, die Interaktion zwischenmenschlicher Natur und kultureller Entwicklung und der Niederschlag von Urerfahrungen (für welche die Religion das hervorragendste Beispiel ist) nicht mehr als die Widerspiegelung der dynamischen Konflikte zwischen dem Ich, dem Es und dem Über-Ich, welche die Psychoanalyse beim Individuum erforscht - d.h. eine Wiederholung derselben Prozesse auf einer weiteren Stufe" (zitiert nach Strout).

In der Psychoanalyse wie der Geschichte spielen subjektive Elemente eine wichtige Rolle. Beide Wissenschaftszweige orientieren sich an der Vergangenheit des erforschten Objektes und werden von einem kritisch zu hinterfragenden Identifikationsprozeß getragen. Der Unterschied zur Naturwissenschaft liegt darin, daß introspektiv wahrgenommen wird. Dennoch ist es das Ziel der Wissenschaft, Theorien über Gesetzmäßigkeiten herauszuarbeiten, die verschiedene Phänomene einheitlich erklären können. Der Psychoanalytiker unterscheidet sich vom Historiker dadurch, daß sich letzterer weniger für die Vergangenheit interessiert, um die Gegenwart zu erklären, als vielmehr dafür, aus Daten zu einem Gesamtbild zu kommen - wenn auch unter gegenwärtigem Aspekt. Die Psychoanalyse ist in erster Linie eine klinische Forschungsmethode, bei der es unter Einbeziehung des Unbewußten um die Erhellung der Vergangenheit geht mit dem Ziel, die Gegenwart eines Patienten (in der analytischen Sozialpsychologie gesellschaftliche Bedingungen) zu verstehen, innerpsychische Hemmnisse aufzuarbeiten und (klinische) Besserung zu bewirken.

Nur wenige Psychoanalytiker haben es verstanden, individuelle Schicksale in umfassendere soziale Beziehungen zu setzen und damit auch von Historikern anerkannt zu werden. Hier ist vor allem Erik Erikson mit seinen Studien zu Luther und Gandhi zu nennen. Erikson macht deutlich: „In der Biographie kann die Relevanz eines Themas sich nur daran erweisen, daß es an einem entscheidenden Punkt der Entwicklung eines Menschen wiederauftritt, und daran, daß es für die Bilanz seiner Siege und Niederlagen relevant ist." Die historische Biographie bildet aber auch das Bindeglied zwischen psychoanalytischer und historischer Wissenschaft. Auf

Grund ihrer theoretischen und in der Praxis erworbenen Erfahrung kann und sollte die Psychoanalyse dabei behilflich sein, die von Historikern beigebrachten Fakten entsprechend einzuordnen und zu werten.

Damit kommt der Wert psychoanalytischer Theorien für die historische Wissenschaft vor allem in biographischen Studien zum Tragen. Die individuelle Analyse und Beurteilung politischer Persönlichkeiten kann auf die Einbeziehung unbewußten Materials nicht verzichten. Die grundlegenden Forderungen der Psychoanalyse – die freie Assoziation, die Beurteilung innerpsychischer Widerstände und die Phänomene der Übertragung und Gegenübertragung können in der historischen Forschung nicht erfüllt werden. Dennoch sollte versucht werden, mit Hilfe überlieferter persönlicher Aussagen, Briefe und Beurteilungen anderer, mit aller Vorsicht kritisch-analytisch ein Gesamtbild zusammenzufügen. Dies kann allenfalls im Ansatz geschehen und wird auch dadurch erschwert, daß die gesellschaftlichen Bedingungen der jeweiligen Zeit auf die Erziehung der Kinder und deren persönliche Akzeptanz der Eltern einwirkt und zu weiteren Verzerrungen führen kann.

Die Psychoanalyse berücksichtigt in erster Linie die Sozialisierungsprozesse des einzelnen, die durch die Familie, die Schule, die Beziehungen zu Gleichaltrigen entstehen und entsprechende Auswirkungen auf das Individuum haben. Die analytische Sozialpsychologie betont die jeweils gültigen gesellschaftlichen Bedingungen für die Entwicklung des einzelnen wie der Gesamtheit. Beide Richtungen können die Geschichtswissenschaft mit Hilfe analytisch untermauerter Biographien sozialpsychologisch-historisch unterstützen und den historischen Erkenntnisprozeß fördern. Die Gefahr monokausaler Erklärung liegt vor allem da auf der Hand, wo sozial- und politikgeschichtliche Zusammenhänge unberücksichtigt bleiben. Der Psychoanalytiker kann sich aufgrund seiner Ausbildung und Erfahrung nur mit der Individuationsgeschichte eines Menschen in Analogie zu einer Patienten-Fallgeschichte wissenschaftlich auseinandersetzen.

Bei den nachfolgend dargestellten Persönlichkeiten ist bekannt (wenn auch laborchemisch und klinisch nicht nachgewiesen), daß sie unter den Erscheinungen einer – wie wir es heute nennen würden – primär familiären Hyperurikämie und der klinischen Manifestation der Gicht litten. Eine Ausnahme bildet Friedrich I. Wir haben ihn in unsere Betrachtung mit aufgenommen, weil anzunehmen ist, daß auch er eine genetische Veranlagung zu der Erkrankung hatte; diese ist in der Linie der Hohenzollern bekannt. Wie später noch zu erörtern sein wird, ist es möglich, daß bei Friedrich I. andere psychosomatisch-psychoneurotische Faktoren den Ausbruch einer Gicht verhindert haben. Innerpsychisches Konfliktmaterial war in anderen Symptomen gebunden. Dadurch konnte die Balance der Persönlichkeit hergestellt werden.

Die vorliegende Auswahl der Persönlichkeiten haben wir getroffen, weil bei ihnen die jeweils konfliktauslösende Situation, die zur Manifestation einer psychosomatischen Krankheit nachweisbar sein muß, (wenigstens) im Ansatz zu eruieren war und damit das wesentliche Kriterium einer positiven psychosomatischen Diagnostik erfüllt werden konnte. Dabei war die Frage nach dem Stellenwert des Symptoms im Lebenszusammenhang des Betroffenen und in seinem Beziehungsverhalten in psychoanalytischem Sinn zu beantworten. Es handelt sich dabei um die Frage nach dem „Sinn" der Krankheit. Zudem waren bei fast allen Untersuchten das charakteristische Eß- und Trinkverhalten und eine genetische Komponente nachweisbar.

Bei aller kritischer Einschränkung wird der psychosomatische Anspruch auf eine Einheit von Körper und Seele auch bei den dargestellten Persönlichkeiten eingelöst: Das naturwissenschaftlich klar definierte Krankheitsbild der Gicht erfährt im Gesamtverständnis eine wesentliche Ergänzung durch die Berücksichtigung der Psychopathologie des Betroffenen. So ist eine genetische Komponente bei den spanischen Habsburgern, den Tudors und den Hohenzollern anzunehmen. Auffallendes Eß- und Trinkverhalten einschließlich reichlicher Alkoholzufuhr ist nicht nur bei den erwähnten Personen dokumentiert, sondern ebenso bei Wallenstein und Bismarck. Von psychodynamischer Seite her ist allen das Streben (oder Erhalten) von Macht gemeinsam. Die Ehrgeiz-, Leistungs- und Geltungsbereitschaft ist bei den Untersuchten meist durch eine frühkindliche Deprivationssituation mit Unterdrückung emotional-affektiven Erlebens und der Entwicklung neurotisch-narzißtischer Persönlichkeitsmerkmale entstanden.

1.4 Überlegungen zur Vater-Sohn-Problematik und zu Fragen der Macht

Der Generationenkonflikt ist für das Haus Hohenzollern, die spanischen Habsburger und die Tudors kennzeichnend. Bei jedem der dargelegten Persönlichkeiten war das Vater-Sohn-Verhältnis tiefgehend gestört Seinen tragischen Höhepunkt fand es in Preußen mit der Enthauptung Kattes vor den Augen Friedrichs II., auf Anordnung seines Vaters, des „Soldatenkönigs". Mißachtung, Kontrolle, Härte, emotionale Ferne und mangelnde Empathie, die erschwerte Vorbildfunktion und Identifikationsmöglichkeit lassen sich ebenso bei Karl V. und Philipp II. wie bei Heinrich VII. und Heinrich VIII. nachweisen.

Wenn wir nach der Ursache der auffälligen Beziehungsstörungen fragen, so stoßen wir zunächst auf das Pflichtgefühl der Preußen, das mit der strengen protestantischen Gläubigkeit zusammenhängt. Bei ihr war der Glaube entscheidend, daß am Tage des letzten Gerichtes ein jeder Rechenschaft über sein Handeln ablegen muß. Bigotterweise wurde am ehesten der strafende und rächende Gott des Alten Testaments gefürchtet und gleichzeitig umworben, weil mit seiner Hilfe Unterstützung erwartet werden konnte. Freud behauptete, „daß für jeden der Gott nach dem Vater gebildet ist, daß sein persönliches Verhältnis zu Gott vom leiblichen Vater abhängt, mit ihm schwankt und sich verwandelt und daß Gott im Grunde nichts anderes ist als ein erhöhter Vater". Durch die Identifizierung mit dieser überirdischen Macht und den Ausprägungen beider extremer Einstellungen kann man das Verhalten der Hohenzollern-Väter nachvollziehen. Sie weisen deutliche Charakterzüge von Idealisierung einerseits und rascher Entwertung – also Spaltung von „gut" und „böse" – andererseits auf, Phänomene, die Ausdruck einer narzißtischen Regulationsstörung sind und Minderwertigkeitsgefühle mit einem Größenselbst überspielen können. Der dazugehörige Neid wird auf andere, hier insbesondere auf den Sohn, projiziert, weil in ihm die Möglichkeit steckt, den Vater übertreffen zu können. Er ist häufig mit aggressivem Potential verbunden, das zu fatalen Folgen führen kann.

Die von Neid, Eifersucht, Mißgunst, Gewalt und Macht bestimmte Beziehung zwischen Vater und Sohn finden wir in der Mythologie wieder. Schon Tantalos schlachtete seinen Sohn Pelops und setzte ihn den Göttern als Speise vor. Der Titan Kronos, Vater des Zeus und der Hera, war oberster Gott, wurde aber von Zeus entthront. Ödipus, Sohn des thebanischen Königs Laios, wurde wegen des Orakelspruches, er werde seinen Vater töten, gleich nach seiner Geburt ausgesetzt. Der vaterlose Ur-Vater Uranos trägt die Schuld an der Entzweiung von Vater und Sohn: der Vater ist neidisch auf den Jüngeren und dessen Potenzen, auf die Vielfalt der Möglichkeiten, die in ihm verborgen sind. Der Vater bekommt Angst vor dem Sohn, die er mit Hilfe von Macht, auch Gewalt, beherrschen kann. Die Folge ist jedoch die Vernichtung eines Konkurrenten, wenn eine adäquate Auseinandersetzung (der Generationen) nicht möglich ist. Nicht erst Freud forderte, daß „der Hochmut der Väter ... zu überwinden (ist), die vor ihren Kindern nicht gerne auf das Niveau der Menschlichkeit herabsteigen wollen ...".

In diesem Kontext soll kurz auf die Bedeutung des Vaters in der psychosomatischen Medizin eingegangen werden. Bei der Entwicklung des Kindes kommt dem Vater sowohl eine indirekte, über die Mutter vermittelte Bedeutung zu wie auch eine direkte, in der er persönlich in den Lebenskreis des Kindes eintritt. Seine Aufgabe ist es, den Entwicklungsschritt der Triangulierung zu katalysieren, die Selbst-Objekt-Differenzierung des Kindes und dessen Autonomie zu fördern. Bleibt die Triangulierung aus (durch emotionale Abwesenheit, Tod u. a. m.), so ist die Persönlichkeitsentwicklung gestört, der Individuations- und Trennungsprozeß behindert; durch eine weitere Traumatisierung ist der Weg in die psychosomatische Krankheit geebnet; deren Ansatzpunkt bis in die Zeit der Wiederannäherungskrise um den 20. Lebensmonat zurückzuverfolgen ist. Das ist auch bei der Gicht wahrscheinlich.

Die zunächst als wertneutral anzusehende Macht des Vaters wird in diesem Zusammenhang zu einem narzißtischen Machtmißbrauch in Form von eigennütziger Ausnutzung und Unterdrückung des Unterlegenen (des Sohnes). Die Macht wird nicht mehr eingesetzt, um ein höheres, sinnvolleres Ziel zu erreichen, sondern dient als narzißtische Stütze der Stabilisierung des Ich, um einen Persönlichkeitszerfall zu verhindern. Kann diese Konstellation Hintergrund der vielen Kriege unserer Geschichte sein? Die „orale Gier", das unersättliche Verlangen nach Reichtum und Besitz, ist verbunden mit dem Neid auf andere und einer pathologisch aggressiven Haltung, verstanden als Rache mit all ihren bekannten historischen Folgen im Laufe der Menschheitsgeschichte. Diese „orale Gier" hat aber auch eine restitutive Funktion und dient letzlich der (Wieder-)Herstellung des narzißtischen Gleichgewichts, z. B. einer pathologisch-narzißtischen Führerpersönlichkeit, eines Volkes, einer Nation.

In diesen Kontext gehört die Frage nach dem Entstehen der Macht und deren Ausübung gegenüber meist als schwächer angesehenen Menschen, oft Kindern, auch Frauen, manchmal Nationen. Das Herrschaftsprinzip, das Unterdrückung und Kriege einschließt, scheint nach der Geschichtsschreibung wesentlicher Teil des menschlichen Daseins zu sein. Damit verbunden ist das Phänomen der pathologischen Aggression; sie ist früh in unserer Kultur zu finden.

So sei an den Mythos von Kain erinnert, der aus Neid seinen jüngeren Bruder Abel erschlägt. Die Zusammengehörigkeit von Täter und Opfer ist deutlich: Kain hat die Aggressionsbereitschaft, die durch ihn in die Bewußtheit der Welt gekommen ist, in destruktivem Sinne ausgelebt und die Chance einer konstruktiven Aggression verfehlt. Kain und Abel haben es beide nicht geschafft, die Balance zwischen Bindung und Autonomie, Symbiose und Individuation herzustellen, beide verharrten in ihrem Ohnmachtsgefühl und Ambivalenzkonflikt. Können wir unsere aggressiven Antriebskräfte durch Liebe domestizieren und sie durch strukturierende, organisierende Ich-Funktionen konstruktiv verfügbar machen? Das setzt ein gesundes Selbstwertgefühl voraus, das sich im Falle eines inneren oder äußeren Angriffs adäquat zur Wehr setzen kann. Als pathologisch ist der Umgang mit einem Angriff, einer Kränkung zu bezeichnen, wenn es zu überschießenden aggressiven oder regressiven Reaktionen kommt, die ein vorhandenes Minderwertigkeitsgefühl überspielen sollen.

In uns liegt ein aggressives Potential, das uns den Weg zur Selbständigkeit und Individuation ermöglicht. Erfolgt unsere Entwicklung in einem „gesunden" Rahmen, so werden wir dieses aggressive Potential für unsere Reifung positiv – d.h. „neutralisiert" – verwerten können. Kommt es zu Störungen in der Eltern-Kind-Beziehung, so ist eine „entneutralisierte" Aggressivität mit all ihren Auswirkungen in der Gesellschaft, in der Natur, die Folge; sie kann sich aber auch gegen die eigene Person in Form einer „Auto-Aggressionskrankheit" wenden, z.B. als „Rheuma", als entzündliche, unspezifische Darm- und Hauterkrankungen oder auch im Selbstmord. Die ursprüngliche Bedeutung des Wortes „Aggression" geht auf „adgredi", was Auf-den-anderen-zugehen heißt, zurück und wird primär wertfrei verwendet. Eine fehlgeleitete narzißtische Regulation ist Ursache für eine „entneutralisierte" Aggressivität und für eine Störung des Selbstwertgefühls. Auswirkungen zeigen sich in einer Depression, einem Minderwertigkeitsgefühl oder überkompensatorisch einem überhöhten Größenselbst. Beide Ausprägungen schützen vor dem Zerfall der Persönlichkeit, d.h. vor einer Fragmentation des Selbst.

Dieser Hintergrund pathologisch-aggressiven Handelns ist zum Verständis neurotischen Machtstrebens wichtig. Denn hierbei handelt es sich um eine Stabilisierung des Selbst, das lediglich mit Hilfe von Gefühlen der Stärke, Potenz, Unterdrückung existieren kann; es dient dazu, die eigene Schwäche, das Minderwertigkeitsgefühl zu unterdrücken, nicht fühl- und sichtbar werden zu lassen. Dieser narzißtische Gewinn dient der Selbsterhaltung. Bei dieser Art der Machtausübung spielt nicht das äußere Ziel eine Rolle, sondern das innere, die narzißtische Gratifikation. Darauf hat bereits Alfred Adler hingewiesen, der pathologisches Macht- und Geltungsstreben als kompensatorische Reaktion auf Minderwertigkeitsgefühle angesehen hat.

Macht ist primär weder „gut" noch „böse". Sie ist nicht gleichbedeutend mit Gewalt; sie ist aber verbunden mit Stärke und Durchsetzungsvermögen und dient auch dem Zusammenhalt (etwa von Gesellschaften). Machtausübung artet jedoch leicht in Unterdrückung aus, verleitet zu Suppression, wo sie nicht mit einem sicheren Selbstwertgefühl gekoppelt ist. Die Menschheitsgeschichte ist geprägt von den Auswirkungen der fatalen, maliziösen Kombination des Mißbrauchs von Macht und pathologischer Aggression für die Gesellschaft wie für das Individuum im Dienste narzißtischer Befriedigung.

1.5 Kritische Überlegungen zur vorliegenden Studie

Eine interdisziplinäre Studie wie die vorliegende wird mit Recht von verschiedenen Seiten Kritik auf sich ziehen.

- Die naturwissenschaftliche Medizin bringt trotz erheblicher Bewußtseinsänderungen nach wie vor psychosomatisch-psychodynamisches Denken mit ideologischer Einstellung in Verbindung, weil als krank nur das anerkannt wird, was seh- und meßbar ist. In bezug auf die Gicht ist wichtig festzustellen, daß eine sichere Diagnose erst mit Hilfe der Harnsäurebestimmung im Blut möglich ist. Das allerdings war bis zur Jahrhundertwende nicht durchführbar. Damit wird jede Krankheitsbezeichnung der „Gicht" oder „Podagra" unsicher. Insbesondere stieß eine Abgrenzung von rheumatischen Erkrankungen auf große Schwierigkeiten, wobei von Verwechslungen und Überschneidungen auszugehen ist.
- Gravierende Einwände werden von psychosomatisch-psychoanalytischer Seite kommen; handelt es sich doch um eine retrospektive Studie. Damit entfällt die Möglichkeit, mit den Betroffenen direkt zu sprechen. Die für die Psychoanalytiker so wichtigen Phänomene wie Übertragung, Gegenübertragung, Widerstand müssen zwangsläufig unberücksichtigt bleiben. Da ihnen bei der Untersuchung im Rahmen des tiefenpsychologischen Erstinterviews jedoch eine zentrale Stellung zukommt, fehlen entscheidende Kriterien für die sichere Diagnosestellung einer psychosomatischen Erkrankung. Die szenische Darstellung des Lebensentwurfs des Probanden fehlt naturgemäß ebenso wie die Möglichkeit, die im Interview erfaßten Persönlichkeits- und Beziehungsaspekte wenigstens in Teilbereichen mit metrischen psychologischen Testverfahren zu untermauern. Darüber hinaus sind für die Persönlichkeitsentwicklung relevante Daten aus der frühen Kindheit bei historischen Persönlichkeiten nur spärlich zu erhalten (und das um so mehr, je älter die [noch] vorhandenen Dokumente sind). Darüber hinaus sind sie vom Zeitgeist beeinflußt.
- Damit sind die Beziehungserfahrungen einschließlich der dazugehörigen trieb-, ich- und selbstpsychologischen Aspekte der

untersuchten historischen Persönlichkeiten nur im Ansatz psychodiagnostisch beurteilbar. Kaum anwendbar ist auch das moderne Konzept des entwicklungsorientierten Strukturmodells von Kernberg, der neurotisches Erleben und Verhalten in dreifachem Ansatz unter besonderer Berücksichtigung der Reife des Selbst ordnet: Neurosen auf niederem Strukturniveau bezeichnet er als Borderline-Störungen, solche auf mittlerem als narzißtische und solche auf einem reifen Niveau als „klassische Neurosen". – Diese Differenzierung ist bei dem vorhandenen biographischen Material der hier diskutierten „Fälle" allenfalls im Ansatz möglich.

- Hier wird die Kritik der Historiker ansetzen, denen die Recherchen – vielleicht weniger bei Bismarck und Karl V. – ungenügend erscheinen müssen, stammen doch viele Daten aus der Sekundärliteratur. Das Material ist lückenhaft. Die Kindheitsentwicklung und der Umgang mit Baby und Kindern war im Laufe der Jahrhunderte sehr zeitabhängig und von der jeweiligen gesellschaftlichen Einstellung geprägt. Es ist schwierig, die vorliegenden Erkenntnisse in unser Verständnis von Individuum und Gesellschaft zu „pressen". Außerdem war die medizinische Dokumentation in früheren Jahrhunderten außerordentlich dürftig und auch von der jeweiligen Einstellung zum Kranksein überhaupt geprägt.

Von psychoanalytischer Seite her werden folgende Kritikpunkte zusammengefaßt:

1. Das Hauptproblem ist die Frage der Deutung, auf die wir bei der (allerdings wertfrei zu betrachtenden) Beurteilung historischer Persönlichkeiten angewiesen sind: die vorhandenen Informationen, insbesondere der frühen Kindheit, sind meist spärlich und haben geringeren Wahrheitswert als die Angaben unserer Patienten. Bei ihnen sind wir mit Deutungen äußerst zurückhaltend, versuchen, sie und ihre Probleme in oft mühsamer Arbeit im Sinne eines „Katalysators" zu verstehen und ihnen damit zu Lösungsmöglichkeiten zu verhelfen.
2. Die Anwendung der psychoanalytischen Technik ist ohne die Anwesenheit des Patienten nicht möglich. Dennoch glaubt Erikson, dieses Problem bei aller methodologischer Vorsicht überwinden zu können (s. S. 28).

3. Eine weitere Gefahr liegt in der möglichen „Hybris" der Psychoanalyse, alles erklären und verstehen zu können.

So mögen Kritiker Nachsicht walten lassen; dennoch bleibt es Wunsch und Hoffnung des Autors, daß sich andere Disziplinen aufgefordert fühlen, persönliche Entwicklungen und Schicksale in entsprechenden Untersuchungen zu berücksichtigen und Brücken zwischen individuellen, persönlichen und gesellschaftlichen Gegebenheiten zu schlagen, um zu einem besseren Gesamtbild zu gelangen. Das gilt insbesondere für die medizinische und die historische Wissenschaft. Es fällt auf, daß in historischen Darstellungen wesentlich auf Kriege, Verhandlungen, wirtschaftliche Zusammenhänge hingewiesen wird, ohne die Persönlichkeiten der Handelnden, Entscheidenden, Mächtigen hinreichend einzubeziehen. Dadurch kommt es zu Idealisierungen oder Entwertungen, die zu vorschnellen Beurteilungen verführen und zu Verzerrungen Anlaß geben, die negativ prägend auf nachfolgende Generationen wirken können. Im wissenschaftlichen Raum wird versucht, Wertungen herauszuhalten, eher ein Bild der Persönlichkeit „sine irae et studio" nachzuzeichnen und die daraus folgenden Haltungen, Entscheidungen und Handlungen zu verstehen. Die diesbezügliche Neugier führte zu der vorliegenden Arbeit, die Anregungen zu weiteren, intensiveren Studien unter Berücksichtigung des Individuums geben möge.

2. Psychosomatische Erkrankungen und Persönlichkeitsmerkmale historischer Persönlichkeiten

2.1 Die Tudors

2.1.1 Heinrich VII.

> See Ye Be Kind Again. My Pain Retain In Mind.*
> *(Baldassare Castiglione, Dichter am Hofe Heinrichs)*
>
> Frugal in his own person he does not change any of the ancient usages of England at his court, keeping a sumptuous table.**
> *(Neville Williams)*

Zum historischen und familiären Hintergrund

Heinrich VII. hat in der englischen Geschichte dadurch einen bedeutenden Platz erhalten, daß er den 30 Jahre währenden Bürgerkrieg zwischen den Adelshäusern Lancaster und York – die Rosenkriege – beenden konnte.

Heinrich VII. stammte von Edmund Tudor ab. Er war der Sohn von Owen Tudor (Tewdwr) und Katharina von Frankreich, der früh verwitweten Königinmutter Heinrichs VI. und Lady Margret Beauforts. Heinrich VI. wurde bereits mit einem Jahr König von England und Frankreich und war ein frommer Pazifist. Er wurde von Eduard IV., der nach dem Sieg des Hauses York in den Rosenkriegen König wurde, ermordet. Nach Eduards Tod beschloß dessen Bruder Richard, Herzog von Gloucester, die adeligen Mitglieder des Hauses York auszurotten. Die ängstlichen Yorker boten daraufhin dem in der Bretagne lebenden Heinrich „Tudor" die Kö-

* Ich seh' euch wieder freundlich. Der Schmerz bleibt bei mir selber.
** Genügsam mit seiner eigenen Person änderte er keine Gebräuche am Hofe Englands, dennoch war seine Tafel stets verschwenderisch. *(Übers. v. Verf.)*

nigskrone unter der Bedingung an, daß er die Erbin des Hauses York, Elisabeth von York, heiratete. Den Eid dazu legte Heinrich VII. 1483 in der Kathedrale von Rennes ab und versammelte eine mächtige Armee um sich. Im August 1485 landete er mit französischen, bretonischen und schottischen Truppen in Wales und schlug Richard (III.) in der entscheidenden Schlacht bei Bosworth.

Damit war die Basis für die (Twedwr) Tudor-Dynastie geschaffen, Heinrich VII. wurde der Erzvater der Tudorlinie, aus der der berühmt-berüchtigte Heinrich VIII. und die glorreiche Elisabeth I. hervorgingen. Heinrich VII. hatte seine Position dadurch gefestigt, daß er Elisabeth von York heiratete. Damit legte er den Zwist der sich streitenden Adelshäuser Lancaster und York bei. Aufkeimende Revolten beunruhigten und beschäftigten Heinrich sehr, ließen ihn jedoch als Sieger hervorgehen. Die Rechtmäßigkeit von Heinrichs Anspruch auf den Thron wurde aber in Frage gestellt. Heinrich betonte mit Nachdruck, daß ihm nicht seine Braut Elisabeth von York die Krone übertragen hatte. Um jeden Zweifel auszuschalten, heiratete er sie erst drei Monate nach seiner Inthronisation und ließ sie erst zwei Jahre später zur Königin krönen. Heinrich betonte immer wieder, daß er der rechtmäßige Thronfolger sei, was durch seinen Sieg auf dem Schlachtfeld mit Gottes Hilfe und Urteil bestätigt worden sei. Sicher ist, daß Heinrich mit Waffengewalt und hervorragender persönlicher Tüchtigkeit an die Macht gekommen war und nicht aufgrund eines durch Familientradition begründeten Erbanspruchs. Die angeführten Zusammenhänge haben auch in der Persönlichkeit des Sohnes ihre Spuren hinterlassen.

Die Umstände der Geburt Heinrichs im Jahr 1457 waren ungünstig; seine Mutter, Margarete Beaufort, heiratete bereits mit elf Jahren Edmund Tudor, Herzog von Richmond. Sie war noch keine vierzehn Jahre, als sie Heinrich gebar. Nur wenige Wochen später mußte Edmund seine junge Frau und seinen Sohn verlassen, um wegen der Unruhen auf Kontrollreise nach Südwales zu fahren. Bei diesen bürgerkriegsähnlichen Verhältnissen wurde er von Yorkisten gefangengenommen und starb 28jährig fernab von seiner jungen Familie im Gefängnis. Margret Beaufort wurde somit bereits in ihrer Pubertät Witwe und wurde von ihrem Schwager, Jasper Tudor, Herzog von Pembroke, aufgenommen. Es heißt, daß die

13jährige Mutter seither nur für den kleinen Heinrich gelebt habe. Sie galt als gottesfürchtig, devot, blaustrümpfig, besonders ehrgeizig ihrem einzigen Kind gegenüber, aber stets auf „heiligen Rückzug" bedacht. Als Heinrich gerade vier Jahre alt war (1461), fiel das Schloß Pembroke in die Hände der Yorkisten. Seine Mutter wurde vertrieben und ließ den Sohn auf dem Schloß zurück. Sie heiratete Henry Stafford, während der junge Heinrich in William Herbert, dem neuen Schloßherrn, einen Ersatzvater fand. Der ließ ihn streng erziehen in der Hoffnung, daß er seine Tochter Maud heiraten würde. Das war nicht möglich, weil Herbert von dem Herzog von Warwick, Richard Neville dem Mächtigen, hingerichtet wurde. Der Verlust schmerzte Heinrich sehr. Er muß sehr traurig gewesen sein: Seine Mutter hatte er jahrelang nicht gesehen; eine konstante Beziehung hatte er kaum aufbauen können, weil seine Erzieher und Lehrer häufig wechselten. Zudem mußte er ständig umziehen, seine Wohnsitze ändern und war damit heimatlos. Heinrich mußte mit vierzehn Jahren Wales verlassen, weil Gefahr für sein Leben bestand: Revolten der Yorkisten hatten seine Flucht ins Exil, in die Bretagne, zur Folge. 1471 mußte er seine Heimat verlassen. Erst 1485 – nach vierzehn – Jahren kehrte er zurück. Mit dem Einfall in Wales und dem Sieg über Richard III. stellte Heinrich seine Ansprüche auf den Thron. Die Jahre im Exil hatten ihn sehr geprägt: Die kulturelle und gesellschaftliche Umgebung seines Gastlandes hatten ihn tief beeindruckt; zudem sprach er fließend französisch.

Zur Person

Heinrich war groß, dunkelhaarig, hatte einen hellen Teint, war athletisch und ritt sehr gut. Er war ungeheuer zäh und mußte sich stets in einer fremden, feindseligen Welt behaupten. Die von Trübsal, Verzicht und Gefährdung geprägten frühen Jahre hatten einen starken Überlebenswillen und -instinkt nach sich gezogen. Hinter seiner Durchsetzungskraft verbargen sich jedoch Angst, Unsicherheit und Mißtrauen. Er liebte extravagante Kleidung mit reichen Roben, angeblich, um sich Respekt zu verschaffen. Sein Prunk und Schaugepräge stattete er mit eigenen mythologischen Vorstellungen aus. Er war der erste englische König, der sich eine eigene „rotlivrierte" Leibwache zulegte, deren Nachfahren noch heute als Torwächter in London zu sehen sind.

Von früher Jugend an blieb Heinrich ein unterwürfiger Sohn der Kirche, nahm täglich an drei Messen teil und kümmerte sich mehr um sein geistliches Wohl als um die Aufgaben der Krone. Er baute sein Königreich in einer realitätsfernen, weltfremden Weise auf, so daß John Fisher, Bischof von Rochester, den Eindruck hatte, Heinrich habe den Wunsch seiner frommen Mutter erfüllen müssen. An seinem Grab sagte der Bischof, Heinrich habe mehr einem Pilger geglichen, der stärker nach einer Krone des Ruhms in der kommenden Welt suchte, als einem weltlichen Herrscher. Er habe seine Diplomatie und Regierungskunst auf diese Gotteswelt hin ausgerichtet. Heinrich war konservativ und auf Rückzug bedacht; er folgte den Vorstellungen seines Vorgängers Eduards IV. und brachte in seiner Regierungszeit kaum Innovationen ein. Er war außerordentlich fleißig, arbeitsam, musikalisch und hatte eine große Liebe zum Geld. Ein spanischer Gesandter schrieb, daß Heinrich seine ganze Zeit damit verbrachte, die Zusammenstellung seiner Ausgaben mit eigener Hand zu schreiben. Sein Geiz wurde sprichwörtlich, ja, er wurde als „rücksichtsloser Geizhals" bezeichnet, der seine Untertanen ausbeutete und ihnen Geld abnahm, wo immer es ihm möglich war.

Die aufgeführten Charakterzüge Heinrichs sind als überwiegend anal zu bezeichnen und waren mit einem erheblichen Machtstreben verbunden. Dafür sprechen die Erfahrungen mit zwanghaften Persönlichkeiten, welche Gefühle von ohnmächtigem Ausgeliefertsein mit einer betonten Machtentfaltung zu überspielen suchen. Diese manifestierte sich bei Heinrich in den äußeren Kämpfen um die Krone; starker Ehrgeiz trieb ihn an. Es ist zu vermuten, daß hinter dieser Einstellung existentielle Ängste verborgen waren, die mit der überprotektiven Haltung der Mutter und der frühen Trennung von ihr zusammenhingen. Die Ehrgeiz- und Leistungsorientierung wurde durch die Haltung der Mutter gefördert, die, nach dem frühen Verlust ihres Mannes, in ihrem Sohn einen (starken, mächtigen Ersatz-)Mann gesehen haben mochte. So können wir die auffällige Macht- und Ehrgeizeinstellung Heinrichs mit frühkindlich belastenden Erfahrungen in Verbindung bringen: die Mutter hatte ebenfalls diese Charakterzüge, die der Sohn übernahm; zudem mußte er mit der existentiellen Gefährdung in den frühen Jahren fertig werden.

Zur Krankheit

In der Literatur ist nicht viel über Heinrichs Krankheiten erwähnt. Als er aus der Bretagne einmal nach Wales in seine Heimat fahren wollte, erkrankte er an einem hohen Fieber, so daß er die Reise nicht antreten konnte und zu seinem Wohnort zurückkehren mußte. Zeichnet sich hier ein psychosomatisches Geschehen ab? Wir wissen, daß das Immunsystem als Bindeglied zwischen körperlichem und seelischem Geschehen auf psychische Belastungen besonders empfindlich reagiert. Ein anderer Hinweis gilt einem vermuteten Lungenleiden; die Todesursache Heinrichs kann eine Tuberkulose gewesen sein. Es wird eine spastische Natur der Krankheit mit periodischem Husten beschrieben, die auf eine (zumindest) begleitende spastische Bronchitis oder gar auf ein (psychosomatisch bedingtes?) Asthma bronchiale hindeutet.

Von seinem 40. Lebensjahr an machte Heinrich den Eindruck eines ausgebrannten Mannes: Er hatte viele Zähne verloren, die restlichen waren schlecht und schwärzlich. Der ganze königliche Hof verlor nach dem Tod seiner Frau an Charme und Würde, die Atmosphäre muß wenig freudig, eher klösterlich gewesen sein. Heinrich hatte große Angst, blind zu werden; sie weitete sich zur Phobie aus. Hinter dieser Erscheinung verbarg sich ein Ur-Mißtrauen und die dazugehörige Angst vor Kontrollverlust.

Auffallend bei Heinrich ist der Beginn der Gichterkrankung. Er mußte seine Hochzeit mit der um acht Jahre jüngeren Elisabeth von York aufschieben, weil er einen heftigen Gichtanfall erlitt und seine Schmerzen eine Fortbewegung nicht zuließen. Heinrich muß die Verbindung psychisch als hochambivalent erlebt haben. Damit kann in psychodynamischem Krankheitsverständnis von einer konfliktauslösenden Situation gesprochen werden. Sie hatte darin ihren Vorläufer, daß Heinrich drei Monate zuvor vom Parlament zum König ernannt worden war. Seine Sparsamkeit und sein Geiz ermöglichten es ihm, absolut zu regieren, weil er bei Staatsausgaben das Parlament nicht um Zustimmung bitten mußte; dieses bewirkte eine weitere Steigerung seiner Machtentfaltung.

Damit hatte Heinrich sein höchstes Ziel erreicht.
Bei der Gicht spielt das Ernährungsverhalten eine große Rolle. Heinrich ließ sich bis zu 60 Gänge eines Menüs auftischen. Vermutlich wurde schon bei seiner Inthronisation kräftig gefeiert und purinhaltiges Essen und alkoholreiche Getränke der bevorzugt, wodurch dem Ausbruch der Gichterkrankung Vorschub geleistet wurde.

Der Erbfaktor ist bei Heinrich unklar; bei den Vorfahren wird die Gicht nicht erwähnt. Sicher ist jedoch, daß sein Sohn Heinrich (später der VIII., s. nächstes Kapitel) ebenfalls unter der Gicht gelitten hat. Damit ist auch bei Heinrich VII. ein genetisches Moment anzunehmen.

Bei der Betrachtung der Gicht Heinrichs VII. sind die psychischen und psychosozialen Umstände bei Ausbruch der Erkrankung auffällig. Es ist anzunehmen, daß Heinrichs Beziehung zu seiner Ehefrau Elisabeth von York hochambivalent war. So etwa zögerte er nicht, den Eid auf die Heirat abzulegen, als ihm die englische Krone angeboten wurde. Er „liebte" und ehelichte Elisabeth, weil er durch sie seine Macht- und Ehrgeizbestrebungen verwirklichen konnte. Sicher ist, daß ihm die eheliche Beziehung die Erfüllung seiner affektiven, unbewußt auf Macht ausgerichteten Wünsche ermöglichte.

„Liebe" kann für einen gottesfürchtigen christlichen Menschen wie Heinrich nur schwer mit Kalkül, negativ getönter Aggression und egozentrischen Wünschen in Zusammenhang gebracht werden. Damit zeichnete sich ein innerer Konflikt ab. Er wurde bei Heinrich dadurch gesteigert, daß er sich einer Frau zuwandte (auf Druck von außen zuwenden mußte), die selber Ansprüche auf den Thron hätte geltend machen können. Heinrich wußte das, verdrängte und verleugnete jedoch die Zusammenhänge. Seine Angst hatte ihn veranlaßt, die Hochzeit erst nach seiner eigenen Inthronisation anzuberaumen und die Krönung Elisabeths erst zwei Jahre später festzusetzen. Der Hochzeitstag war also in doppelter Weise belastet: Zum einen wurde der Konflikt zwischen dem von Liebe geprägten frommen Christen und dem herrschsüchtigen Egozentriker bestimmt, zum anderen wurde durch die Gegenwart Elisabeths der Erwerb der englischen Krone und damit seine Machtgier in Frage gestellt.

Wie aber wurde Heinrich mit dieser Konfliktlage fertig? Wie konnte er sein inneres Problem lösen?

Vor dem Hintergrund psychosomatischer Gichtforschung ist anzunehmen, daß es auch bei Heinrich zu einer konversionsneurotischen Lösung kam. Die aus dem Es stammenden Triebwünsche der Machtgelüste Heinrichs gerieten dabei in Konflikt mit den Forderungen des Über-Ich, des Gewissens; dieses war geprägt von dem Vorbild der strengen Mutter und der rigiden Erziehung seiner Betreuer. So konnten die Wünsche des Es nicht zugelassen werden. Das Ich fand insofern einen Kompromiß, als es dem Es Zurückhaltung auferlegte und dem Über-Ich das Gefühl von Bestrafung für die Triebwünsche in Form von Schmerzen und Verzicht geben konnte.

Diese triebdynamischen Überlegungen sind eng verknüpft mit der Frage nach der narzißtischen Regulationsmöglichkeit: In der Situation des Krankseins brauchte sich Heinrich nicht viele Gedanken über sein Selbstwertgefühl zu machen, war doch auch zu damaliger Zeit die Krankheit (hier die Gicht) gesellschaftlich sanktioniert. Niemand wird also auf die Idee einer tiefer liegenden, innerpsychischen Problematik gekommen sein. Somit konnte die Krankheit auch das Selbstwertgefühl Heinrichs „retten", mußte er sich doch jetzt mit ihr und nicht mit seiner inneren Wertewelt auseinandersetzen.

Zusammenfassend können wir davon ausgehen, daß es sich bei Heinrich VII. um eine Persönlichkeit mit narzißtisch-analschizoiden Charakterzügen gehandelt hat und die Gichterkrankung u.a. im Kontext seiner erheblich belasteten frühkindlichen Entwicklung mit ausgeprägten existentiellen Ängsten gesehen werden kann, die durch Macht- und Ehrgeizhaltung abgewehrt wurden, und bei der Zuspitzung des Konfliktes unter Zusammenbruch der Abwehrorganisation zur Manifestation der Psychosomatose führte.

2.1.2 Heinrich VIII.

> No popery, kein Papst!
> Es sei, wo es wolle. Es gibt Päpste überall.
> *(Lichtenberg, Sudelbücher, J 1062)*

Zum historischen und familiären Hintergrund

Heinrich VIII. hat wegen seiner exzentrischen Persönlichkeit, seines spektakulären Privatlebens und wegen der historischen Bedeutung seiner 38jährigen Regierungszeit (1509-1547) an der Schwelle der Neuzeit schon immer ein großes Interesse bei Historikern wie bei Laien gefunden. In der kontroversen Beurteilung seiner Persönlichkeit über Jahrhunderte spiegelt sich die Spaltung seines Charakters wider, wobei er mal als vergnügungssüchtiger, prunkliebender Lebemann ohne politische Fähigkeiten, mal als grausamer, weitsichtiger Diktator dargestellt wird. Auf der europäischen, insbesondere der englischen Bühne jedenfalls hat sich Heinrich als einflußreicher Politiker einen bedeutenden Namen gemacht. Er hat tragfähige Bündnisse zwischen den Mächten geschaffen, sich mit den religiös-konfessionellen Strömungen auseinandergesetzt und die kulturelle und gesellschaftliche Weiterentwicklung seines Landes bewirkt.

Die Regierungszeit Heinrichs wurde vom Kampf um den Glauben geprägt. Dabei fragen wir uns, ob er damit seine persönlichen Zweifel klären wollte oder ob die Kämpfe mehr einer opportunistischen Einstellung entsprachen. Wollte er im politischen wie persönlichen Bereich Anerkennung und vor allem eigene Befriedigung erlangen?

Zunächst war Heinrich der streng katholische König, ein eifriger Verfechter des traditionellen Glaubens und ein Verbündeter des Papstes. 1521 veröffentlichte er die gegen Luther gerichtete Schrift „Assertio septem sacramentorum", in der er die herkömmliche Lehre von den sieben Sakramenten bestätigte. Heinrichs Gesandter in Rom, John Clerk, überreichte Papst Leo X. ein prachtvolles Exemplar dieses Werkes mit eigenhändiger Widmung des Königs. Dafür erhielt er den Titel „Defensor Fidei", Verteidiger des Glaubens, eine Auszeichnung, die sich Heinrich seit 1516 gewünscht hatte, und war „von Gottes Gnaden König von England und Frankreich, Verteidiger des Glaubens und Lord von Irland".

Es dauerte nur wenige Jahre, bis es zum Bruch mit dem Papst und der römisch-katholischen Kirche kam. Der Grund war Heinrichs Wunsch, sich von seiner Gattin, Katharina von Aragon, scheiden zu lassen, weil sie ihm nicht den ersehnten Sohn schenkte. Darüber hinaus hatte Heinrich ein Verhältnis zu Anne Boleyn unterhalten und wollte dieses legitimieren. Um das zu erreichen, wurden intensive diplomatische Aktivitäten aufgenommen. Der Papst verweigerte seine Zustimmung zwar, der reformfreudige Erzbischof von Canterbury, Thomas Cranmer, ließ jedoch 1533 die Ehe für nichtig erklären. Damit war die Trennung der englischen Kirche vom Heiligen Stuhl vollzogen. 1534 machte sich Heinrich selber zum Oberhaupt der englischen Kirche und bestätigte seinen Entschluß in der „Suprematsakte".

Heinrich hatte ein gespaltenes Verhältnis zur Religion: Der strenge Katholik, der Protestanten aufs grausamste verfolgen ließ, zerbrach die Macht des Papsttums in England, war als Ketzer verschrien, wurde exkommuniziert und schloß sich schließlich selber dem Luthertum an. Die eigentliche Ursache für diese Entwicklung war die private Angelegenheit des Ehescheidungsprozesses. Erst später bekam sie eine entscheidende staatspolitische Bedeutung: Heinrich legte mit seiner Reform die Grundlagen zu einem selbständigen, mächtigen, zentralistisch verwalteten englischen Staat. Für ihn persönlich bedeutete diese Entwicklung nicht nur Machtzuwachs, sondern auch eine größere persönliche Freiheit, die er u. a. in seinen ehelichen Beziehungen zu nutzen wußte. Nach Anne Boleyns Hinrichtung folgte Johanna Jane Seymour, die nach der Geburt Eduards (später des VI.) im Kindbett starb. Aufgrund politischer Erwägungen heiratete Heinrich dann Anna von Kleve. Sie mißfiel ihm jedoch, so daß er sich bald scheiden ließ und den Vermittler, einen Berater und Vertrauten, hinrichten ließ. Die fünfte Frau Heinrichs, Katharina Howard, endete wie Anne Boleyn, weil sie andere Beziehungen unterhielt. Seine letzte Gattin, Katharina Parr, überlebte ihn.

Heinrichs Persönlichkeit war von zwei gegensätzlichen Seiten geprägt: seinen Frauengeschichten und seiner Brutalität als Blaubart und Tyrann einerseits, seiner humanistischen Bildung mit überdurchschnittlichen Kenntnissen in der Theologie, seiner Musikalität und seinen Sprachkenntnissen andererseits. Das England seiner Zeit galt als goldenes Zeitalter der Wissenschaften und Künste. Erasmus von Rotterdam bewunderte das Land und sprach von einer „einzigen großen Universität".

Heinrichs Erziehung ist wohl nicht allzu streng gewesen; es heißt, er sei nie bestraft worden. Ein spanischer Gesandter sagte, Heinrich werde eher als Prinzessin erzogen denn als männlicher Thronfolger (als der ja auch Arthur vorgesehen war). Sein Vater wünschte, daß Heinrich Priester werden sollte. Er mußte gute Manieren erlernen und eine umfassende Bildung in kultureller, sprachlicher und sozialer Hinsicht, in Verwaltung, Jurisprudenz und Wirtschaft erwerben. Dieser Anspruch konnte in den jungen Jahren Heinrichs nur mit einem genauen Terminplan (ohne große „Spielpausen") und mit spartanischen Maßnahmen durch einen strengen Lehrer und Vorgesetzten erfüllt werden, um das Kind zu der von den aristokratischen Eltern gewünschten Persönlichkeit zu erziehen. Der spanische Gesandte Don Gomez de Tuensalida gab hierzu folgende charakteristische – für das Kind sicher ambivalent erlebte – Beschreibung:

"Certainly there could be no better school in the world than the society of such a father as Henry. He is so wise and attentive to everthing, nothing escapes his attention."*

Bis zur Zeit Heinrichs VIII. galt die mittelalterliche Vorstellung, Kinder seien nicht besonders wichtig; sie wurden wenig anerkannt, beachtet und respektiert. Noch 1533 hieß es: „Ein Narr ist, wer der Ansicht eines Kindes zustimmt." Ebensowenig galt die Frau, „die unbeständig wie der Wind, die in ihrer Liebe schwankend und wankelmütig ist". Besonders in adeligen Kreisen war das Geschlecht des Neugeborenen für dessen Akzeptanz entscheidend. Tucker erwähnt das Beispiel Heinrichs IV., der „nur" eine Tochter gezeugt hatte. Seine Nation habe nicht vor einer Frau „die Knie beugen wollen". Auch Heinrich VIII. war über die Geburt Elisabeths (später der I.) so enttäuscht, daß er an ihrer Taufe nicht teilnahm und ihre Mutter Anne Boleyn hinrichten ließ, weil sie ihm keinen Sohn gebar. Mit Jane Seymour hatte er den Sohn Edward gezeugt, den er sehr verehrte. Aus Dankbarkeit ließ er sich mit Jane mehrfach portraitieren. Edward brachte ihm Freude, Elisabeth nur Kummer.

* „Sicher konnte es keine bessere Schule in der Welt geben als die Gesellschaft eines Vaters wie Heinrich. Er ist so weise und aufmerksam, und nichts entgeht seiner Aufmerksamkeit." *(Übers. v. Verf.)*

Mit dem ausgehenden Mittelalter wandelte sich die Einstellung zum Kind, seiner Entwicklung und Persönlichkeit. Das Kind wurde immer mehr zu einem Symbol des Glücks, wurde an Feierlichkeiten beteiligt. Gegen Ende des 16. Jahrhunderts wurde es in England hochgeschätzt. Dennoch war der Kindsmord durch Erdrücken, Ersticken u. ä. weit verbreitet. Die Erziehung der Kinder war auf Disziplin und Gehorsam ausgerichtet, was biblisch begründet wurde: „Schone die Rute, und du verdirbst das Kind." Tucker erwähnt den Ausspruch Vives, des Lehrers der Prinzessin Maria: „Ein weiser Mann sagte einmal: Nimm niemals die Rute vom Rücken eines Knaben weg; vor allem Töchter sollten keinerlei Zärtlichkeit erfahren. Denn Zärtlichkeit schadet Söhnen, aber Töchter zerstört sie völlig." Mädchen erhielten zumeist keine Ausbildung; Elisabeth I. war eine Ausnahme. Sie wurde seit dem dritten Lebensjahr umfassend, aber kühl und leistungsorientiert erzogen.

In diese Welt wurde auch Heinrich hineingeboren. Sein Vater, der Tudor Graf von Richmond, später Heinrich VII. (1457-1509), heiratete 1486 Elisabeth von York (1466-1503), um die bis dahin verfeindeten Häuser der Tudor und York zu versöhnen. Die „rote Rose des Hauses Lancaster" wurde durch die Heirat mit der „weißen Rose des Hauses York" symbolisch vereint. Aus der Ehe gingen 5 Kinder hervor, Arthur (+ 6 Jahre zu Heinrich), Margarethe (+ 2), Elisabeth (- 1) und Maria (- 5); Heinrich selber erblickte am 28. Juni 1491 das Licht der Welt. Er war der einzige der insgesamt vier Söhne, der das Erwachsenenalter erreichte. In den Kinder- und Jugendjahren stand er ganz im Schatten seines älteren Bruders Arthur, der schon in seinem Namen die väterliche Botschaft in sich trug, den sogenannten Rosenkrieg vergessen zu lassen und England endgültig zu vereinen. Auf Arthur lag die ganze Hoffnung des Vaters; er war dafür auserkoren worden, das Reich zu stabilisieren, zu vergrößern, Fehden fernzuhalten.

Über Kindheit und Jugend Heinrichs ist wenig bekannt: Die Mutter Heinrichs wird als eine der schönsten und lieblichsten Frauen Englands beschrieben. "This queen was probably the most beautiful of all her rank ... full blonde, with long golden hair and blue eyes, was above medium height, and with a calm, placid expression that discovered a depth of mind that is very uncommon.

Everybody loved and revered her."* Der Vater Heinrichs VII. starb mit 52 Jahren nach einem ängstlich-besorgten und gequälten Leben. Die zweite Ehefrau Heinrichs VIII., Elisabeth von York (1462-1503), starb nach 18jähriger Ehe nach der Geburt ihres letzten Kindes an einem Geburtszwischenfall und einer Wochenbettsepsis mit 41 Jahren. Heinrich der VIII. war zu diesem Zeitpunkt elf Jahre alt. Der Vater wird als mager, blaß, mit lebendigen Augen beschrieben. Er war eher schüchtern und zurückhaltend, scharfer Sarkasmus brach aber immer wieder durch. Er interessierte sich für Literatur, Bücher und Kunst, konnte sich dafür jedoch wenig Zeit gönnen. Er galt als ungemein geizig, streng, unnachgiebig, kontrollierend. Die Räume seines Sohnes Heinrich waren nur über diejenigen des Vaters durch die einzig vorhandene Tür zu erreichen. Der Sohn stand unter strengster Aufsicht und wurde ständig bewacht. Die ambivalente Beziehung zu seinem Sohn zeigte sich darin, daß Heinrich VII. aus Eifersucht und Angst um eine Verkürzung seiner Regierungszeit seinem Sohn keine Informationen über die Art des Regierens gab. So erlaubte er ihm z. B. nicht, an Empfängen teilzunehmen. Später übernahm Heinrich VIII. völlig unvorbereitet die Krone. Der Vater mußte sich äußerlich wie innerlich bedroht gefühlt haben und umgab sich mit einem harten, starren psychischen Panzer. Die persönliche wie politische Konstellation wird einen nicht unwesentlichen Einfluß auf den kleinen Heinrich gehabt haben. Die Ehe der Eltern Heinrichs galt als glücklich. War sie es wirklich? Nach Auffassung der treuen Yorkanhänger wurde Elisabeth eher der Anspruch auf den Thron zugeschrieben als ihrem Ehemann. Dieser war fast zwölf Jahre älter und zeigte wenig Einfühlungsvermögen und Wärme seiner frommen, gebildeten, schönen Frau gegenüber.

Aus psychoanalytischer Sicht hat der kleine Junge in der ödipalen Phase den Wunsch, den Vater zu stürzen und dessen Stelle an der Seite der Mutter einzunehmen. Todeswünsche dem Vater gegenüber verbinden sich mit Identifizierungen. Es ist anzuneh-

* Chamberlin, zitiert nach Shrewsbury: „Diese Königin war wahrscheinlich die schönste ihres Ranges ... sie war ganz blond, ihre goldenen Haare waren lang, ihre Augen blau, sie war von mittlerer Größe; ihre ruhige, gelassene Ausstrahlung zeugte von einer ungewöhnlichen Tiefe des Gemütes. Alle liebten und verehrten sie." *(Übers. v. Verf.)*

men, daß in Heinrich Hoffnungen aufkeimten, so stark zu sein wie der Vater und schließlich seine Machtposition zu übernehmen. Das Machtstreben wurde dadurch verstärkt, daß Heinrich schon als kleiner Junge hinsichtlich seiner Schönheit, Stärke, Eleganz, Intelligenz, Umgangsformen und seines Temperaments stets bewundert wurde. Der Identifizierung mit dem als stark erlebten Vater steht die mädchen- und prinzessinnenhafte Erziehung gegenüber, die die geschlechtliche Identitätsbildung erschwert hat. Schon früh wurde er mit Titeln und Ehren ausgezeichnet; das bedeutete eine erhebliche narzißtische Zufuhr für den kleinen Jungen. Noch vor seinem zweiten Geburtstag erhielt er den Titel eines „Constable of Dover Castle and Warden of the Cinque Ports", etwas später denjenigen eines „Earl Marshal of England" (Großzeremonienmeister), mit drei Jahren den eines „Lieutenant of Ireland" und mit vier den Hosenbandorden. Diese Ehrungen gingen mit Festgelagen, Turnieren, rituellen Zeremonien einher, bei denen der junge Prinz, der zum Herzog von York ernannt worden war, im Mittelpunkt stand.

Es ist davon auszugehen, daß Heinrichs Persönlichkeit von folgenden Gegebenheiten wesentlich geprägt wurde:

1. Die nicht sehr glückliche Ehe einer hübschen, gefühlvollen, gebildeten Mutter mit einem geizigen, starren, gefühlskalten Vater dürfte die ödipale Situation verstärkt und eine Lösung erschwert haben.
2. Die Stellung in der Geschwisterreihe – Heinrich als Nachgeborener des zum König ausersehenen Bruders Arthur – dürfte eine Verschiebung der Vater-Sohn-Problematik auf die Ebene des Bruderkonfliktes nach sich gezogen haben.
3. Die aggressiven Impulse dem Vater gegenüber konnte Heinrich kaum ausleben, eine Möglichkeit zur Auseinandersetzung mit ihm (als auch mit „Ersatzvätern") läßt sich nicht nachweisen.
4. Die mädchen- und prinzessinnenhafte Erziehung erschwerte die Geschlechtsidentitätsbildung.
5. Die Vorbereitung auf das Priesteramt verunsicherte ihn und mündete in den Kampf mit dem Papst und der Kirche.
6. Bereits in ganz jungen Jahren hat er eine ausgeprägte narzißtische Zufuhr erhalten, die die Bildung eines Größenselbst unterstützt haben dürfte.

Heinrich VIII. besaß eine ausgeprägt ambivalente Charakterstruktur, in der sich aggressive, egoistische Züge und narzißtische Enttäuschungswut mit hochsensiblen, ja sentimentalen Gefühlen mischten; sie zeigten sich dann in sich verdichtenden, konflikthaften Situationen in ihren jeweils polaren Ausprägungen. Wir werden auf grandiose wie minderwertige Gefühle mit oraler Gier achten müssen und uns fragen, ob körperlich-psychosomatische Krankheiten vor dem Hintergrund der Theoriebildung im Sinne einer Hintanhaltung einer Persönlichkeitsspaltung (-fragmentation) verstanden werden können.

Zur Person

Der venezianische Gesandte Ludovico Falieri schreibt über Heinrich VIII.:

„In Heinrich VIII. vereinen sich so viel Schönheit des Körpers und des Geistes, daß man darüber überrascht und erstaunt ist. Eine hohe Gestalt, die zu seinem hervorragenden Rang paßt, betont noch die Überlegenheit des Geistes und des Charakters; das Antlitz eines Engels, so schön ist er; der Kopf kahl wie Cäsar. Er trägt einen Bart, was in England nicht Sitte ist. Er tut sich in allen männlichen Übungen hervor, ist ein guter Reiter, hervorragend im Lanzenstechen, im Diskuswerfen und Bogenschießen. Er ist ein ausgezeichneter Tennisspieler und betreibt dies alles mit großem Eifer. Ein solcher Fürst konnte auch nicht verfehlen, seinen Charakter und seine Intelligenz zu kultivieren. Er studiert von Kindheit an und kennt die Literatur, die Philosophie und die Theologie, spricht und schreibt Spanisch, Französisch und Italienisch, außerdem Latein und Englisch. Er ist gut, liebenswürdig, höflich, freigebig, besonders den Männern der Wissenschaft gegenüber, denen er stets zu helfen geneigt ist. Er scheint auch fromm zu sein, hört im allgemeinen zwei Messen täglich und an den Feiertagen zudem noch das Hochamt. Er ist sehr mildherzig und gibt zehntausend Golddukaten im Jahr für die Waisen, Witwen und Krüppel."

Dieser idealisierenden Charakteristik Heinrichs steht ein alter englischer Kinderreim gegenüber, der eindrucksvoll auf die andere Seite seiner Persönlichkeit hinweist:

> Bluff Henry the Eighth to six spouses was wedded:
> One died, one survived, two divorced, two beheaded.*

Aus diesen beiden Zitaten wird deutlich, wie die Spaltung, die die Persönlichkeit Heinrichs durchzog, von seiner Umgebung erlebt wurde. Die Meinung schwankte zwischen kritikloser Bewunderung seiner Größe, Schönheit, Intelligenz und verständnisloser Abwertung seiner kalten, brutalen, diktatorischen Haltung in persönlichen Beziehungen und in der Politik. Elton nannte ihn sogar einen dummen, trägen Tölpel, der „etwas von einem Baby an sich hat". Seine Skrupellosigkeit vergleicht der englische Historiker Jasper Ridley mit Hitlers Ermordung von sechs Millionen Juden und Stalins Schreckensherrschaft und stellt die Zahl der von Heinrich ermordeten 60-72.000 Menschen in Beziehung zur Bevölkerungszahl der jeweiligen Länder Die extrem polarisierenden Charakterzüge Heinrichs finden sich in seinem privaten, seinem gesellschaftlichen und politischen Leben wieder.

Die Hintergründe für die Charakterentwicklung gehen auf die gegensätzlichen Persönlichkeiten seines als ausgeprägten Geizhals beschriebenen Vaters und seiner äußerst feinsinnigen Mutter zurück; zudem hatte Heinrich bereits in jungen Jahren extrem narzißtische Gratifikationen erfahren, die unterstützend wirkten. Bei der Betrachtung der Familienverhältnisse kommt der Beziehung zu seinem Bruder Arthur eine besondere Stellung zu, weil sie möglicherweise an den Schwierigkeiten beteiligt war, die Heinrich mit seinen zahlreichen ehelichen Verbindungen, ja, zu Frauen überhaupt, hatte.

Heinrichs Bruder Arthur hatte seinen Namen in Erinnerung an ruhmreiche Überlieferungen der älteren britischen Geschichte erhalten. Seine Eltern hatten große Hoffnungen in den kleinen Prinzen gesetzt. Arthur jedoch war kränklich, schwach, wenn auch geistig-seelisch ähnlich gut ausgestattet wie Heinrich. Mit 18 Jahren erlag er einem Anfall von Schweißfieber, das seinerzeit an den Küsten von Wales wütete. Die Rivalität beider Brüder um den Thron des Vaters fand hier ein überraschendes Ende: Heinrich war

* Der grobe Heinrich der Achte war mit sechs Frauen verheiratet: eine starb, eine überlebte, von zweien ließ er sich scheiden, zwei ließ er köpfen. *(Übers. v.Verf.)*

von Schuldgefühlen geplagt. Aus psychodynamischer Sicht hing das damit zusammen, daß Heinrich Todeswünsche dem mächtigen Vater gegenüber hatte, die er unbewußt auf den älteren Bruder verschob. Diese gingen nun in Erfüllung und konnten nur mit Schuldgefühlen beantwortet werden. Den Psychoanalytikern sind diese Zusammenhänge geläufig, und sie finden bei Heinrich eine Bestätigung darin, daß er im späteren Leben eine heftige Angst vor dem Schweißfieber entwickelte. Sie könnte einer Vergeltungsstrafe entsprechen, einer Angst vor Vernichtung aus der gleichen Quelle, die seinen Rivalen (Bruder/Vater) getötet hatte, einen Tod, den sich Heinrich aufgrund seiner eigenen Machtwünsche herbeigesehnt hatte. Der Konflikt zwischen den Triebwünschen des Es (die Macht) und den Verboten des Über-Ich („du darfst nicht töten") wird in der Angst gleichsam konversionsneurotisch gebunden. Ein Argument für die Richtigkeit dieser Hypothese liegt darin, daß diese Angst vor dem Schweißfieber bei Heinrich weitgehend isoliert auftrat und eine besonders auffällige Eigenschaft seines Charakters darstellte.

Eine besondere Brisanz erhielt das Beziehungsgefüge der Familie dadurch, daß Arthur mit 15 Jahren Katharina von Aragon, die Tochter König Ferdinands des Katholischen von Spanien, geheiratet hatte. Sie wurde jedoch nach zweijähriger Ehe mit Arthur Witwe. Weil ihr Vater seine diplomatischen Vorteile zu England erhalten wollte, beabsichtigte er, Katharina mit ihrem Schwager zu vermählen. Bei dem vollzogenen Heiratsvertrag sträubte sich der 14jährige Heinrich und erklärte dem Bischof von Windsor (1505):

„Während meiner Minderjährigkeit bin ich in einem Vertrag verpflichtet worden, Katharina, Prinzessin von Wales, zu heiraten. Da ich nun fast in der Pubertät bin, erkläre ich, daß ich den Heiratsvertrag nicht erfüllen werde, sondern ihn im Gegenteil für null und nichtig ansehe."

Die rechtlichen Gegebenheiten erlaubten eine derartige Verbindung ebensowenig wie die Bibel. Nur ein Dispens des Papstes konnte die äußeren Hindernisse mit dem Hinweis aus dem Weg räumen, daß die Ehe zwischen Arthur und Katharina nie körperlich vollzogen worden sei. Kompliziert wurde die Situation dadurch, daß Heinrich VII. 1503 Witwer geworden war und vorschlug, selber die junge Katharina zu heiraten.

Die ödipale Rivalität dem Vater gegenüber wurde noch dadurch gesteigert, daß Heinrich bereits mit zehn Jahren beim Empfang Katharinas in England eine wichtige Rolle gespielt und bei der Vermählungszeremonie mit Arthur Katharina zum Altar geführt hatte. Eifersucht und Neid dem älteren Bruder gegenüber dürften bei Heinrich mit erotischen Gefühlen verbunden gewesen sein.

Die Beziehung zwischen Heinrich und Katharina in den Jahren von Heinrichs Ablehnung 1505 bis zu dem Tod des Vaters am 21. April 1509 bleibt im dunkeln. Heinrich VIII. jedoch heiratete sie sechs Wochen später am 11. Juni 1509. Hatte er die vom Vater verehrte Frau geehelicht? Hatte er die Wünsche seines verstorbenen Vaters erfüllt? Zumindest war Heinrich in den ersten Jahren seiner Regierungszeit der gehorsame Sohn, der die Kirche verteidigte, Ungläubige bekriegte; er tat das mit einem Enthusiasmus, der ihm schließlich den Titel eines „Defensor fidei" einbrachte. Waren Heinrichs Kindheitswünsche (im Sinne des Oedipuskomplexes, die Mutter zu heiraten) in Erfüllung gegangen? Handelte es sich um eine inzestuöse Verbindung, indem er die Frau des toten Bruders geheiratet hatte, die auch der Vater begehrte? Damit hatte er beiden gegenüber seine Feindseligkeit und Eifersucht überwunden; darüber hinaus war sein Bruder ausgeschaltet, so daß Heinrich die politische Macht ebenso übernehmen konnte wie diejenige über den Vater und den Bruder und deren begehrenswertes Objekt, Katharina. Wenige Tage nach der Vermählung des jungen Paares fand die Krönung in der Westminster Abbey statt.

Sie wurde mit vielen geselligen Veranstaltungen, mit Prunk und Ausschweifungen gefeiert und machte den schönen, kräftigen, gescheiten jungen König im Volk noch populärer. Heinrich scheint in der Ehe mit Katharina zunächst zufrieden gewesen zu sein, bis es nach 18jähriger Verbindung zum Bruch kam. Neben einer Reihe von Ursachen dürften die verschiedenen Charaktere eine Rolle gespielt haben. Katharina war eigensinnig, kleinlich, taktlos, vaterfixiert und nicht bereit, sich ihrem egozentrischen Ehemann willenlos zu unterwerfen. Entscheidend war jedoch, daß sie dem König keinen männlichen Nachfolger gebären konnte. Heinrich besann sich auf die Bibel: „Wenn ein Mann das Weib seines Bruders ehelicht, so ist das eine schändliche Tat. Denn er hat seines

Bruders Scham geblößet. Sie sollen kinderlos sein" (3. Mose 20, Vers 21). Abergläubische Angst- und Strafvorstellungen dürften sich in Heinrich ausgebreitet und festgesetzt haben. Sie sind unschwer mit seinen verdrängten Inzestwünschen in Verbindung zu bringen. Mit Hilfe biblischer Argumente vermochte er sie in Schach zu halten.

Der Scheidungsprozeß mit Katharina zog sich über die Jahre von 1527 bis 1533 hin und führte schließlich zum Bruch mit dem Papst, weil Heinrich einen Dispens zur Scheidung und Wiederverehelichung nicht erhielt. Der junge König war noch bereit, sich den väterlichen Anordnungen und Botschaften zu fügen und versuchte ängstlich, eigene Vorstellungen und Entscheidungen in Einklang mit denen des verstorbenen Vaters zu bringen. Die Ablehnung des Papstes (was ja „Vater" heißt) kam einer Ablehnung des Vaters gleich, löste in Heinrich gleichermaßen Enttäuschung und Wut aus. Er nahm die Exkommunikation des Papstes nicht hin und erklärte, „er würde (sich) nicht einen Strohhalm darum kümmern, wenn der Papst auch tausend Bannflüche gegen ihn schleudere", und er „werde den Fürsten zeigen, wie gering die Macht des Papstes in Wirklichkeit sei"; „wenn der Papst tue, was ihm beliebe, so werde er, Heinrich, tun, was ihn freue". Heinrich übernahm die Herrschaft des Papstes, d.h. des Vaters, setzte sich an dessen Stelle und machte sich zum Oberhaupt der Kirche in England: „Herr Heinrich meinte, der liebe Gott zu sein und tun zu können, was ihm gefiel." Angeblich hat man ihn nie vergnüglicher gesehen als im August 1533. Heinrich identifizierte sein Selbst mit Gott, wendete sich ab von seiner Einstellung als defensor ecclesiae, vernichtete Klöster, hörte nicht mehr auf die Empfehlungen seiner Ratgeber, wurde despotisch. Der Bruch im Charakter Heinrichs ist in der Zeit der Abwendung von Rom erfolgt: aus dem eher gefügigen, umgänglichen, der inneren Macht des Vaters gehorchenden Monarchen wurde ein unnahbarer, höchst eigenwilliger, rücksichtsloser, brutaler Herrscher.

Zur Charakterisierung der Persönlichkeit Heinrichs gehört die Betrachtung des Umgang mit seinen vielen Frauen. Die Studie von J.C. Flügel „Charakter und Eheleben Heinrich VIII." von 1921 gibt wesentliche Aufschlüsse zu dem Thema. Im vorliegenden Essay soll die Ehe mit Catherine Howard herausgegriffen werden, in der er die ersten eineinhalb Jahre glücklicher zusammenlebte als mit ihren Vorgängerinnen. Heinrich jedoch war insofern einer Illusion erlegen, als Catherine weiterhin ihre früheren Liebhaber begehrte und ihre Verhältnisse aufrechterhielt. Als Heinrich über den Erzbischof von Canterbury davon erfuhr, wurde er von Kummer und Scham ebenso überwältigt wie von Tränen; er war dem Wahnsinn nahe. Marillac, diplomatischer Vertreter in England, berichtete seinem König nach Frankreich:

„Die große Liebe Heinrichs VIII., die er für die Königin hegte, hat sich in so großen Verdruß gewandelt, und dieser Verdruß hat eine solche Entrüstung hervorgerufen und alles zusammen einen so großen Schmerz darüber, daß er auf so unglückselige Weise getäuscht worden ist, daß man in diesen letzten Tagen geglaubt hat, der König käme von Sinnen; er forderte ein Schwert und sagte, daß er die töten wolle, die er so sehr geliebt habe. Zu einer anderen Zeit, als er seinen Rat hatte versammeln lassen, um irgendwelche Angelegenheiten zu regeln, verlangte er plötzlich die Pferde, ohne zu sagen, wohin er gehen wollte. Manchmal sagte er ohne einen Anlaß, daß diese Dame, die er böse und gemein nannte, in ihrem Leben nicht so viel Ergötzen in ihrer Unzucht gehabt habe, wie sie Leiden und Qualen bei ihrem Tode haben würde, und schließlich, nach all diesen Worten, waren Tränen das Ende, und er bedauerte sein Unglück, so schlecht veranlagte Frauen getroffen zu haben, und schob die Schuld an diesem letzten Unglück auf seine Räte. Daher haben seine Minister, die den elenden Zustand sahen, in den der König, ihr Herr, verfallen war, es sich zur Pflicht gemacht, ihn diesen Verdruß vergessen zu lassen durch alles mögliche, was sie ersinnen konnten, bis dieses bittere Leiden sich besänftigt haben würde. Und seither ist der König, da diese trüben Gedanken ihm gänzlich vergangen sind, fünfundzwanzig Meilen von hier weggegangen, mit keiner anderen Gesellschaft als Musikanten und anderen Unterhaltungskünstlern."

Zusammenfassend kann man sagen, daß seine Schmerzen den Zusammenbruch seiner idealisierenden Vorstellungen anzeigten; er war zunächst überglücklich in seiner Beziehung, sie fand dann ein jähes, schreckliches Ende. Sein Schamgefühl hing mit der unbewußt empfundenen Erfüllung verbotener (Inzest-)Wünsche zusammen. Seine (narzißtische) Wut richtete sich nicht nur gegen Catherine und ihre Mitschuldigen, weil sie ihn getäuscht hatten, sondern auch gegen sich selber, weil er sich dermaßen hatte täuschen lassen und darüber außerordentlich gekränkt war. Desillusioniert, seinen Enttäuschungen ausgeliefert, schwankten Heinrichs Gefühle zwischen extremem Haß und ausgeprägter Sentimentalität. Zu seiner Erleichterung wies er seinen Beratern die Schuld zu und hatte den großen Wunsch zu entfliehen.

Insgesamt ist der Charakter Heinrichs gekennzeichnet durch eine starke, aber abgespaltene und deshalb nicht neutralisierte Aggressivität bei ausgeprägter Anfälligkeit für Kränkungen, für Scham- und Schuldgefühle, die er verleugnen und überkompensieren mußte. Die Brüchigkeit der Selbstachtung verbarg sich hinter Grandiositätsgefühlen, hinter seiner Prunksucht, seiner Unrast, seiner Unfähigkeit zur Objektkonstanz. Oralregressive Züge (u.a. sein Eßverhalten) zeigten teilweise eine Abhängigkeit von dem Liebesobjekt, teilweise eine enorme Pseudounabhängigkeit. Sein überkompensierendes Verhalten nach Objektverlusten weist auf eine verborgene Depressivität und Hoffnungslosigkeit hin, die sich in Schwierigkeiten mit dem Umgang in der Realität, insbesondere in seinen Beziehungen, zeigten. Hier fließen Identitätsprobleme ein, die in der ambivalenten Einstellung zu dem weiblichen Geschlecht mit übergroßer Zuneigung einerseits und manifesten Rachegefühlen andererseits abwechselten. Die andere Seite narzißtischer Position war Heinrichs große Sensibilität mit differenzierten Gefühlen gegenüber der Musik, ja, der Kultur überhaupt. Heinrich vermochte jedoch diese narzißtischen Charakterzüge in Einklang zu bringen. Das machte ihn zu einem der bedeutendsten Monarchen des ausgehenden Mittelalters. Das Geheimnis seiner Integrationskraft erscheint uns unerklärlich und ist Teil unserer Bewunderung für ihn.

Zur Krankengeschichte

Heinrich war als Kind bei guter Gesundheit. Er sei kräftig und lebendig gewesen, später mit 1,90 bis 1,93 m ungewöhnlich groß mit breiten Schultern und kräftigen Gliedern bei heller Haut, mit kleinen „berechnenden und grausamen Schweinsäuglein" (Ridley). Damit stand er im Gegensatz zu seinem älteren Bruder Arthur.

Über diesen äußerte sich Chamberlin so: „Arthur inherited his fathers illhealth, and was delicate from birth, thin, never well ...“*.
Von psychosomatisch-psychoneurotischer Seite her sollen folgende Beschwerden Heinrichs erwähnt werden:
- Schon immer hatte er große Angst, an Schweißfieber zu erkranken und zu sterben;
- nach der Enttäuschung mit Catherine Howard erlitt er einen „seelischen Schock“, der bis zum „Wahnsinn“ reichte;
- etwas später trat ein „nervöses Leiden“ auf, das ihn bis zu seinem Tode begleitete.

An körperlichen Erkrankungen
- sind Kopfschmerzen seit 1528 (seit seinem 37. Lebensjahr) zu erwähnen, die vielleicht schon 7 Jahre zuvor in Verbindung mit seiner Sinusitis auftraten;
- von einem „Beingeschwür“ (wahrscheinlich einer aufgebrochenen Gichttophi); war seit 1528/29 die Rede;
- Beinbeschwerden traten besonders heftig 1537 auf und verließen ihn nicht mehr;
- 1539 hatte Heinrich eine heftige Verstopfung;
- seit der Trennung von Catherine Howard nahm Heinrich täglich an Gewicht zu, mußte schließlich getragen werden, wurde alt und verfiel zusehends.

Die psychodynamisch geprägte psychosomatische Medizin versucht, eine Beziehung zwischen der äußeren Lebens- und inneren Erlebensgeschichte herzustellen. Das Auftreten der psychoneurotischen Erscheinungen konnte leicht in entsprechende Zusammenhänge gebracht werden. Die fast hypochondrisch zu nennende Angst muß in Verbindung mit dem Tod des Bruders Arthur gesehen werden, wie es im vorangehenden Kapitel in Hinblick auf Todeswünsche und dazugehörige Bestrafungstendenzen dargestellt wurde.

Die erhebliche emotionale Erschütterung mit dem beginnenden „nervösen Leiden“ trat in der Zeit größter Enttäuschung nach Beendigung der Liebesbeziehung zu Catherine Howard auf und ist ebenfalls im vorangegangenen Kapitel beschrieben worden.

* „Arthur hatte die schlechte Gesundheit seines Vaters geerbt, war zart von Geburt an, dünn, niemals wohlauf ...“ *(Übers. v. Verf)*

Auffallend sind die konfliktauslösenden Situationen bei den erwähnten körperlichen Erkrankungen. Die ausgeprägten Kopfschmerzen und das beginnende Beinleiden werden 1528/29 zum erstenmal erwähnt, als Heinrich den Scheidungsprozeß mit Katharina von Aragon einleitete und auf erheblich größere Schwierigkeiten stieß, als er erwarten konnte. Eine lange Zeit der Unsicherheit, des Verdrusses und des Zorns folgten, bis er sich endlich am 11. Juli 1531 von ihr trennte. Die Anstrengungen, die Heinrich anstellte, liefen auf einen Dispens vom Papst hinaus, dem alle nur denkbaren Argumente vorgelegt wurden, um seine Zustimmung zu erwirken. Heinrich wurde von der Haltung des Papstes enttäuscht, konnte sich mit diesem Gefühl nur schwer auseinandersetzen und verbarg seine Wut hinter Kopfschmerzen.

Es stellt sich die Frage, ob die beginnenden Beinbeschwerden in diesem Kontext zu lesen sind. Sind sie Ausdruck für seine Gefühle des Durchhaltens und seine Standfestigkeit einerseits und für den Wunsch nach Fort- und Wegbewegung andererseits? In diesem Zusammenhang ist auch zu berücksichtigen, daß Heinrich ursprünglich von seinem Vater den „Auftrag" hatte, Priester zu werden. Wird unter diesem Aspekt das ambivalente Verhältnis zur Kirche verständlich, wenn man die Vater-Sohn-Problematik mit einbezieht?

Die Diagnose der Gicht kann bei Heinrich nicht eindeutig gestellt werden. Die Diskussion bezieht sich auf die Differentialdiagnose einer Syphilis, die wesentlich mit dem sexuellen Verhalten Heinrichs in Zusammenhang gebracht wird. In der ausführlichen Arbeit „Henry VIII.: A medical study" kommt J.F.D. Shrewsbury nach Abwägung aller möglichen Faktoren zu dem Schluß, daß das Beinleiden Heinrichs auf eine Gicht (gelenknahe aufgebrochene Gichttophi) zurückzuführen sei. Shrewsbury führt als Argumente die Vererbung (durch Heinrichs Vater), die Eß- und Trinkgewohnheiten und die Lokalisation an.

Von psychosomatischer Seite her suchen wir neben dem möglichen Beginn um das Jahr 1528/29 nach einer Aggravation (oder dem eigentlichen Beginn?) der Erkrankung zwischen September 1536 und März 1537. 1536 war für Heinrich ein ereignisreiches Jahr: Am 8. Januar starb seine erste Frau Katharina von Aragon, am 19. Mai wurde Anne Boleyn hingerichtet, einen Tag später heiratete er Jane Seymour. Auch politisch gab es Aufregung, weil Heinrich die „Pilgrimage of Grace" (Gnadenwallfahrt) und damit verbundene Rebellenaufstände (gegen ihn, für Rom) niederschlagen mußte.

Wie mochte Heinrich mit diesen starken emotionalen Belastungen fertiggeworden sein? Hat er sich mit seiner Affektlage adäquat auseinandersetzen können? War er zu Trauer und Tränen fähig, um seiner schwierigen seelischen Situation Herr zu werden und sie – innerpsychisch bearbeitet – persönliche Geschichte sein zu lassen? Oder hat er sich in oralregressiver Weise in die im damaligen England üblichen Eß- und Trinkgelage geflüchtet und damit der einen, wesentlichen Komponente der Gichtentstehung Vorschub geleistet? Oder hat er in exzessiver Weise – gleichsam kontraphobisch überkompensierend – seinem Bewegungsdrang Raum gegeben und ist Turnieren und Jagden gefolgt? Kannte er doch diese Art, Gefühle „unterzubringen" von frühester Jugend an! Auch von dieser Seite her wäre psychodynamisch daran zu denken, daß ihn die Gichterkrankung auf seine seelische Situation, die er nicht wahrhaben wollte und mit der er nicht umgehen konnte, aufmerksam machte. Möglicherweise gehört die etwas später auftretende starke Verstopfung, die Abführmittel und Klistiere notwendig machte, ebenfalls in diesen Zusammenhang.

Die psychosomatische Genese wesentlicher Krankheitserscheinungen von Heinrich findet weiter darin ihre Bestätigung, daß die Enttäuschung über das Verhalten seiner geliebten Catherine (Howard) nicht nur mit dem erwähnten „seelischen Schock", sondern auch mit zunehmender Adipositas beantwortet wurde. Auch hier können wir von der Unfähigkeit zu innerseelischer Verarbeitung sprechen und sie als Regression auf die frühkindlich-orale Stufe verstehen. Dabei kamen ihm die Eß- und Trinkgewohnheiten des Landes entgegen. Gegen Ende seines glorreichen Lebens brauchte Heinrich wegen seines Gewichts und seines Beinleidens zur Fortbewegung einen Wagen, konnte keine Treppen mehr steigen, mußte getragen werden: ein kaum nachvollziehbares Schicksal eines Mannes, der vor allem in seinen jungen Jahren ausgesprochen vital, bewegungsfreudig, kräftig, attraktiv gewesen war.

Zusammenfassend muß gesagt werden, daß aus Heinrichs frühkindlicher Entwicklungsgeschichte nur wenig bekannt ist und damit wesentliche Kriterien zur Beurteilung seiner Persönlichkeit und des Krankheitsgeschehens fehlen. Die Angaben zu multifaktoriellen Gegebenheiten, die den Charakter und dessen Auswirkungen auf Körper und Seele erklären können, reichen nicht aus. Es fehlen auch Angaben über frühe Krankheiten oder „Unarten" (zu verstehen als frühneurotische Zeichen). Dennoch besteht kein Zweifel darüber, daß die Beziehung zu seinem Vater besonders belastend gewesen sein muß, weil dieser seinen Sohn teilweise wie einen Gefangenen hielt. Beide verstanden und mochten sich nicht, kamen nicht gut miteinander aus. Die Abneigung war gegenseitig; Heinrich VII. hatte seinen Sohn bei einem Wutanfall sogar beinahe umgebracht, weil er sich über einen Brief maßlos geärgert hatte. So finden sich in der weiteren Lebensbetrachtung Heinrichs ausreichend Hinweise, die auf ein erhebliches psychoneurotisches Potential hinweisen. Die Umgebung, die sein Gefühl einengte, wurde nicht nur durch den Vater, sondern auch durch die Erziehungspersonen geprägt, was sein affektives Verhalten unterdrückte. Die Probleme der geschlechtlichen Identitätsbildung fügen sich in diesen Kontext (und sind nach Erfahrung und wissenschaftlich-psychosomatischer Forschung bei psychosomatisch Kranken meist nachweisbar). In späteren Jahren wurde Heinrich mit Situationen, die seine Gefühle herausforderten, nur schwer fertig, weil er sich mit ihnen nicht auseinandersetzen konnte. Seine Persönlichkeit war dadurch in Gefahr, in Ratio und Emotio gespalten zu werden und zu einer Fragmentation des Selbst zu führen. Für den Psychosomatiker ist es nach täglichen Erfahrungen gut nachvollziehbar, daß diese Fragmentation des Selbst mit Hilfe körperlicher Erkrankungen hintangehalten wird, die körperliche Erkrankung also den „Sinn" hat, eine Persönlichkeitsspaltung zu verhindern. Nehmen wir die in dem Abschnitt „Zur Person" dargestellten Persönlichkeitszüge und deren Phänomenologie und Entstehungsbedingungen hinzu, so kommen wir bei Heinrich VIII. zu dem Gesamtbild mit narzißtisch-oralen, auch hysterischen Anteilen, in das sich eine Reihe körperlicher Beschwerden, insbesondere Kopfschmerzen und Fettsucht, aber auch die Beinbeschwerden, als Manifestationsort der Gicht zwanglos einfügt.

Abb. 1:
Heinrich VII. (Portrait von Michel Sittow, 1504)

Abb. 2:
Heinrich VIII. im Alter von ca. 20 Jahren (unbekannter Künstler)

Abb. 3:
Karl V. als junger Mann
(Bernhard Strigel)

Abb. 4: Karl V. (Christoph Amberger, 1532)

Abb. 5:
Philipp II. (Antonio Moro)

Abb. 6:
Philipp II. (Jean Pantoja de la Cruz)

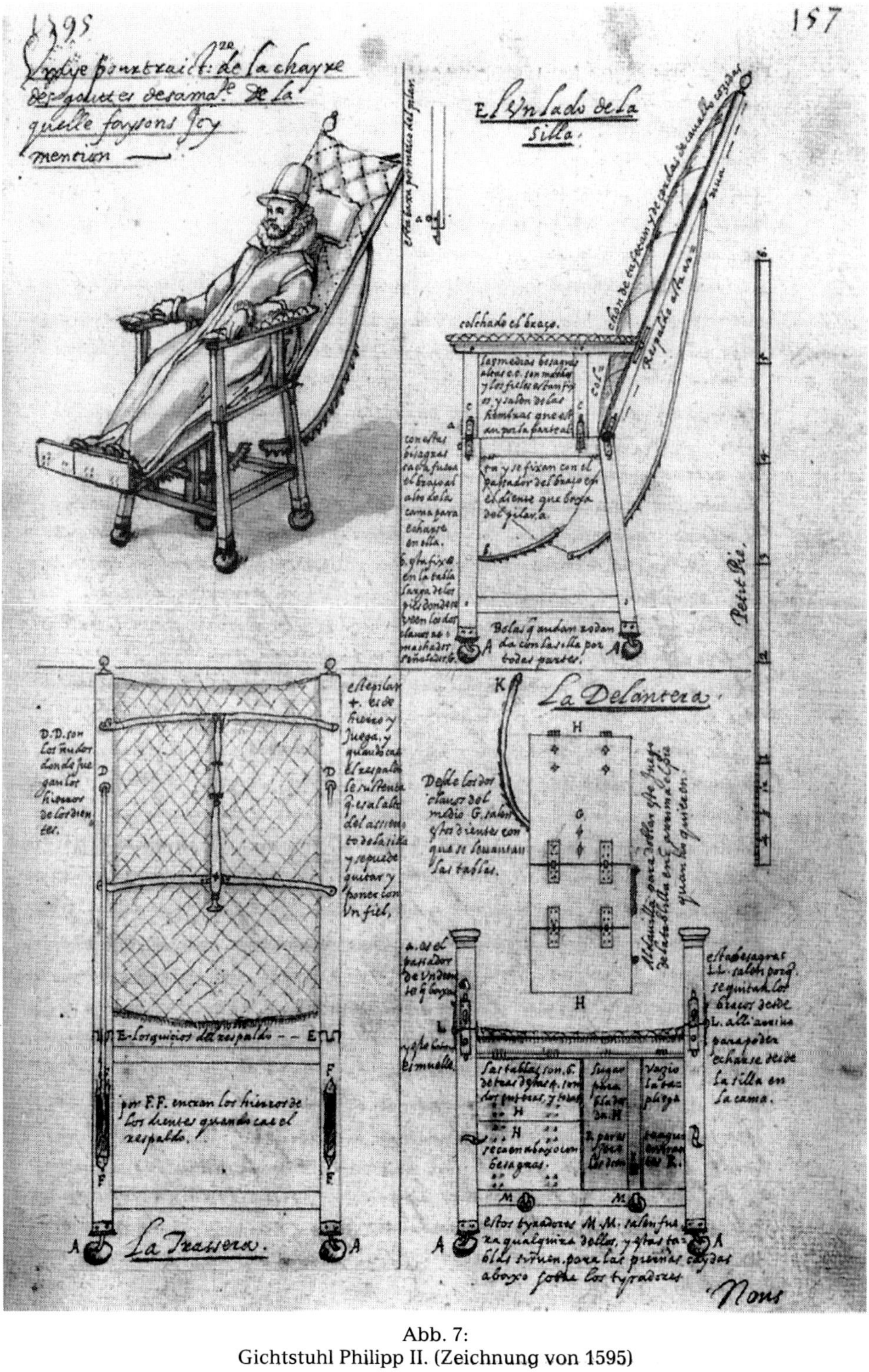

Abb. 7:
Gichtstuhl Philipp II. (Zeichnung von 1595)

Abb. 8:
Wallenstein
(unbekannter Künstler)

Abb. 9:
Wallenstein (unbekannter Künstler)

Abb. 10:
Friedrich Wilhelm (der Große Kurfürst) im Alter von sieben Jahren
(unbekannter Künstler)

Abb. 11:
Friedrich Wilhelm (der Große Kurfüst)
(G. Fließ, 1653)

Abb. 12:
Friedrich I. („König in Preußen“)

Abb. 13:
Friedrich Wilhelm I. (der „Soldatenkönig“)
(Dismar Degen)

Abb. 14:
Friedrich Wilhelm I. (Selbstportrait, 1737)

Abb. 15:
Friedrich II. („der Große") (Antoine Pesne)

Abb. 16:
Friedrich II. („der Große")
(Chr. F. R. Lisiewski, 1782)

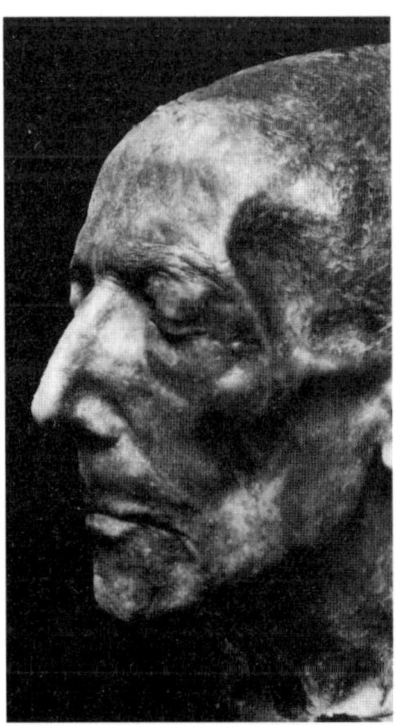

Abb. 17:
Totenmaske Friedrich II.

Abb. 18:
Otto v. Bismarck im Alter von elf Jahren
(Kreidezeichnung von Franz Krüger, 1826)

Abb. 19:
Bismarck als Student
(Porzellanbild von Philipp Petri, 1833)

Abb. 20:
Bismarck als Abgeordneter des ersten Vereinigten Landtages in Preußen (1847)
(Lithographie von F. Wernecke)

Abb. 21:
Bismarck (Studie zum Königsbild von Adolph von Menzel, 1865)

Abb. 22:
Bismarck (Franz von Lenbach, um 1890)

Abb. 23:
Peter Paul Rubens (Selbstbildnis, 1639/40)

2.2 Die spanischen Habsburger

2.2.1 Karl V.

Nicht König, nicht Kaiser, berühmt will er werden!
Ein Ritter auf dem Thron.
(Seibt über Karl V.)

Es ist sehr gefährlich, mit diesen Ketzern umzugehen, denn sie besitzen so lebhafte und durchdachte Argumente, daß sie einen nur zu leicht verwirren. Deshalb wollte ich die Beweisführung ihrer Sekte niemals anhören ...
(Karl über Luther)

Zum historischen und familiären Hintergrund

Karl V. wurde am 25. Februar 1500 in Gent geboren und starb am 21. September 1558 in San Geronimo de Yuste. Er wurde in den Niederlanden als Burgunder erzogen und erbte im Alter von 6 Jahren (1506) von seinem Vater, Philipp dem Schönen, Burgund und die Niederlande, übernahm 1516 die Regierung von Spanien, begründete das spanische Kolonialreich und wurde am 28. Januar 1519 zugunsten von Franz I. von Frankreich zum Kaiser gewählt. Die Krönung fand am 23. Oktober 1520 im Münster von Aachen statt. Mit der Entgegennahme der Krone hatte sich Karl verpflichtet, innere und äußere Feinde des Glaubens, also die Ketzerei, zu verfolgen und die Kirche mit der Einheit ihrer Lehre zu verteidigen. Mit der Reformation war für Karl auch der innere Konflikt vorprogrammiert. Er versuchte, die Lutheraner durch Konzessionen zur römischen Kirche zurückzuführen, mußte sich letztlich doch den deutschen protestantischen Fürsten unterwerfen, die mehr Unabhängigkeit von der habsburgischen Macht erstrebten und von Frankreich unterstützt wurden. Da sich Karl von seinem Auftrag der Unterstützung von Glauben und Kirche getragen fühlte, mußte er sich als gescheitert erleben. Er dankte ab, zog sich in seine Villa in Yuste zurück und übergab seinem Sohn Philipp II. die Herrschaft mit dem Rat: „Reißt die Ketzerei aus, sonst schlägt sie Wurzeln und zerstört die staatliche und soziale Ordnung."

Karl fühlte sich als Nachfolger und geistig-politischer Erbe Karls des Großen. Er war davon überzeugt, daß das Kaisertum gleichberechtigt neben dem Papsttum stehe und als übergeordnete Macht für die Einheit des Glaubens und für den Frieden zwischen den Staaten verantwortlich sei. Karl war sich der Bedeutung der sich ihm stellenden Aufgabe bewußt, gab sich ihr ganz hin, vermochte es, seiner Epoche den Stempel aufzudrücken und gilt damit als einer der bedeutenden politischen Führer der Geschichte. Dennoch war er nicht stark genug, sich gegen die Reformation und gegen den Zerfall der Einheit in National- und Territorialstaaten zu wehren.

Karl war sechs Jahre alt, als er seinen Vater, Philipp den Schönen von Burgund, verlor. Seine Mutter Juana, Johanna die Wahnsinnige, starb drei Jahre vor Karls Tod. Die Eltern hatten sechs Kinder: zwei Jahre vor Karl wurde Eleonore (1498), ein Jahr nach ihm (1501) Isabella, fünf Jahre später Maria (1505) geboren. Dazwischen brachte Juana Ferdinand (1503), den späteren deutschen König, zur Welt; Katharina folgte 1507.

Sein Vater Philipp wird als unbeschwert, lebenslustig, sprunghaft und willensschwach beschrieben. Er liebte das Leben an den turbulenten und luxuriösen niederländischen Höfen, ganz im Gegenteil zu der introvertierten Juana, die dem sittenstrengen Spanien entstammte. Philipp liebte Jagden, Feste und andere Frauen; so ist es verständlich, daß Juana sich einerseits immer mehr zurückzog, andererseits an ihren Ehemann klammerte und ihre aggressiven Gefühle eifersüchtig gegen andere Hofdamen richtete. Die Beziehung Karls zu seinen Eltern konnte nicht sehr eng gewesen sein. Seine Mutter war ganz auf die problematische Beziehung zu ihrem Mann ausgerichtet, der Vater führte emotional wie realiter ein Leben außerhalb der Familie. So überrascht es nicht zu hören, daß Karl bei der Nachricht von dessen Tod „kein Muskel in seinem kindlichen Gesicht gerührt" hatte (E. Winkler).

Für die weitere Entwicklung von Karls Persönlichkeit wurden die ihn umgebenden Bezugspersonen um so wichtiger. Als Karl ein Jahr alt war, verließen seine Eltern die Niederlande und übergaben das kleine Kind der „uralten Dame" Margarete von York, die zwei Jahre später starb. Zwischen dem dritten und sechsten Lebensjahr muß Karl sehr einsam und verlassen gewesen sein. 1506 brachen

Karls Eltern erneut nach Spanien auf und kehrten nicht wieder in die Niederlande zurück. Karls Erziehung wurde von der ritterlichen Tradition mit ihrem strengen Ehrenkodex geprägt, wobei gleich nach der Geburt hohe Erwartungen in den männlichen Abkömmling der Habsburger gesetzt wurden. Bereits mit einem Jahr wurde er Mitglied des Ordens vom Goldenen Vlies, bis zu seines Vaters Tod wurde ihm das Herzogtum Luxemburg überschrieben, gleich danach Flandern und die Niederlande. Karl gelangte zwar früh zu hohen Ehren, kindliche Wünsche hat er sich wohl nur im Traum erfüllen können. Karl und seine drei Schwestern Eleonore, Isabella und Maria wuchsen fast als Waisen auf: den Vater, der früh starb, bekamen sie kaum zu Gesicht, weil er sich oft außer Landes aufhielt. Karl sah seine Mutter erst wieder, als er 1517 zum spanischen König gekrönt wurde. 1502 war sie Erbin der spanischen Reiche geworden. Sie ging dorthin und verließ damit ihre kleinen Kinder. In Spanien gebar sie ihren zweiten Sohn Ferdinand. Philipp der Schöne fühlte sich in der spanischen Umgebung jedoch nicht wohl und kehrte bald in die Niederlande zurück.

Die Trennung der Eheleute ist für das Verständnis von Karls frühkindlicher Deprivation insofern von Bedeutung, als bei seiner Mutter Johanna zu dieser Zeit erste Anzeichen ihrer etwas später manifest werdenden Psychose deutlich wurden. Ihr Seelenzustand wechselte von tiefer Depression mit Apathiephasen und zeitweiligen Absenzen zu maßlosen Eifersuchtsgefühlen ihrem leichtlebigen Gatten gegenüber. Diese waren mit Wutanfällen verbunden, bei denen sie z.B. in einem unbezähmbaren Ausbruch einer vermeintlichen Rivalin die rotblonden Haare abschnitt und ihr das Gesicht mit einer Schere zerkratzte. Die geistige Umnachtung setzte spätestens mit dem Tode Philipps 1506 ein. Sie wurde von ihrem Vater, Ferdinand dem Katholischen (1452-1516), in das befestigte Schloß Tordesillas bei Valladolid gebracht, wo sie noch knapp 50 Jahre bis zu ihrem Tode 1555 ein- und abgeschlossen von der Welt in einer Art Dämmerzustand dahinvegetierte.

Der junge Karl hatte wenig adäquate Zuwendung von seiner Mutter bekommen, selbst in der kurzen, frühen Zeit, in der Mutter und Kind beisammen waren. Dennoch hat er etwas später eine gewisse Stabilität durch seine Tante erfahren: Die kinderlose, zweimal verwitwete Erzherzogin Margarete von Österreich nahm sich

Karls (und seiner drei Schwestern) liebevoll an, sorgte für die Kinder und konnte ihnen mütterliche Zuwendung geben. Kunstliebend, geistig wie politisch hochbegabt, hat Margarete Karl die geistig-seelische Basis für sein weiteres Leben mitgeben können. Sie war liberaler als andere, sprengte teilweise das Hofzeremoniell, hatte aber doch strenge Erziehungsvorstellungen: „So überschritt sie das Maß und ... man stopfte ihn bis zum Überdruß voll" (Winkler). Margarete wurde zur entscheidenden weiblichen Bezugsperson in Karls Kindheit.

Karls Umgebung wurde dennoch fast ausschließlich von Männern geprägt. Hofmeister und Erzieher zwischen 1506 und 1509 war Charles de Croy, Fürst von Chimay; danach nahm Guillaume de Croy, Herr von Chièvre, Karl unter seine Obhut. Letzterer erzog ihn in dem Sinne, „jedes Schicksal auf sich zu nehmen". Karl fand in ihm zwar die verlorene Vaterfigur, wurde jedoch in bezug auf seinen politischen Ehrgeiz enttäuscht. Chièvre war von dem Wunsch nach Ruhm und Macht getragen, wollte seine Stellung am Hofe verbessern, bewachte den Schlaf des Prinzen, „damit er, sollte er erwachen, jemanden hat, mit dem er sich unterhalten kann" (Alvarez). Er beherrschte seinen Zögling vollkommen. Es konnte nicht ausbleiben, daß er versuchte, die „Ersatzmutter" des Prinzen, Margarete von Österreich, auszuspielen und deren Einfluß auf ihren Neffen zu mindern. Er schaffte den Bruch, bis die Vormundschaft der Tante 1514 endete und die Großjährigkeit Herzog Karls von Burgund 1515 in Brüssel feierlich verkündet wurde. Die Staatsgeschäfte hatte Chièvre übernommen, während sich Karl auf Gesellschaften, Gelagen und Jagdabenteuern die Zeit vertrieb. Alvarez weist auf Karls Wahlspruch zu dieser Zeit hin: „nondum" (noch nicht), der sich später in „plus ultra" (noch mehr) wandelte. Chièvre blieb bis zu seinem Tod 1521 Karls engste Vertrauensperson. Danach jedoch vergaß er ihn schnell, verleugnete ihn und erwähnte ihn nicht mehr.

Ein weiterer einflußreicher Erzieher war Adrian von Utrecht, der Dekan der Kathedrale von Löwen. Er vermittelte seinem Zögling Sicherheit in Glaubensfragen und eine tiefliegende Frömmigkeit. Während seiner Kindheit stand Karl unter permanenter Kontrolle und Beobachtung. Das zeigte sich etwa in der Ordonnanz von 1513, in der es heißt: „Der Kaiser, der roy de France et d´ Angleterre und der König von Aragon sollen jeder nach freiem Belieben eine vornehme Persönlichkeit als Vertreter ihrer Interessen wählen. Diese Delegierten haben sich stets in der Nähe des Prinzen Karl aufzuhalten. Jeder erhält einen Schlüssel zu der Kammer des Prinzen und genießt die volle Autorität eines Premier Chambellan" (Walter). Damit wird deutlich, wie sehr das Kind Karl in den Interessenkonflikt aller beteiligten politischen Parteien verwickelt war. Wie in den Herrscherhäusern üblich, war auch Karl eine freie Entfaltung kaum möglich, und es stellt sich die Frage, wie er die frühkindlichen Entbehrungen und die strenge, einengende Erziehung der späteren Jahre verarbeiten konnte.

Zur Person

Karl wird in seiner Kindheit und Jugend als mittelgroß, mager, bleich und gebrechlich geschildert, sein Bartwuchs sei noch mit 27 Jahren sehr spärlich gewesen. Sein vorstehendes Kinn bei zu großem Unterkiefer in Verbindung mit der „Habsburger Lippe" bewirkte einen ständig offenstehenden Mund, der zu der Annahme einer verminderten Intelligenz und Begabung führte. Sprachstörungen wie Stottern und Stammeln sowie sein schlingendes Eßverhalten, mit eingeschränkter Möglichkeit zu kauen, werden mit diesen anatomischen Verhältnissen in Zusammenhang gebracht. Fühlte sich Karl von der Natur benachteiligt? Mc Guigan schreibt: „Karls zarter Körperbau täuschte, ... schon als Kind machte er alles so, als wäre es unbedingt notwendig, um seine Tauglichkeit für die Regierungsgeschäfte zu beweisen." Der 17jährige Enkel war für seinen Großvater Maximilian „unbeweglich wie ein Idol"; von „greisenhafter Würde" sprach ein Hofchronist. Beide Äußerungen stehen im Gegensatz zu der Tatsache, daß er „Reiten, Jagen und bald auch alles, was zum Turnieren gehört, das Lanzenbrechen, ohne aus dem Sattel zu fallen, und alle Art von Schießen und Fechten ... mit Hingabe und Glück" (Brandi) und mit großer Geschicklichkeit betrieb. Ambivalentes Verhalten durchzog die Persönlichkeit Karls: seiner schwachen Konstitution begegnete er mit eisernem Willen, seinem Hang zu Gleichgültigkeit mit überbetontem Pflichtgefühl, seiner Entschlußlosigkeit durch Ausdauer und Hartnäckigkeit, seiner Selbstbeherrschung mit unkontrollierten Wutausbrüchen, seiner schizoiden Unnahbarkeit und Distanziertheit mit der Intimität in einem besonders kleinen Kreis enger Vertrauter. Hinter seinem nach außen getragenen tollkühnen Mut verbarg sich eine große Ängstlichkeit. So hieß es einerseits vom Algerienfeldzug: „Karl setzt sich so unbekümmert dem Kugelhagel aus, daß ihn der kommandierende Markgraf von Vasti ersucht, sich besser zu decken." Karl antwortete: „Es ist noch nie ein Kaiser erschossen worden." Andererseits versteckte er sich bei der Typhus-Epidemie in Augsburg geradezu, gab niemandem mehr die Hand; zudem hatte er große Angst vor Spinnen und Mäusen. Sein Beichtvater Garcia de Loaysa sagte dem 30jährigen: „Immer stritten Willenlosigkeit und Ruhmsucht in Eurer königlichen Person miteinander ..." War er in Not oder stand er unter Zwang, entwickelte Karl nicht nur eine enorme Kraft und Ausdauer, sondern auch einen unbeugsamen Starrsinn. Es ist zu verstehen, daß Roger Asham über ihn sagte: „Nichts an ihm spricht, außer seiner Zunge"; der Kaiser lächelte, aber er lachte nicht (zitiert nach Mc Guigan).

Das grandiose Selbstbild Karls faßt Seibt in dem Satz zusammen: „Nicht König, nicht Kaiser, berühmt will er werden! Ein Ritter auf dem Thron." Dennoch werden ihm stärkste Selbstzweifel und eine empfindliche Nachträglichkeit zugeschrieben. Einerseits versuchte er, ein Selbstbild von Großzügigkeit und Nachgiebigkeit zu zeigen, andererseits sind von ihm Szenen harten, brutalen Durchgreifens bekannt. Entgegen dem Wunsch seiner Befehlshaber, sollten nach der Schlacht am Mühlberg Wehrlose nicht gefangengenommen, sondern „abgeschlachtet" und „in Stücke gehauen" werden. Flüchtende Soldaten, die ihre Waffen zu Boden warfen und um Gnade flehten, soll Karl sogar mit eigener Hand niedergemacht haben. Können wir entsprechende Handlungen aus einer angeblich grausamen, mittelalterlichen Zeit heraus verstehen, oder haben wir es mit einer Person zu tun, die lange unterdrückte aggressive Impulse in gesellschaftlich sanktionierten Zeiten des Krieges in brutaler, „entneutralisierter" Weise ausleben konnte?

Wie mochte Karl mit Trauer umgegangen sein? Wir sind erstaunt zu erfahren, daß ihm der wesentliche Trost über den Tod seiner Frau die Gewißheit war, daß sie eine gute Katholikin gewesen sei. In einem Brief an seinen Bruder schrieb er nach ihrem Tod: „Et n'y a rien que m'en puisse consoler, que la considération de sa bonne et catholique vie et la très saincte et religieuse fin, quelle a fait."*

Es ist kaum anzunehmen, daß Karl wirkliche Trauer empfinden konnte. Zumindest scheint es ihm leichter gefallen zu sein, Gefühlsäußerungen in Briefen zu zeigen als in den Augenblicken der Nähe, in denen sie angebracht waren. Wir wissen, daß Isabella sehr unter den langen Trennungen litt, Karl aber verzögerte seine jeweilige Rückkehr, solange es ihm möglich war. Zu erwähnen ist Karls sprichwörtlicher Geiz. Seine Lieblingsbeschäftigungen, wie das Jagen, durften nur wenig kosten. Seine engsten Mitarbeiter wurden nur dürftig bezahlt, der Kauf neuer Kleider für sein Personal wurde so lange wie möglich aufgeschoben. Lob und Anerkennung zollte er niemandem, bezog vielmehr die geleistete Arbeit, die Mühen auf sich selber. Karl pflegte perfekte Tischmanieren, vermied jeden „Pomp" und war die längste Zeit seines Lebens schlicht, meist schwarz gekleidet. Erwähnenswert ist, daß Karl nach Chièvres Tod kleine Angelegenheiten zur Verzweiflung seiner Mitarbeiter selbst in die Hand nahm; das war um so schwieriger zu ertragen, als er eher langsam und wenig entschlossen arbeitete. Wenn er sich aber zu einer Entscheidung durchgerungen hatte, dann wiederum konnte er poltern und höchst ungeduldig reagieren, wenn seine Entschlüsse nicht sofort und exakt ausgeführt wurden. Wenn Karl auch wesentliche Anteile seines Selbstverständnisses aus seinem Glauben zog und zeit seines Lebens die Aussöhnung mit der Reformation anstrebte, so war seine Reaktion auf die vermeintlichen Ketzer doch auffallend brutal. Auch die Beziehung zum päpstlichen Stuhl blieb deutlich ambivalent.

Psychodynamisch gesehen sind die Charakterzüge Karls triebtheoretisch der schizoiden wie zwanghaften Ausprägung zuzuordnen. Sie gehen auf eine Störung der frühesten, intentionalen („Beziehungs"-)Phase, in der das Urvertrauen entwickelt wird, als auch der analen Phase zurück, also der Zeit der Sauberkeitserzie-

* „Es gibt nichts, was mich mehr trösten kann als die Betrachtung ihres guten und katholischen Lebens und das heilige und in der Religion geborgene Ende, das sie genommen hat." *(Übers. v. Verf.)*.

hung, in der wichtige Muster des Hergebens und Behaltens, des Sich-gehen-Lassens und Sich-Beherrschens sowie die Kategorien der Zeit und Ordnung geformt werden. Werden diese Phasen nicht adäquat in familiärer Geborgenheit und entsprechendem Verstehen durchlebt, kann es zu distanzierter Kühle, zu Urmißtrauen bei großem Autarkiebedürfnis, aber auch zu souveräner Selbständigkeit kommen. Bei der zwanghaften Struktur finden wir den Geiz, die Gefühlsverarmung und eine ausgeprägte Absicherungstendenz. Diese Züge finden wir auch bei Karl. Sie waren verbunden mit einer Störung im Umgang mit aggressiven Impulsen, die sich einerseits in einer übertriebenen Bescheidenheit zeigte, andererseits aber immer wieder zu unkontrollierten Zornesausbrüchen führte. Möglicherweise waren für Karl die ausgeprägten expansiven Tendenzen wie Jagen, Reiten und Turnierkämpfe ein Ventil für seine wenig kanalisierten und sublimierten aggressiven Persönlichkeitszüge. Schließlich ist die narzißtische Komponente auch bei Karl deutlich. Sie findet sich in der ausgeprägten Selbstdarstellung wieder, wobei seine „schwache Seite", sein Minderwertigkeitsgefühl („Depression"), durch sein Größenselbst in Schach gehalten und kompensiert werden konnte. Ein Oszillieren zwischen Grandiositäts- und Depressionsgefühlen ist auch bei Karl anzunehmen und weist auf eine Brüchigkeit der Selbstachtung hin, die regelhaft mit einer Nichtannahme des Kindes durch die frühen Bezugspersonen zusammenhängt.

Zur Krankengeschichte

Karl V. hatte unter verschiedenen Krankheiten gelitten, wobei er selber die Gicht immer wieder in den Vordergrund gestellt hatte. Bereits als Kind war er schwach, empfindlich und krankheitsanfällig, klagte über Kopfschmerzen und Müdigkeit. Besonders in der Jugendzeit traten immer wieder Migräneanfälle auf. Eine behinderte Nasenatmung hing wohl mit adenoiden Vegetationen zusammen und wurde für eine Reihe von Beschwerden verantwortlich gemacht.

Um die Jahreswende 1518/19 traten zwei epileptische Anfälle (= Grand Mal) auf mit Bewußtlosigkeit, Stürzen mit Verletzung und Inkontinenz. Genauere Angaben über den weiteren Verlauf existieren nicht. Das ist verständlich in einer Zeit, in der der „Morbus sacer" mit teuflischen Mächten in Zusammenhang gebracht wurde und von „Fallsucht" Betroffene sogar ins Gefängnis gebracht wurden. Es ist anzunehmen, daß der fromme Karl in der Folgezeit mit Scham- und Schuldgefühlen zu kämpfen hatte. Weiterhin litt Karl unter Asthma (wahrscheinlich bronchiale) sowie Hustenanfällen und Atemnot. Die Genese dieses Beschwerdebildes ist nicht exakt nachvollziehbar, für eine Spätfolge der Stoffwechselerkrankung der Gicht trat es zu früh auf. Eine allergische Diathese als Mitursache ist am ehesten nachvollziehbar, zumal eine Allergie gegen Meeresfrüchte als sicher gilt. Sollten auch bei der Atemwegserkrankung Karls psychische Faktoren eine Rolle gespielt haben? Unter Berücksichtigung der Entwicklungsfaktoren ist diese Annahme nicht auszuschließen. Die erwähnte Prognathie war bei Karl wahrscheinlich verbunden mit einem spitzbogig gewölbten Gaumen, einer anatomischen Deformation, die ihm Schwierigkeiten beim Kauen und Sprechen bereitete, aber wohl nicht in Verbindung zu bringen ist mit den in den fünfziger Jahren aufgetretenen massiven Magen- und Darmbeschwerden. Hinzu kam ein Hämorrhoidalleiden. 1525 trat erstmals ein „Wechselfieber" (wohl eine Malaria tertiana) auf, das ausheilte. Dieses Krankheitsbild wiederholte sich in einer Zeit größter Schwäche am Ende seines Lebens, führte zum Kreislaufzusammenbruch und zum Tod im Jahr 1558. Zeit seines Lebens machte Karl melancholische und depressive Phasen durch.

Über die Gichtanfälle hatte Karl akribisch Buch geführt – allerdings erst auf einer Rheinreise im 50. Lebensjahr, weswegen den Datierungen eine gewisse Skepsis entgegengebracht werden muß. Eine direkte Mitteilung (Morel-Fatio) über den ersten Gichtanfall lautete: „En 1528, l' émpereur, s´étant mis en route pour Valladolid, se sentit pour la première fois atteint de la goutte ..." (Auf dem Weg nach Valladolid 1528 fühlte sich der Kaiser zum ersten Mal von der Gicht befallen ...) Wenn auch Unsicherheit über die genaue Datierung besteht, so fällt der erste Gichtanfall in eine Zeit, in der sich deutliche Veränderungen im Leben Karls anbahnten, die psychisch bearbeitet werden mußten:

- 1526 heiratete Karl Isabella von Portugal, zu der er ein ambivalentes Verhältnis hatte;

- etwas später starb seine Schwester Isabella (1526), deren Tod von Karl echte Trauer erforderte, zu der er jedoch kaum fähig war;
- am 21. Mai 1527 kam sein Sohn Philipp zur Welt, dessen Geburt die alte Vater-Sohn-Problematik erneut konstellierte.

Weitere zahlreiche Gichtanfälle begleiteten Karl bis zu seinem Tode.

Schon zu damaliger Zeit war bekannt, daß das Eßverhalten die Gichterkrankung und ihren Verlauf wesentlich beeinflußt. Wenn Karl auch in seiner Kindheit und Jugend oftmals lustlos kaum etwas berührte, so aß er in der Regel hastig bis gierig unmäßige Portionen der aufgetragenen Speisen. Seine Eßlust war zügellos. Sein Kammerdiener van Male schrieb am 24. Januar 1552: „... (the main trouble lies in) his belly and his ruinous gluttony, which is hateful to us, and which is such that even during the strongest attacks and torments of ill health he does not limit his eating and drinking of harmful things" (Malley).* Fleischgerichte – also purinreiche Kost – dominierten die oft 20gängigen Menüs. Um seiner Eßlust zu fröhnen, erwirkte Karl einen päpstlichen Dispens: Er durfte vor der Kommunion fasten. Der für die Erklärung der Gicht ebenso wichtige übermäßige Alkoholgenuß spielte auch bei Karl eine große Rolle. Bereits zum Frühstück nahm er sein geliebtes eiskaltes Bier zu sich. Treue berichtet weitere Einzelheiten zu dem Thema in folgendem Satz: „Der Engländer Roger Asham, der gelegentlich bei ihm speiste, war erstaunt darüber, wieviel Karl aß – und noch mehr über das starke Trinken: So gab es z. B. bei einer Mahlzeit Suppenfleisch, Hammelbraten, gebratenen Kapaun, und von allem nahm Karl reichlich. „Und fünfmal", berichtet Asham, „steckte er seinen Kopf ins Glas, und jedesmal trank er gewiß nicht weniger als einen Liter Rheinwein."

Im Umgang mit seiner Krankheit zeigte sich Karl völlig indolent, Zeichen von Wehleidigkeit durfte es nicht geben, er klagte nicht. Dennoch konnte seine Disziplin plötzlich in Selbstmitleid umschlagen. Dabei vernachlässigte er unaufschiebbare Entscheidungen,

* „Die wichtigste Störung liegt in seinem Bauch und in seiner ruinösen Gefräßigkeit, die wir hassen und die sich so auswirkt, daß er selbst während heftigster Attacken und entsprechender Schmerzen seiner Krankheit das Essen und Trinken schädlicher Dinge nicht begrenzt." *(Übers. v. Verf.)*

zog sich zurück, war für niemanden zu sprechen oder verhielt sich bei der geringsten Kleinigkeit im Gegensatz dazu überaus aggressiv. An die Ratschläge seiner Ärzte hielt er sich kaum, handelte nach eigenen Vorstellungen und – wie es ihm genehm war. Auch in der Medizin habe er Kaiser sein wollen, berichtet Vesal. „Ratschläge zu vernünftiger Diät schlug er in den Wind. Seine dadurch verschlimmerten Beschwerden verschärften die Bitterkeit seiner Äußerungen. War sein Hochmut an sich nur die Übersteigerung seiner besten Eigenschaften, so lief er doch Gefahr, ihn in Menschenverachtung entarten zu lassen" (Brandi).

Wie beschrieben, führen übermäßige purinreiche Kost und zuviel Alkohol bei entsprechend genetisch-familiären Bedingungen zu einer Harnsäureerhöhung im Blut und schließlich zur Gichterkrankung. Zu welchem Zeitpunkt sie jedoch ausbricht, hängt entscheidend von der Persönlichkeitsentwicklung des Betroffenen und einer später traumatisierenden Situation ab. Entscheidend ist dabei die Frage, wie der Kranke mit seinen Affekten, insbesondere der Trauer, umgeht.

Karls frühkindliche Deprivationssituation machte es ihm schwer, Emotionen zu äußern, sich vertrauensvoll an Bezugspersonen anzulehnen und aus der sicheren Geborgenheit heraus seine Selbständigkeit zu erwerben. Er war nicht in der Lage, mit seinen affektiven Regungen und dem Gefühl, nicht angenommen zu sein, adäquat umzugehen. Die immer wieder beschriebene Grundstimmung der Melancholie und Depression ist ein deutlicher Hinweise dafür, sie wurde aber hinter einer starren, unnahbaren Fassade verborgen. Einen Ausgleich fand Karl in expansiv-aggressivem Verhalten den ihn umgebenden Personen gegenüber, aber auch in dem Ständig-auf-Reisen-Sein, seinen Jagdgelüsten und Turnierkämpfen. Diese innerpsychischen Abwehrmaßnahmen reichten auch bei Karl in emotional besonders belastenden Situationen, insbesondere bei Objektverlusten, nicht aus und führten zum Ausbruch der Gicht und anderen körperlichen Erkrankungen. Bei der Gicht wird die Bearbeitung der emotional belastenden Situation durch exzessives Eß- und Trinkverhaltenn unmöglich und bricht – auf dem Boden der Prädisposition – in entsprechend schwer zu bewältigenden Konfliktsituationen aus. Diese Zusammenhänge sind auch bei Karl gut nachvollziehbar.

2.2.2 Philipp II.

Mir fehlt sein Schatten ... darunter ich gelebt.
Ich weine um den Schatten meines Vaters.
Nun ist der Kaiser tot, dachte Philipp, und es ist gut so!
(Kesten, König Philipp)

Historischer und familiärer Hintergrund

Philipp II. wurde am 25. Mai 1527 in Valladolid geboren und starb am 13. September 1598 in El Escorial bei Madrid. Nachdem Karl V. als spanischer König abgedankt hatte, übernahm Philipp die Herrschaft über das ausgedehnte Reich seines Vaters. Die Kaiserwürde, die dieser ihm zugedacht hatte, bekam er jedoch nicht, weil Philipp von den deutschen Fürsten und seinem Onkel Ferdinand I. nicht unterstützt wurde. Außenpolitisch mußte sich Philipp zunächst mit Frankreich und seinem Verbündeten Papst Paul IV. auseinandersetzen. Erst im Frieden von Cateau-Cambrésis 1559 sicherte sich Philipp seine Vormachtstellung. Durch seine Heirat mit Elisabeth, der Tochter Heinrichs II., im selben Jahr kam es zu einer Annäherung an Frankreich.

1580 hatte sich Spanien mit Portugal vereinigt. Zusammen mit diesem Land und seinen Kolonialbesitzungen erreichte Spanien die größte territoriale Ausdehnung seines Reiches. Nach dem Tod seiner englischen Ehefrau Maria 1558 gelang es Philipp nicht, freundschaftliche Beziehungen zu dem Inselreich aufrechtzuerhalten; der protestantisch-katholische Gegensatz beschwor gravierende Auseinandersetzungen herauf, die schließlich zur Vernichtung der spanischen Armada 1588 und damit zum Ende der spanischen Vormacht auf den Meeren führte. Innenpolitisch verfolgte Philipp den Plan eines vollkommen geordneten Staatsapparates mit der Einschränkung ständischer Vorrechte, der Kontrolle über den Handel und die Kolonien, der Verdrängung Andersgläubiger, insbesondere der wirtschaftlich starken Morisken. Dadurch wurde der Verfall des Reiches eingeleitet. Viele Staatsgelder flossen in das Militär, die wirtschaftliche Weiterentwicklung wurde gebremst. Bei Antritt der Regierung lag eine ungeheure wirtschaftliche und politische Macht in Philipps Händen. Doch spätestens seit dem Untergang der Armada war Spaniens Kraft gebrochen, wirtschaftlich war das Reich am Ende, Not und Elend waren die Folge.

Philipp kam unter schwierigen Umständen auf die Welt: Sein Vater Karl V. war durch das ausfallende Benehmen seiner Truppen bei der Erstürmung Roms emotional schwer belastet. Wenn er dessen Einnahme auch gewollt hatte, so doch nicht auf diese Art und Weise. Darüber war er peinlich berührt und entschuldigte sich beim Papst. Die Mutter erwartete eine schwere Geburt mit starken Schmerzen, die sie „lieber sterben" lassen sollte, als das Kind Philipp zur Welt zu bringen. Weniger als zwei Jahre später gebar sie (1528) die Tochter Maria, kurze Zeit darauf verließ der Vater die kleine Familie für vier Jahre, um in Deutschland, Italien und den Niederlanden seinen Regierungspflichten nachzukommen. Diese Jahre waren für Philipp von dauernden Umzügen innerhalb Spaniens geprägt. Die Mutter war zwar wohl immer in seiner Nähe gewesen. Die schwierigen Umstände am Hofe, die durch die Abwesenheit Karls bedingt waren, veranlaßten sie jedoch, sich mit ihrer Familie abzuschließen und zurückzuziehen. Philipp wurde von der älteren Hofdame Doña Leonora de Mascavenhas betreut und fand in ihr eine gute zweite Mutter.

Es war nicht leicht, mit dem zunächst temperamentvollen, vitalen Jungen, der seine Umgebung zeitweise tyrannisierte, fertigzuwerden. Ausgesprochene Einschränkungen und Züchtigungen waren die Folge. Die Mutter prügelte den eigenwilligen Jungen in einer Weise, daß selbst die strengen Hofdamen „ob solcher Grausamkeit bitterlich flennten" (Pfandl, zitiert nach Don Pedro González de Mendoza in einem Brief von 1531 an den Kaiser). Wurde zu dieser Zeit Philipps vitaler Expansionsdrang in einer Weise gebremst, daß er später das Bild eines vergrämten, zurückgezogenen Einsiedlers abgab?

Mit sechs Jahren bekam Philipp eine eigene Hofhaltung. Die Erziehung wurde dem zwar ehrlichen und zähen, aber harten, kompromißlosen Don Juan de Zuniga übergeben. Eine weitere wichtige, einflußreiche Person in der Nähe Philipps war der Lehrer Juan Martinez Guijeno, der hart und kalt, störrisch, halsstarrig, engstirnig und pedantisch war. Eine Verständigung mit ihm war oft nicht leicht, weil er im Gespräch stets lateinische Wörter benutzte. Der junge Philipp soll um eine Versetzung von Guijeno auf den Bischofsstuhl von Cardagena „flehentlich gebeten" haben, um ihn loszuwerden. Hinterlassen hat dieser Erzieher eines der wesentlichen Probleme Philipps: Guijeno glaubte an das Latein als Weltsprache und ließ kaum zu, daß Sprachlehrer anderer Sprachen einen wesentlichen Einfluß auf den Prinzen bekamen. Zumindest konnte er sich später kaum in den verschiedenen europäischen Sprachen ausdrücken. Schon dadurch wurde er von anderen nicht verstanden, eher abgelehnt. Selbst mit seiner englischen Frau Maria konnte er sich nicht unterhalten, weil sie nur wenig Spanisch sprach.

Zu seiner Mutter Maria hatte Philipp ein enges Verhältnis, auch wenn sie kühl und beherrscht war, ihre Affekte unterdrückte und sich ganz dem Glauben verpflichtet fühlte. Sie hatte bei der ständigen Abwesenheit des Vaters die kleine Restfamilie zusammengehalten und auf gute Erziehung geachtet. Sie starb nach einer Fehlgeburt im Wochenbett und hinterließ ihren Ehemann Karl V., der seiner Trauer mit einem einwöchigen Rückzug in das Kloster La Sisla bei Toledo begegnete und eine „tröstliche Flucht in die Ferne, in die Arbeit, ins Vergessen" (Pflandl) antrat. Philipp jedoch blieb mit seinen Schwestern Maria und Joana und dem Hofpersonal vereinsamt zurück. Möglicherweise fand er Trost in der Beziehung zu dem einzigen engen Freund und Vertrauten seines Lebens, Ruy Gomez Silva.

Als Philipp 14 Jahre alt war, kam sein Vater zurück, fand einen ernsten, arbeitswilligen Sohn vor, den er von nun an auf die bevorstehenden Aufgaben vorbereiten wollte. Die intensive Zuwendung dauerte bis zu seinem 17. Lebensjahr. Das Verhältnis war geprägt von Philipps Unterwürfigkeit und demütiger Gefügigkeit. Karl betrachtete ihn mit Stolz. Sein Leben lang tat Philipp das, was der Vater von ihm forderte, und trat ihm mit außerordentlich großem Respekt entgegen. Die vitale Eigenwilligkeit des Jungen war verschwunden, ein pubertäres Auflehnen gab es nicht. Dem jungen Philipp dürften die Forderungen nach Sittlichkeit und Enthaltsamkeit auch bezüglich sexueller Wünsche schwer gefallen sein. Der Druck ging nicht nur von seinem Vater, sondern ebenso von den Erziehern Don Juan de Zuniga und Martinez Siliceo aus, die als sittenstreng, moralisch hochstehend und sexualfeindlich galten und ihren Einfluß auf den jungen Thronfolger ausgeübt hatten. Es ist zu vermuten, daß Philipp hinter der engen Anlehnung an den Vater und dessen Urteil gegensätzliche (Haß-)Gefühle zurückhalten mußte. Sie zeigten sich in dem tiefen Mißtrauen seinen Beratern gegenüber und veranlaßten ihn, seine Entscheidungen allein zu treffen. Mitte 1543 mußte Karl Spanien (und damit seinen Sohn) wieder verlassen. Er vertraute dem 16jährigen Philipp die Regierungsvertretung an. Damit mußte er also früh Verantwortung übernehmen, auf die er kaum vorbereitet war. Dieser Zwang hatte einen großen Einfluß auf seine Persönlichkeitsentwicklung; dazu gehören auch die beiden Ehen, die Philipp auf Befehl des Vaters schloß.

Die Ehe mit Maria von Portugal kann als „Inzuchtehe" bezeichnet werden (Philipps Vater und Marias Mutter waren ebenso Geschwister wie Philipps Mutter und Marias Vater). Beide Partner waren sehr verliebt und konnten ihre sexuellen Wünsche ganz ausleben. Der Verbindung entsprang der kranke Don Carlos. Kurze Zeit später starb Maria im Wochenbett nach 20monatiger Verbindung mit Philipp. Über den plötzlichen Tod seiner jungen Frau erschüttert, zog er sich für mehrere Wochen in das Franziskanerkloster Aguilera zurück. Er hielt es jedoch „vor Leid und Vereinsamung nicht mehr aus ..." und verlegte deshalb seinen Regierungssitz von Valladolid nach Madrid. Der junge Philipp mußte hart getroffen gewesen sein, zumal der Vater nicht anwesend, die Mutter tot und er mit seinem kränkelnd-schwächlichen Sohn Carlos allein zurückgeblieben war. Erst der frühe Verlust der Mutter und jetzt der seiner jungen Ehefrau – der Tod hatte Philipp über das übliche Maß der Zeit hinaus begleitet, war stets präsent. Den tiefen Schmerz beantwortete er mit Rückzug, Resignation, Melancholie, Verschlossenheit, aber auch Härte.

Zur Person

Philipp II. war den Zeitgenossen zufolge von kleinem Wuchs und hatte zierliche Gliedmaßen. Er sei dabei so wohlgestaltet und in allen Teilen des Körpers so wohlproportioniert „gewesen, daß man nichts Vollkommeneres sehen kann, eine hohe und schöne Stirn, meergrüne Augen, die ins Weiße spielen, rötliche, ziemlich zusammenstehende Augenbrauen, wohlgeformte Nase". Er habe eine „weiße Hautfarbe und blonde Haare, gleich einem Flamländer" gehabt, eine „etwas vorstehende Unterlippe, wie man es bei den Habsburgern findet"; er habe „sehr anmutig, gütig und würdig" ausgesehen. Das oft beschriebene Lächeln kommentiert Giardini folgendermaßen: „Ein Mensch, der so lächelt, ist traurig." Dahinter stehe die Einsamkeit der Mächtigen: „Es ist möglich, daß das oberste Geheimnis der Menschenbeherrschung Menschenverachtung ist." Philipp wird als „Herr und Fürst voller Schlauheit und Vater der Verstellungskunst" bezeichnet: „Er sagt niemals, was er vorhat, und tut nie das, was er gesagt hat."

Philipp muß so leise gesprochen haben, daß man ihn kaum verstand. Seine Antworten waren so formelhaft und schmucklos wie seine Umgebung. Er ließ Bittsteller lange ausreden, unterbrach nicht, ließ sie eher in eine Falle tappen. Seine Einfachheit, seine leise Stimme und seine außergewöhnliche Freundlichkeit ließen sein Gegenüber erzittern. Reinhold Schneider betont, daß Philipp nicht der erste Diener des Staates, sondern der erste Diener Gottes war und daß er absolut regierte, weil er ein Gehorchender (Gottes wie des Vaters) war.

Philipp war ein tief gespaltener Mensch. Extreme Einstellungen und Haltungen schienen ihn dominiert zu haben. Das vorherrschende Bild ist das einer zwanghaft-schizoiden Persönlichkeitsstruktur. Von ihm ging eine eisige Kälte aus, so als ob er einen Bannkreis um seine Person gezogen hätte. Eine Aura von Ungeselligkeit, Unnahbarkeit, Selbstbeherrschung, Starre und Perfektionismus umgab ihn. Er war geprägt von Fanatismus, der sich nicht nur auf seine eigene körperliche Sauberkeit bezog, sondern insbesondere auf das Gewissen, die Gerechtigkeit und den Glauben. Dabei konnte er schwer Entscheidungen treffen, war zeitweise entschlußlos. Sein grüblerisches Hin und Her machten ihn zum eigensinnigen Zweifler, sein übertrieben rationales Abwägen aller möglichen Eventualitäten zum starren, risikoscheuen Vermeider.

Die Entscheidungsschwierigkeiten Philipps allerdings hatten seine Regierungszeit geprägt und werden mitverantwortlich gemacht für den wirtschaftlichen wie politischen Niedergang Spaniens. Diese gedrosselten, unelastischen, deutlich mißtrauischen Züge mischten sich mit distanzierter, unpersönlicher Kühle und einem ausgeprägten Streben nach Unabhängigkeit und Autarkie und der Möglichkeit, Gefühle gleichsam „abzustellen". So schienen ihn die Nachrichten von seinen großen Siegen – wie bei Lepanto – oder vernichtenden Niederlagen – wie etwa der Armada – kaum zu berühren. Hinter seiner hochmütigen Fassade verbarg sich eine mimosenhafte Sensibilität, die sich zu Sentimentalität steigerte, wenn er sich beispielsweise tränenaufgelöst um den fertigen Escorial tragen ließ oder wenn er allein Briefe (z.B. von Katharina von Medici) öffnete, deren Inhalt ihn besonders berührten oder wenn er zusammen mit Khevenhiller „statt vieler Worte mit stummen Männertränen weinte" (Pfandl). Bei Philipp bestand die Gefahr des gefühlhaften Zerfließens, des sentimentalen Rückzugs in die Natur und in die Religion mit ihrem Reliquienkult. Wir finden bei ihm eine auffallende Kombination von Distanz und Unnahbarkeit einerseits und einer als paranoisch zu wertenden Berührungsmagie andererseits. So veranlaßte er z. B., daß sein ohnmächtiger Sohn Don Carlos mit dem mumifizierten Leichnam des seligen Fray Diego de Alcala in Berührung gebracht wurde, und schrieb die Genesung des Prinzen dieser Handlung zu. Philipp selber glaubte während der letzten so außerordentlich schmerzhaften 53 Tage seines Lebens eine Erleichterung dadurch zu erfahren, daß ihm Gebeine von Heiligen ins Bett gelegt wurden – einen Arm von San Vicante Ferrer, ein Knie von St. Sebastian, ein Bein von St. Alban. Diese Vorstellungen weisen auf die tiefe Gläubigkeit Philipps hin, mögen auch ein Bild des ausgehenden Mittelalters allgemein aufzeigen, liegen aber ebenso verankert in dem magisch-paranoiden Rückzug Philipps von der Welt.

Eine besondere Form innerpsychischer Abwehr ist die Reaktionsbildung. Sie ist gekennzeichnet durch maßlos übersteigerte liebevolle Gefühle und daraus resultierende Gefühlsferne, stark ausgeprägte Schuldgefühle, das Auftreten weiterer Abwehrformationen wie die Verschiebung auf Nebensächliches, Kontrollzwänge, Trieb- und Sexualfeindlichkeit, religiöse Exzesse. Diese auch Philipp zuzuschreibenden hervorragenden Charaktermerkmale hat Cremerius herausgearbeitet und sie mit der Vater-Sohn-Problematik in Zusammenhang gebracht. Philipp führte einen ständigen Kampf gegen seine verdrängten Triebimpulse. Er hatte seinen Vater selten gesehen, dessen Weltbild und Anweisungen jedoch im Sinne eines hörigen, getreuen Sohnes fast karikaturhaft nachgeahmt. Philipp übernahm ganz die Vorstellungen seines Vaters. Er wollte Frankreich und die Niederlande beherrschen, sich Portugal einverleiben, eine enge Verbindung zu England herstellen und ein möglichst gleichgewichtiges Verhältnis zum Papst aufrechterhalten. Besonders wichtig war ihm die Reinhaltung des Glaubens. Deshalb unterwarf er Andersgläubige und tötete sie. Unter Philipp wurde Spanien zur Trutzburg der katholischen Kirche, die Inquisition war ihr wirksames Instrument. Die gesellschaftlich-politischen Gegebenheiten gestatteten ihm dieses Vorgehen: er konnte damit seine aggressiven Impulse teilweise ausleben, gleichzeitig seine persönlichen Rachegefühle dem Vater gegenüber in Schach halten.

Die enge Anlehnung an den Vater ist als Wunsch nach Nähe zu verstehen, die sich in der Introjektion seiner Verhaltensweise und in der Identifikation mit ihm ausdrückt. Es ist zwar anzunehmen, daß angeborene zwanghafte, auch vital-aggressive Charakterzüge der Persönlichkeitsentwicklung Vorschub geleistet haben, dennoch hatte eine adäquate Ablösung im Rahmen eines aufreibenden Trennungs-Autonomie-Prozesses bei Philipp nicht stattgefunden. Der Individuationsweg war blockiert.

Philipp „gehorchte" seinem Vater in jeder Weise blind und bedingungslos, lebte spartanisch wie er, las seine Bücher und betete vor seinem Sterbekruzifix. In der Abgeschiedenheit – ab dem 40. Lebensjahr trug er nur noch schwarze Kleidung – konnte er nicht registrieren, daß sich die Welt verändert hatte. Durch die eigene Übersteigerung der „Vorschriften" des Vaters verlor er den Bezug zur Wirklichkeit. So war Karl gläubig, setzte sich für den Katholizismus ein, ließ sich jedoch nie für seine Zwecke und Absichten benutzen. Philipp hingegen wollte „lieber alle seine Länder verlieren als über Ketzer regieren" (Cremerius); konsequent „reinigte" er Spanien von Andersgläubigen wie den Morisken, was zu dem folgenden wirtschaftlichen Ruin Spaniens wesentlich beitrug.

Zur Reaktionsbildung Philipps gehörten seine Pedanterie, seine Starrheit und peinliche Sauberkeit ebenso wie seine Grübelzwänge mit der Schwierigkeit, Entscheidungen zu treffen, sein Mißtrauen und seine Kleiderordnung. Mit dieser inneren wie äußeren Enge vermochte er seine Triebwünsche und seine ausgeprägten Schuldgefühle zu unterdrücken. Diese sind zwar aus den Darstellungen direkt kaum ablesbar, aber doch in dem übertrieben zugewandten Verhalten seinem Vater gegenüber – auch nach dessen

Tod – deutlich. Täglich wurden vier Totenmessen gelesen; Priester mußten tage- und nächtelang an seiner Seite beten; hörten sie auf, erwachte er sofort. Es sieht so aus, als erhoffte Philipp die Vergebung seines Vaters. Vergebung – aber wofür? Wir können davon ausgehen, daß in dem außerordentlich harten Über-Ich, seinem Gewissen, entsprechend ausgeprägte Haßgefühle verborgen waren, die nur mit Hilfe der Reaktionsbildung gezügelt werden konnten. Dieses konnte nur im Ansatz geschehen. Cremerius macht deutlich, daß der Niedergang Spaniens mit Philipps Reaktionsbildung zur Verdrängung feindseliger Impulse und der entsprechenden Regression auf die anale Phase der Kindheitsentwicklung in Verbindung zu bringen ist.

Die unglaubliche wirtschaftliche, politische und militärische Macht Philipps bei Regierungsantritt verfloß in den 53 Tagen des Todeskampfes und der unaussprechlichen Schmerzen. Alle politischen Konzepte des Vaters Karls V. waren zerronnen, die Vorherrschaft auf dem Kontinent wie auf den Meeren war gebrochen, Not und Elend in Spanien wiesen auf den wirtschaftlichen Untergang hin, den auch Philipp III., der schwache Erbe, nicht aufhalten konnte.

Zur Krankheit

Frühkindlich-biographische Daten zum psychodynamischen Verstehen der Persönlichkeitsentwicklung Philipps sind nur spärlich vorhanden. Dennoch gibt das vorliegende Material Hinweise auf eine narzißtische Neurose bei Philipp, die durch einen ständigen Kampf um ein sicheres Selbstwertgefühl gekennzeichnet und mit einem psychischen Abwehrverhalten, das die anal-zwanghafte wie intentional-schizoide Position deutlich werden läßt, verbunden war.

In der durchgesehenen Literatur wird wenig über Philipps körperliches (und seelisches) Wohlbefinden berichtet. Gravierende Erkrankungen werden in den ersten Jahrzehnten seines Lebens nicht beschrieben. Zweifellos aber hat er schwer unter seiner Gichtkrankheit gelitten, die mit ihren Folgeerscheinungen die Ursache seines Todes war.

Drei Jahre vor seinem Ableben hatte ihm der junge, seit 1590 als Kammerdiener tätige Niederländer Jehan Lhermite einen Gichtstuhl gebaut. Es war wohl das erste Möbelstück dieser Art. Es wurde später besonders am englischen Hofe immer wieder erwähnt und gab den Karikaturisten der Zeit reichlich Stoff, um der armen Bevölkerung die in Völlerei lebenden Reichen vorzuführen und zu zeigen, in welcher Qual ein ausschweifendes Leben enden kann. Dieser Gichtstuhl (s. Bildteil) glich einem mit Polstern versehenen Liegestuhl auf Rädern, mit einem verstellbaren Rückenteil und Fußende. Für Philipp brachte dieses Möbelstück Erleichterung, dennoch litt er unendlich unter den immer häufiger werdenden Gichtanfällen, die mit z.T. chronischem Fieber und zeitweise mit starken Darmkoliken einhergingen. Die Gicht trat an allen Gliedern auf; Philipp konnte schließlich seine Hand nicht einmal mehr zu Unterschriften gebrauchen. Die gichtigen Schwellungen an den Füßen brachen auf, die Wundränder konnten wegen der austretenden ätzenden harnsäurehaltigen Substanz nicht heilen. Abszesse das Ergebnis, gefolgt von starken Schwellungen. Es handelte sich um eine „Wassersucht", die möglicherweise mit einer zunehmenden harnsäurebedingten Herzkranzgefäßerkrankung mit nachfolgender Herzinsuffizienz zusammenhing. Da Philipp bei jeder Berührung und jeder Veränderung seiner Körperhaltung große Schmerzen hatte, bildeten sich offene Wunden an den Stellen, wo er auflag, Druckgeschwüre, die zusätzlich erhebliche Beschwerden verursachten. Der Gichtstuhl mußte an der Gesäßseite aufgesägt werden, damit die Exkremente abfließen konnten und keine weiteren Verätzungen nach sich zogen. Für den Sauberkeits- und Reinlichkeitsfanatiker Philipp mußte dieser Zustand besonders unangenehm und abstoßend gewesen sein: „Auf verfaulendem Bett sieht er die Verwesung seines eigenen Leibes mit an" (Schneider). Die zunehmende körperliche Schwäche wurde durch die häufigen Aderlässe mitbedingt. Sie waren eine der wenigen Behandlungsmöglichkeiten der damaligen Zeit.

Die genetische Komponente der Gicht wurde vom Vater Karl V. auf dessen Sohn übertragen. Die alimentäre Seite bei Entstehen und Unterhalt der Erkrankung mußte Philipp selber verantworten. Wenn das Eßverhalten Philipps auch nicht in Einzelheiten nachvollziehbar ist, so scheint fleischreiche Kost wichtig für ihn gewesen zu sein. Er glaubte, daß er ohne reichliche Fleischzufuhr nicht arbeiten, sich nicht konzentrieren, nicht viel leisten könne. So erwirkte er vom Papst einen Dispens dafür, daß er auch freitags Fleischnahrung zu sich nehmen durfte.

Wenn die Gicht als eine psychosomatisch-somatopsychische Erkrankung par excellence gelten kann, so ist zu ihrer Erklärung auch eine eindeutige zeitliche Zuordnung zu einer konfliktauslösenden Situation notwendig, die die körperliche Krankheit ausbrechen läßt. Dazu gehört die Annahme, daß schwere emotionale, affektive Einbrüche - meist im Sinne von Objektverlusten - nicht ausreichend innerpsychisch im Sinne einer Trauerarbeit beantwortet werden können (Klußmann, 1983). Die Trauer kann sich hinter einer Depression ebenso verbergen wie hinter einer psychosomatischen Erkrankung; das geschieht bei der Gicht durch das Viel-Essen purinreicher Nahrung und durch die Zufuhr von Alkohol gleichsam als Trost für den erlittenen Verlust.

Die zeitliche Konstellation ist nicht sicher nachweisbar; es gibt jedoch einige Hinweise für eine psychosomatisch-psychodynamische Erklärung der Gicht bei Philipp. So sind im Leben Philipps folgende Konfliktsituationen nachzuverfolgen, die Verbindung zum Ausbruch der Gicht haben könnten:

1. Mit 16 Jahren war Philipps Körper mit entzündeten und eitrigen Pusteln übersät; es ist zu fragen, ob es sich um eine epidemisch bedingte Infektionskrankheit oder eine erste psychosomatische Reaktion gehandelt hatte, trat sie doch mit 16 Jahren gleich nach der Heirat auf. Diese war dadurch belastet, daß Philipp von seinem Vater die Instruktion bekommen hatte, sich bald aus dem Ehebett zurückzuziehen, um sich nicht zu schwächen. - Oder handelte es sich gar um Artefakte?
2. Mit 22 Jahren „vertrödelte" Philipp das Jahr einsam in Augsburg, war der deutschen Sprache nicht mächtig, konnte sich kaum verständigen und trank und aß das Doppelte und Dreifache dessen, was er gewohnt war.
3. Der „in jeder Hinsicht gesunde Verehrer des weiblichen Geschlechts" (Pfandl) mußte aus politischen Gründen die ältliche, häßliche Maria Tudor heiraten: wie mag der 27jährige Philipp diese Beziehung wirklich erlebt haben?
4. Die große Wende im Leben Philipps trat um das Jahr 1558/59 ein: die unruhige Zeit des Reisens war zu Ende, er wurde seßhaft; aus dem Gehorchenden wurde ein Befehlender; der Zeit der „Ver-

antwortungslosigkeit" (Pfandl) folgte diejenige der Selbstbestimmung.

Philipp konnte kein persönliches Leben, kaum Beziehungen aufrecht erhalten und zog sich immer mehr zurück. Sein Vater war zu dieser Zeit gestorben. Diese Wendungen in seinem Leben waren Ursache seiner schwierigen äußeren Lebenssituation und seiner inneren Gefühlslage. Kommen hier die Beobachtungen und Gedanken zum Tragen, die im vorigen Abschnitt mit der innerpsychischen Abwehr der Reaktionsbildung diskutiert wurden?

Philipp trug nur noch schwarze Kleidung, wurde noch abweisender, kälter; sein Leben war durch Entfernung von der Welt und Rückzug in die Isolation bestimmt. Wo war die „unruhige Zeit" geblieben, wo seine Expansionskraft? Im Lebensalter um 39 Jahre liegt auch der epidemiologische Höhepunkt heutiger Gichterkrankungen. Von Philipp wissen wir, daß bei ihm spätestens mit 38 Jahren die – wie wir es heute bezeichnen würden – familiäre Hyperurikämie im Sinne der manifesten Erkrankung der Gicht ausbrach. Gichtkranke können zu zwei Dritteln dem phallisch-expansiven, philobatären Typ, der wie etwa Karl V. eine narzißtische Freude an seiner eigenen Potenz hat, zugeordnet werden. Ein Drittel der Patienten entspricht der anklammernd-oknophilen Persönlichkeit, zu der wir Philipp zählen müssen. Es kann davon ausgegangen werden, daß ein tiefer liegendes Minderwertigkeitsgefühl durch die Nähe eines Objektes, das zur seelischen Stabilisierung benötigt wird, kompensiert werden muß. Für Philipp war dieses Objekt das Kruzifix und der Glaube. Er erlebte ihn ganz im Rückzug auf sich selbst und ging symbiotisch in ihm auf. Wo aber bleibt die Seite, die nach Individuation, Selbständigkeit mit den natürlichen Expansions- und Aggressionsgefühlen drängte? Sollte hier der psychodynamische Anteil der Gichterkrankung Philipps liegen? Die ausgeprägten anal-narzißtischen Persönlichkeitsanteile Philipps werden aus den Beschreibungen ebenso deutlich wie der dazugehörige, oft nur angedeutete Entwicklungshintergrund; anlagemäßig zwanghafte Züge hatten zu der Entwicklung des Bildes beigetragen; der weitere Lebensweg und Philipps Charakterzüge weisen auf erworbene Verhaltensgegebenheiten hin. Die karge Affektivität war Hintergrund für seinen schwierigen Umgang mit Gefühlen der Trauer wie der Freude und ebnete den Weg in die Gichterkrankung.

2.3 Wallenstein, der Friedländer

Es ist der Geist, der sich den Körper baut.
(Schiller, Wallensteins Tod III, 13; Wallenstein)

Der erste Trunk über den Durst macht ihn zum Narren, der zweite toll, und der dritte ersäuft ihn.
(Shakespeare, Was ihr wollt: 1,5, Narr. Übersetzung von A.W. von Schlegel)

Zum historischen und familiären Hintergrund

Die Zeit Wallensteins war geprägt von den kriegerischen Auseinandersetzungen zwischen den protestantischen und katholischen Fronten innerhalb und außerhalb der damaligen Staatengebilde, die ihren Höhepunkt in den Kämpfen des 30jährigen Krieges fanden. Die katholischen Reichsstände hatten sich unter Maximilian von Bayern zur „Liga" zusammengeschlossen, der die Habsburger wohlwollend zur Seite standen. Die Protestanten vereinigten sich in der „Union" zunächst unter böhmischer Führung und gewannen Bethlen Gabor von Siebenbürgen, Führer weiterer kaiserlicher Erblande und andere als Verbündete hinzu. Wallenstein spielte bei den kriegerischen Auseinandersetzungen eine wesentliche Rolle. Als Protestant getauft, sicherte er 1606 seinen Aufstieg mit dem Übertritt zum Katholizismus. Zu Beginn des 30jährigen Krieges ergriff er die Partei des Kaisers und gewann dessen Gunst dadurch, daß er Truppen aus eigenen Mitteln stellte. Das war ihm möglich, weil er durch die Heirat mit Lucretia von Vickov ein großes Vermögen erworben hatte. Nach der Niederlage der protestantischen Stände in Böhmen kaufte Wallenstein eine große Anzahl von Gütern, die 1626 zum Fürstentum Friedland erhoben und zusammengefaßt wurden. Die (zweite) Ehe mit Katharina von Harrach sicherte Wallenstein eine enge Beziehung zum Kaiser, die er durch die finanzielle Unterstützung immer mehr festigte. Überzogenen politischen Ideen und Plänen Wallensteins widersetzten sich die verbündeten Spanier, Jesuiten und Maximilian von Bayern, die auf dem Reichstag von Regensburg 1630 seine Absetzung erzwangen. Er wechselte kurzfristig die Seiten, verhandelte mit den Schweden, bekam bald den Oberbefehl über die kaiserlichen Truppen zurück und vertrieb die Schweden aus Süddeutschland. Wallenstein hatte seine Schmähung auf dem Reichstag nicht vergessen. Er verhandelte mit Brandenburg, Sachsen und Schweden über eine dritte Partei. Der Wiener Hof wurde mißtrauisch. Unter dem Vorwurf des Hochverrats kam es schließlich zu seiner Absetzung. Der Weg zu seiner Ermordung 1634 war vorgezeichnet. Wallenstein stand immer zwischen den Parteien, suchte seine persönlichen Vorteile, vergaß keine Kränkungen. Seine Pläne waren hochfliegend, genial und oft seiner Zeit voraus. Blinder Stolz, Ehrgeiz und Untreue kennzeichneten den Mann, der von einigen Historikern als gewinnsüchtiger und verschlagener Verschwörer beurteilt wird. Er verkannte oft die politischen Gegebenheiten und Zusammenhänge, zeichnete sich durch unrealistische Zielsetzungen aus und verhinderte dadurch eine stabile politische Ordnung seiner Zeit.

Albrecht Eusebius Wenzel von Wallenstein wurde am 24. September 1583 in Hermanitz bei Arnau an der oberen Elbe in Böhmen geboren. Er war der jüngste Sohn Wilhelms von Waldstein und seiner Frau Markyta Smiricky. Aus der früheren Kindheit Wallensteins ist wenig bekannt. Seine Eltern erzogen ihn im lutherisch-evangelischen Glauben. Als Sieben-Monats-Kind soll er zunächst viel „gekränkelt" haben und schwächlich gewesen sein. Bald aber wurde er kräftig und verblüffte die Eltern „vultus severitate, oculorum gravitate ...". Früh hatte er einen „starren Sinn" gehabt. Als Knabe liebte und machte er nur das, was sich auf Krieg und Soldatenleben bezog. Unter seinen Freunden war er stets Anführer gewesen, sie mußten sich seinen Anordnungen beugen. Sein Trotz zeigte sich z. B., als ihn einmal seine Mutter „züchtigte" und er laut ausrief: „Wäre ich doch nur ein Prinz, damit ich keine Schläge bekommen könnte." Schon früh habe er sich gerne „vornehm" bedienen lassen. Deswegen stellte ihn sein Onkel, Oberburggraf Adam von Wallenstein, zur Rede und rief ihm ironisch zu: „Ei, ei, Herr Vetter, Ihr tut ja, als ob Ihr ein Fürst wäret." Der junge Albrecht antwortete trotzig: „Nun, was nicht ist, das kann noch werden" (Janko). Er erzählte seinen Mitschülern, daß sich im Traum die Weiden, unter denen er schlief, vor ihm verneigt hätten.

Albrechts Mutter starb, als Wallenstein zehn, sein Vater, als er 12 Jahre alt war. Er wurde also früh Waise. Sein Oheim Slawata holte den 12jährigen nach Koschumberg. Der Oheim war gerade zum katholischen Glauben konvertiert. Deshalb fällt es schwer zu glauben, daß der aus protestantisch-hussitischer Familie stammende Albrecht Wallenstein vollends akzeptiert wurde. Nach zwei Jahren in Koschumberg wurde Albrecht auf die Lateinschule im schlesischen Goldberg geschickt, eine strenge Fürstenschule, die in der Tradition Philipp Melanchthons stand. Kantor Fechner wurde Wallensteins strenger Lehrer, der großen Wert auf Manieren legte; alkoholische Getränke waren ebenso verboten wie auffällige Kleidung oder auffallendes Benehmen. Dennoch geht aus einem Brief hervor, daß sich Wallenstein bei Beleidigungen heftig wehrte. Wohl aufgrund seiner frühen Verwaisung und des häufigen Ortswechsels war Wallenstein frühreif.

1599 verließ er wegen der Pest die Lateinschule. Sein „zweiter Vater", Heinrich von Slawata, war jedoch gestorben. Wallenstein ging mit 16 Jahren auf die protestantische Reichsstädtische Akademie Altdorf, wo er zum erstenmal die Freiheit kennenlernte. Dort arbeitete er nicht viel. Er trank viel Bier; dadurch erleichterte er es sich, Beziehungen zu anderen Menschen aufzunehmen. Das geschah wohl um so mehr, als er den Tod seines Vormunds Heinrich Slawata 1598 verschmerzen mußte. Unter Alkoholeinfluß kam es immer wieder zu Raufereien und Schlägereien, bei denen Wallenstein meist der Anführer war. Einmal stach er mit seinem Degen einem Gegner in den Fuß, ein anderes Mal prügelte er in einem Anfall von Raserei seinen Leibdiener mit der Peitsche halbtot. Der „mutwillige Unruhestifter", der sich so „böse, hochmütig, unchristlich, unmenschlich" benahm, bekam Arrest und wurde schließlich von der Hohen Schule verwiesen. Seine humanistische Bildung bekam er erst auf seiner anschließend erfolgten „Großen Tour" durch verschiedene Länder Europas, vor allem in Italien. In Bologna und Padua hatte er sich ernsthaften Studien unterzogen. Nach seiner Rückkehr 1606 trat er mit 21 Jahren zum katholischen Glauben über.

Ein Jesuitenpater auf den mährischen Gütern eines Onkels vermittelte Albrecht die Witwe Lucretia von Vickov, geb. Nekesch von Landeck, als Ehefrau. Sie gehörte zu den reichsten Edelfrauen in

Mähren. Nach der Hochzeit 1609 setzte sie ihren Ehemann zum Alleinerben ein. Damit gehörte Wallenstein bereits mit 26 Jahren zu den größten Grundbesitzern des Landes. Sein Einfluß war jedoch noch nicht sehr groß. Kaiser Matthias holte ihn nach der Krönung 1612 als kaiserlichen Kammerherrn nach Wien. Wichtig war, daß seine Beziehung zu dem Jesuiten enger wurde und Wallenstein mit 29 Jahren sogar eine Wallfahrt in den italienischen Gnadenort Loreto unternahm. Sehr belastend für ihn war, daß seine Frau wenig später (1614) starb. Er konnte sich damit trösten, daß er Alleinerbe ihrer Güter wurde.

Die Zeiten wurden unruhiger. Vergeblich versuchte Wallenstein, die aufständischen Protestanten wie die Ungarn zu überreden, Kaiser Ferdinand, der 1619 gewählt worden war, treu zu bleiben. Wallenstein widersetzte sich damit den mährischen Ständen. Als er deren ständische Kasse nach Wien schaffen ließ, erregte er größtes Aufsehen, höchsten Unmut und wurde schlagartig berühmt. Daraufhin konfiszierten die Rebellen seine Besitztümer. Graf Thurn schrieb über ihn: „Da sitzt die hoffärtige Bestie, hat die Ehr verloren, Hab und Gut und die Seel, so er nit Buße thut, darf er wohl ins Purgatorium kommen." Wallenstein erfuhr diese Kränkung bald nach dem Tod seiner Frau. Diese doppelte Belastung bedeutete für ihn einen krassen Wandel und trug zu seiner auffallenden Persönlichkeitsänderung bei. Aus einem „steinreichen Magnaten" wurde ein Söldnerführer und kaiserlicher Offizier, „der sich für seinen Kriegsherren von Gefecht zu Gefecht" durchschlägt, buchstäblich „sein Sach auf nichts gestellt" hat. „Gemessen an seinem früheren Reichtum ist Wallenstein ... einer der größten Kriegsverlierer", so Diwald. Als Folge davon entwickelte Wallenstein einen unermeßlichen Machttrieb, der seiner angeborenen Vitalität und seinem Temperament entsprang. – Zu dieser Zeit wurde Wallenstein zum erstenmal von der Gicht befallen.

1620 war für Wallenstein ein bedeutendes Jahr. An der Schlacht am Weißen Berge vom 8. November nahm er nicht teil. Die Ligisten jedoch – Max von Bayern, Tilly, Wallensteins Regimenter, zusammen mit den Kaiserlichen unter Bucquoy – machten den böhmischen Aufständischen unter der Herrschaft des Pfalzgrafen Friedrich, des „Winterkönigs", ein schnelles Ende. Die Rebellion war niedergeschlagen. Dieser Sieg der kaiserlich-ligistischen Truppen hatte für Wallenstein eine besondere Bedeutung. Vor kurzer Zeit noch war er ein verbannter und geächteter Adeliger aus Mähren, jetzt ernannte ihn Kaiser Ferdinand II. zum Obristen der Stadt Prag. Wallenstein wurde zum Reichs- und Pfalzgrafen ernannt, bekam böhmische Güter überschrieben und kaufte weitere 60 konfiszierte große Herrschaften zu einem äußerst niedrigen Preis hinzu. Dadurch wurde er erneut zu einem der reichsten Männer seiner Zeit.

Die Schlacht am Weißen Berge hatte eine große Bedeutung für die mitteleuropäische Geschichte und den Ausgang des Dreißigjährigen Krieges. Für Wallenstein war sie der entscheidende Durchbruch: aus niedrigem Adelsstand kommend, stieg er gleichsam kometenhaft auf und wurde binnen kurzer Zeit zum Mitregenten des Kaisers. Zudem heiratete Wallenstein Isabella Katharina, die Tochter Karls von Harrach, der großen Einfluß am kaiserlichen Hof hatte. Diese Verbindung machte es möglich, daß Friedland zum Fürstentum und ein Jahr später zum Herzogtum erhoben wurde. Weiterhin händigte ihm der Kaiser das Generalspatent aus. Damit wurde Wallenstein zum „Capo" (Aufseher) über die kaiserlichen Truppen und oberster Generalissimus Habsburgs. Sein „Triumphatorgehabe" fand seinen Höhepunkt im Streben nach der böhmischen Krone.

Auf Betreiben der Fürsten wurde Wallenstein 1630 aus kaiserlichen Diensten entlassen. Die Bedrohung der Liga durch Gustav Adolf von Schweden führte dazu, daß Wallenstein erneut das Generalat übertragen wurde. Zu dieser Zeit war er so schwer an seiner Gicht erkrankt, daß er sich in einer Sänfte zu den Truppen tragen lassen mußte. Ihm gelang es in der Schlacht zu Lützen, die Schweden zu vertreiben, Gustav Adolf fiel. Wallenstein, gleichsam Diktator der eigenen wie der kaiserlichen Truppen, geriet nach dem Abzug der Schweden über die Art der Kriegführung wie des anzustrebenden Friedens immer mehr in Widerstreit mit dem Kaiser. Das führte erneut zu seiner Absetzung. Im Januar 1634 unterschrieb Ferdinand II. das kaiserliche Patent, daß „Wallenstein und die vornehmsten Mitverschworenen, wenn irgend möglich, gefangenzunehmen und nach Wien zu bringen oder als überführte Schuldige zu töten" seien. Wegen des Vorwurfs des Hochverrats wurde Wallenstein für vogelfrei erklärt und am 25. Februar 1634 von Hauptmann Devereux in Eger ermordet.

Zur Person

Wallenstein ist als „Gichtiker, der die Welt bewegt hat und sich selbst kaum noch bewegen konnte," in die Geschichte eingegangen. Vor ihm zitterte Europa, obwohl er in einer eigens konstruierten Sänfte zu seinem Heer auf das Schlachtfeld getragen werden mußte. Diese Gegensätze machten Wallenstein zu einer faszinierenden Persönlichkeit, die rätselhaft schillert, schwer einzuordnen und zu begreifen ist, zugleich Angst und Neugierde auslöst. Sein Persönlichkeitsbild spiegelt sich in seinem Lebenslauf wie in seinen politischen Erfolgen und Mißerfolgen wider.

Kann psychodynamisches Menschenverständnis einen gemeinsamen Hintergrund dieser Extreme aufzeigen und nachweisen, daß diese diametral verschiedenen Seiten zusammengehören? Bevor diese Frage diskutiert wird, sollen Persönlichkeitsmerkmale Wallensteins auf der Grundlage von neueren wie älteren Darstellungen und Dokumenten zusammengefaßt werden.

Wallenstein war gutaussehend, hoch gewachsen, schlank, hatte schwarze Haare und dunkle Augen. Zudem hatte er ein ernstes, würdevolles, Eindruck gebietendes Benehmen, das jedoch kühl und distanziert wirkte.

Die Darstellung und Nachzeichnung von Charaktereigenschaften Wallensteins soll von dem Horoskop Johann Keplers ausgehen, das dieser 1608 erstellte. Den Auftrag erteilte Wallenstein durch den Leutnant von Taxis und den berühmten Prager Arzt Stromaier.

Wallenstein war unter dem Sternbild des Wassermanns im Zeichen „der beiden vornehmsten, sonnenfernsten Planeten, Saturn und Jupiter" (Mann) geboren. Kepler stellte fest, die Position der Gestirne bei Wallensteins Geburt(sstunde) „habe hochwichtige Zeichen. „Solchergestalt mag ich von diesem Herrn in Wahrheit sagen, daß er ein wachsendes, aufgemuntertes, embsiges, unruhiges Gemueth habe; allerhand Neuerungen begührig; dem gemines menschliches Wesen und Händel nit gefallen, sondern der nach neuen, unversuchten und doch selzamen Mitteln trachte, doch villmehr in Gedanken habe, dan er eußerlich sehen und spüren läßt. Denn Saturnus im Aufgange machet müßige, melancholische, allzeit wachende Gedanken. Alchymiam, Magiam, Zauberei, Gemeinschaft zu den Geistern, Verachtung und Nichtachtung

menschlicher Gebote und Sitten, auch aller Religionen; macht alles argwöhnisch und verdächtig, was Gott oder die Menschen handeln, als wenn es alles lauter Betrug und viel an anderes dahinder wäre, dan man fürgibet. Und weil der Mond verworfen stehet, wird ihm diese seine Natur zu einem merklichen Nachtheil und Verachtung bey denen, mit welchen er zu conversieren hat, gedeihen, daß er für einen einsamen, lichtscheuen Unmentschen wird gehalten werden. Gestaltsam er wuch seyn wirdt unbarmhertzig, ohne brüderliche oder eheliche Lieb, niemandt achtend, nur sich selbst und seinen Wollüsten ergeben, hat die Untertanen, an sich ziehend, geizig, betrüglich, ungleich im Verhalten, meist stillschweigend, oft ungestüm, auch streitbar, unverzagt ..."
Und weiter:

„Es ist aber das Beste an dieser Geburt, daß Jupiter darauf folget und Hoffnungen machet, mit reifem Alter werden sich die meisten Untugenden abwetzen und also diese seine ungewöhnliche Natur zu hohen, wichtigen Sachen fähig wird. Dann sich nebenst auch bei ihm werden sehen lassen großen Ehrendurst und Streben nach zeitlichen Dignitäten und macht dadurch er sich viel großer und heimlicher Feindt machet, aber denselben meistenteils obsiegen wird. Da diese Nativität viel gemeines hat mit des gewesenen Kanzlers in Polen, der Königin in Engellandt und anderer dergleichen, die auch viel Planeten in Auf- und Niedergang umd den Horizont herumb stehen haben, derohalben kein Zweifel ist, wofern er zur hohen Dignität, Reichthumb, und nachdem er sich zu einer Höflichkeit schicken würd, auch zu stattlicher Heurath gelange."
Danach noch eine trübe Prophezeiung:

„Und weil Mercurius so genau in oppsito Jovis stehet, will es das Ansehen gewinnen, als werde er einen besonderen Aberglauben haben und dadurch eine große Menge Volkes an sich ziehen, oder sich etwa einmahl von einer Rott, so malcontent, zu einem Haupt- und Rädtelführer aufwerffen lassen."

Angeblich hat Kepler Wallenstein erst sechs Jahre später kennengelernt. Die Charakteristik Keplers kann nicht überschätzt werden, zumal Wallenstein das Horoskop immer bei sich trug und es als verbindliche Aussage für sein späteres Leben ansah. Hat er sich also abergläubisch an das Horoskop gehalten? Können wir dies gleichsam als „Hexenbotschaft" oder auch als Lebensskript ansehen? Es muß jedoch bedacht werden, daß Wallenstein das Horoskop von 1608 erst sechs Jahre später zu Gesicht bekam (Mann).

Das Horoskop beschreibt wesentliche Charakterzüge Wallensteins, die auch aus alten Dokumenten ersichtlich sind. Golo Mann schreibt:

„So ... wußte einer aus der Zahl seiner Freund-Feinde, ein großer Seelenzergliederer, im Jahre 1628 von ihm zu berichten: ‚In der Tat grenzt – man kann das für gewiß annehmen – seine angeborene Schlauheit und Verschlagenheit an das Unglaubliche. Unter der rauhen Schale seiner schroffen Manieren, die in der Regel mehr gekünstelt als natürlich sind, verhüllt und verbirgt er die Entwürfe und Intentionen seines Geistes ... Außer Gott dringt niemand auf den Grund seines Herzens, wenn nicht durch Conjectur und Ahnen nach lange gepflogenem Umgange'..." Und die erste Kurzbiographie des Zeitgenossen, Graf Khevenhüller, beginnt mit den Worten: „Albrecht Herr von Wallenstein, ein nach- und tiefsinniger, nimmer ruhender, freygebiger, anschlägiger, großmüthiger Herr, doch harter und rauher Condition ..." Friedrich Schiller betont in seinem Wallenstein-Drama das Unbestimmte, Grüblerisch-Tiefgründige als Wesenskern seines Helden:

> „Und woher weißt du, daß ich ihn nicht wirklich zum Besten habe?
> Daß ich euch nicht allezum Besten habe?
> Kennst du mich so gut?
> Ich wüßte nicht, daß ich mein Innerstes dir aufgetan ..."

Sollte das Urbild dessen, was in Jahrhunderten über Wallenstein geschrieben wurde, in Keplers Horoskop zu suchen sein? Das ist so unwahrscheinlich nicht. Golo Mann betont, daß man immer wieder an das Charakterbild Keplers erinnert wird: „Und zwar gerade an die Widersprüche seiner Charakteristik. Denn es ist ja kein einfaches Seelenbild, das der Astrolog da entworfen hatte, nicht so, wie eine plumpere Psychologie es erwarten würde. Der Geborene ist mißtrauisch und verschwiegen, aber auch ungestüm, streitbar und unverzagt, aber auch furchtsam und mit der Phantasie sich Gefahren bildend, wo keine sind. Der Einfluß Saturns wird gemildert durch den nachfolgenden Jupiter."

Wallenstein wird als Einzelgänger beschrieben, der abstoßend einsilbig gewesen sein muß. So waren ihm Reden mit unklaren Begründungen ebenso verhaßt wie Wiederholungen. Seine Äußerungen waren von bestechender Gedankenschärfe. Diese Klarheit und Eindeutigkeit konnten aber schnell umkippen. Seine Wutanfälle, deren Raserei offenbar nicht zu überbieten war, müssen beeindruckend gewesen sein. Dieses „Gemisch aus tobender Leidenschaft und rationaler Erkenntnis" (Diwald) war für seine Umgebung schwer erträglich, machte ihn unberechenbar, aber auch geheimnisvoll und unnahbar. Er konnte schwer maßhalten, hemmungslos sein bis zur Gewalttätigkeit. Neben der Fähigkeit zu drakonischer Strenge und Rücksichtslosigkeit wurde er andererseits auch als „die Liebe der Soldaten und Geißel der Fürsten" bezeichnet; neben tyrannischem, fast bluthungrigem Gebaren lassen sich auch Züge von Güte und Menschlichkeit nachweisen, wie etwa bei dem Empfang von Gästen. Wie zartfühlend dieser „Henkerherzog" sein konnte, zeigte sich im Verhältnis zu den Frauen. Einmal schrieb ihm sein Landeshauptmann, daß eine Witwe in Friedland den kaiserlichen Geboten zum Trotz nicht von ihrem protestantischen Glauben lasse und jetzt von ihren Gütern vertrieben werden müsse. Wallenstein befahl, die Frau in Ruhe zu lassen und zu warten, „bis ihr unser Herr bessere Gedanken gibt, daß sie den rechten Glauben begreifen möge".

Wallenstein war ein Menschenverächter, eine „große böhmische Bestie", die aber auch sentimentale, infantile Seiten hatte. Er war zeitweise kaum in der Lage, eine persönlich vorgebrachte Bitte abzuschlagen. So soll er einmal wegen eines Gichtanfalls dem brandenburgischen Gesandten eine Audienz am Bett gegeben haben. Als der Diplomat einen Wunsch vortrug, von dem der Herzog schon wußte, daß er ihn nicht erfüllen konnte, zog er sich das Kissen blitzschnell über den Kopf und hielt sich solange die Ohren zu, bis der Gesandte wohl oder übel das Thema wechselte. Dennoch umgab er sich mit einer unnahbaren, Distanz gebietenden Atmosphäre, einem Panzer, der kaum zu durchbrechen war. Wallenstein war von einem unglaublichen Ehrgeiz, von Machthunger und Besitzgier besessen, entwickelte einen ungeheueren ökonomischen Sinn, ein hohes militärisches Format bei großem organisatorischen Talent und überdimensionaler politischer Weitsicht. Bei der Durchsetzung seiner Pläne war er skrupellos, zeigte einen eisernen Willen, „einen Willen von der Härte eines Schwertes". Wallenstein duldete niemanden neben sich, zum Schluß nicht einmal den Kaiser. Er war unfähig, sich dem Willen eines anderen zu beugen und lebte nach dem Grundsatz:

„Amor et dominium non patitur socium" (Liebe und Herrschaft vertragen keine Genossen neben sich). Seine prachtliebende Seite kostete er bis zum Exzeß aus und übertrumpfte bei seinen Auftritten alle Fürsten durch sein Gepränge. Sein Hofstaat umfaßte 900 Personen und weit über 1000 Pferde. Seine Devise lautete: „Invita invidia" (dem Neide zum Trotz). Im 17. Jahrhundert galt, daß „Ehre ohne Geld nur eine Krankheit" sei; Wallenstein übertraf mit seinem Besitz und Reichtum alle seine Standesgenossen, wohl auch den Kaiser.

Seine innere Zerrissenheit zeigte sich in einem tief verwurzelten Pessimismus. Er vertraute fast paranoisch den Sternen, die ihm weit mehr galten als die Religion; er verhielt sich außerordentlich mißtrauisch gegenüber Menschen. Hatte er – selten genug – Vertrauen gefaßt, so mutete dieses infantil-anklammernd an. Die Tragik dieser Beziehungsunfähigkeit zeigte sich in dem Verhältnis zu Piccolomini. Ihm vertraute er in seinen letzten Monaten rückhaltloser als jedem anderen. Aber Piccolomini verriet ihn bei der ersten Gelegenheit und wurde letztlich zum Drahtzieher der Ermordung Wallensteins durch Devereux. Die Ambivalenz in Wallensteins Leben drückt Diwald so aus: „Wieviel von der Faszination der Gestalt Wallensteins lebt nicht von diesem Gegensatz zwischen unermeßlich wirkender Erhöhung im Leben und grauenhaftem Ende in einer durchstürmten Februarnacht, allein, krank, wehrlos vor den Mördern, die sich in ihrer Kaisertreue durch Wein verdeutlichen müssen und ihren Mut durch Musketen." Der Zyniker, Skeptiker und Melancholiker Wallenstein besaß keinerlei Menschenkenntnis, war trotz allen Besitzes, allen Prunks, aller Anerkennung einsam und kämpfte stets damit, andrängende Minderwertigkeitsgefühle mit den Möglichkeiten eines Größenselbst zu kompensieren.

Zur Krankheit

Im Mittelpunkt der Krankheits- und Leidensgeschichte Wallensteins steht die Gicht. „Das Podagra hab ich Anno 1620 im April bekommen", kommentierte er Keplers Horoskop und fügte erklärend hinzu: „Anno 1620 in Julio bin ich uf den Tod krank gewest, und die Krankheit vermein ich, daß ich mirs mit drincken causiert hab; hab auch sollen die ungerische Krankheit werden, aber die Esperienz und Fleiß der Medici den balde bevorkommen."

Die Gicht erfaßte zunächst die Großzehe, die anschwoll, heiß wurde und erhebliche Schmerzen verursachte. Später breitete sich die Krankheit auf andere Gelenke aus, bildete Knoten – Gichttophi, die geschwürig aufbrachen. Im Sommer 1620 war der erste Höhepunkt der Krankheit erreicht. Wallenstein schien die Krankheit trotz ihrer Schwere nicht ernst zu nehmen, wenn er schreibt: „... daß mir wiederum die Schelmerei in die Füß kommen ist ..." und – einige Monate später –: „Ich liege itz under mehr als ich gehe ..."

Wallenstein selbst sah eine Verbindung zwischen der Gichterkrankung und seinem Alkoholkonsum. Seinen Verbrauch von Tokaier, Gumpoldskirchner, Rheinwein und Burgunder schränkte er erheblich ein und glaubte, der spritzig-säuerliche Veltliner schade ihm am wenigsten: „Dieweil itzt Fried in Veltulina ist, so werdet ihr mir den angenehmsten Dienst von der Welt tun und meine Gesundheit konservieren, daß ihr einen eigenen ausrichtsamen Menschen, dem da wohl zu trauen ist, itzt in die Veltulina schickt, daß er sich erkundigt: Welche die gesündeste rote Wein seyn; daß er fünfzig Eimer derselben kauft ... Der in die Veltulina soll, muß sich auch wohl auf den Wein verstehen und dorten practico seyn; sie kosten, was sie wollen, ich frag nichts danach." Noch lieber als Wein trank er Weißbier: „Ich muß den Herren klagen, daß ich kein Weißbier in der Mark bekommen kann, dahero denn nur mit Wein den Durst löschen muß, dieweil ich das Gerstenbier nicht trinken kann..."

In seinem Herzogtum machte er das Brauereiwesen zu einer blühenden Industrie. Neben dem finanziellen war ihm der persönliche Aspekt wichtig: „An den Hauptmann zu Neuschloß Befehl ergangen, für Ihre Fürstlichen Gnaden eigenen Trunk ein Faß gut ausgelegenes weißes Bier, so keinen Geschmack nach dem Faß hätte, hiehero unverlängert zu verschaffen." So mußten auf seinen Gütern immer mehrere Fässer für ihn bereitstehen „bei Leibesstrafe", d.h. Auspeitschung, Verstümmelung, sogar Hinrichtung. Außer dem erhöhten Alkoholkonsum spielt bei der Gicht, wie mehrfach erwähnt, der erhöhte Verbrauch von purinreicher Kost eine besondere Rolle. Das Eßverhalten Wallensteins wird zurückhaltend und bescheiden beschrieben. Die Dokumente geben jedoch keine sichere Auskunft. Es wird auch berichtet, daß er es genoß, „große Tafel zu halten". Er liebte es, Fasane und Rebhühner zu verzehren: „... mein Weib bitt ich auch, mein Herr lasse entbieten, daß ich wohlauf bin und lerne, rohen Schunken zu essen und Brühe zu trinken ..."

Wenn Wallenstein auch die Diagnose und den Beginn der „Podagra" für sich festlegte, so bleiben einige Fragen offen. Bei einer deformierenden Gelenkerkrankung kann es sich um einen „Rheumatismus" anderer Genese gehandelt haben. Ebenso unsicher ist der Beginn. Am Ende der unglücklichen Kriegsexpedition nach Ungarn wurde er schwer an der Hand verwundet. Der Rückzug war außerordentlich schwierig: Wallenstein und seine kleine Truppe wurden in Schlesien als „Spione und Verräter" bezeichnet, zurück in Prag, fanden sie keine Unterstützung. Wallenstein war schwer erkältet und bekam – auf Grund der Reisestrapazen – die „ungerische Krankheit". Sie wird als eine Art „Fleckfieber" gedeutet, das auch mit Fußgelenkschwellungen einherging. Hier ergibt sich die Frage, ob es sich wirklich um eine (Misch-)Infektion (differentialdiagnostisch ist an Malaria und das wolhynische Fieber zu denken) oder um die Erstmanifestation (auch) der Gicht gehandelt hat. Die „ungerische Sumpfkrankheit" mit Fieber und Schmerzanfällen trat erneut besonders heftig auf, als er Kriegsdienst bei dem Grafen Thurn in Ungarn leistete; es war kurz nach seiner Heirat mit der Witwe des Herrn von Vickov.

Eine nicht näher bezeichnete Krankheit „auf Tod und Leben" (Diwald) trat 1615 zu einer Zeit auf, in der die mährischen Stände Wallensteins „Verbannung auf Lebenszeit" erneuerten. Nachdem all seine Güter eingezogen worden waren und er als „Erzpapist" diskriminiert wurde (nachdem er den Oberwachtmeister Khuen erstochen hatte), erkrankte Wallenstein auf dem Weg nach Passau im Mai 1619 an „Leibesermüdung"; einige Monate später brach die Gicht (sicher) aus. Wallenstein fuhr wiederholt zur Kur und suchte Linderung auch im häuslichen Schwitzbad, in dem er täglich eine Stunde verbrachte. Das Leiden verstärkte sich; er mußte zeitweise länger das Bett hüten und sich in einer von zwei Pferden getragenen Sänfte zu seinem Heer bringen lassen. Am Ende seines Lebens war er ein todkranker Mann. Seine Ermordung wäre „nicht nötig" gewesen – Wallenstein wäre kurze Zeit später eines natürlichen Todes gestorben.

Neben einer genetischen Disposition dürfte der enorme Alkoholkonsum wesentlich am Ausbruch und Unterhalt der Gichterkrankung Wallensteins beteiligt gewesen sein. Bezüglich des Eßverhaltens wird betont, daß „ihn nicht nur die ständigen Ermahnungen seiner Gemahlin dazu bewogen, strenge Diät einzuhalten, sondern daß er auch in den Jahren seines größten Wohlstandes und Reichtums persönlich immer mäßig gelebt und an den Schwelgereien seiner Feste fast immer nur als Gastgeber teilgenommen hat" (Klein). Dennoch heißt es auch, er habe Rebhühner und Forellen bevorzugt und reichlich „Veltuliner" (Veltliner Wein) getrunken.

Diesen mehr somatischen Krankheitserscheinungen stehen seelische Auffälligkeiten zur Seite. Dazu zunächst Ranke: „Aber wehe dem, der ihn in Zorn versetzte. Wie in seiner Jugend, so in seinem Alter war er da seiner selbst nicht mächtig. Man ließ ihn toben, bis es vorüber war. Man bezeichnete seinen Zustand mit dem oberdeutschen (urdeutschen) Ausdruck: ‚Schiefer' (= Raserei); man kannte ihn wohl und suchte die Anlässe, die ihn hervorrufen, zu vermeiden." Wallensteins „Schiefer", „Koller", müssen dermaßen heftig gewesen sein, daß er dabei zeitweise fast die Besinnung verlor. Bereits in Koschumberg wurde er „der dolle von Wallenstein" genannt, Srbik behauptete, „er sei als mente captus für nichts geachtet worden." Sein cholerisch aufbrausendes Wesen wurde periodenweise durch sein unnahbares, kaltes, verachtungsvolles, stolzes Verhalten, hinter dem jedoch eine Empfindlichkeit steckte, in Schach gehalten. Er war außerordentlich reizbar. Das geringste Geräusch störte ihn bei seiner Arbeit. So heißt es im „Valet-Liedlein vor Wallenstein", das kurz nach seinem Tode erschienen ist: „Er mocht den Hahn nit hören kräh'n, kein bellend Hündlein um sich sehn." Er konnte nicht hören, „daß etwaen ein Spatz zu laut geschrien". Als er in Memmingen weilte, durften seinetwegen die Kirchenglocken nicht geläutet werden, der Ruf des Nachtwächters wurde verboten. Neben den „schiefrigen" Zuständen steht also eine wohl krankhaft zu nennende Sucht nach Stille. Wallenstein hatte ausgeprägte Stimmungsschwankungen; deshalb wurde eine „Psychopathie" als auch eine affektive Psychose mit „schizophrenen Phasen" diskutiert. Diese Annahme wurde auch mit dem Sturz Wallensteins aus dem Fenster im Schloß Ambras in Verbindung gebracht.

Wichtiger ist Wallensteins fast als paranoid anzusehende Hinwendung zur Astrologie. Er war von großer geistiger Begabung und hatte einen scharfen Verstand; dennoch ließ er sich nicht von nüchterner Erwägung leiten. Vielmehr fiel auf, daß er sich nur schwer entscheiden konnte und sich von abergläubischen Vorstellungen und Gedankengängen abhängig machte. So hat Pekar darauf hingewiesen, „daß die Vernunft allein nicht sein Führer und Lenker war, sondern daß sich seine Schritte nach der Konstellation der Gestirne richteten". Die Persönlichkeit Wallensteins war höchst widersprüchlich, oft gegensätzlich. Der mit einer infantilen Vertrauensseligkeit verbundene Aberglaube sowie seine Verschlossenheit einerseits, der nach außen gewendete Prunk mit maßlos übertriebenen Selbst- und Größenvorstellungen andererseits weisen auf ein innerpsychisches, kaum zu überschätzendes Spannungsgeschehen hin.

Bezüglich der Gicht Wallensteins sind im „tiefenpsychologischen Interview" Zusammenhänge nachzuzeichnen, die für ihn jeweils vor Beginn der Erkrankung als besonders belastend anzusehen sind. Bei aller Unsicherheit eindeutiger zeitlicher Zuordnung sollen zwei Krankheitsbeschreibungen herausgegriffen werden, die dem Beginn der Gicht zugeordnet werden könnten: die Zeit um 1605 und um 1620. Über den ersten Zeitraum wurde bereits berichtet, daß Wallenstein in den kaiserlichen Kriegsdienst eintrat, einem mißglückten Feldzug nach Ungarn angehörte, an der Hand verwundet wurde und auf dem Rückzug von Fieber befallen wurde. In seiner Familie wurde er als „Spion und Verräter" bezeichnet und war davon schwer getroffen. In Tilly fand er zwar eine väterliche Identifikationsfigur und Stütze, dennoch waren die psychischen wie körperlichen Belastungen groß. Der überaus ehrgeizige Wallenstein konnte den Rückschlag seiner Karriere nur schwer verarbeiten. Das Problem wurde dadurch größer, daß der bedeutendste Protestantenführer der mährischen Stände, Karl von Zierotin, kurz zuvor Wallensteins Schwester Katharina Anna geheiratet hatte. Der Protestant Wallenstein stand bereits in kaiserlich-katholischem Dienst und geriet dadurch in einen politisch-religiösen Konflikt, der durch seinen Ehrgeiz verstärkt wurde. Der Wunsch, ihn zu befriedigen und Karriere zu machen, ließ Wallenstein schließlich zum Kaiser übertreten. Aus dieser Sicht ist es unwahrscheinlich, daß Wallensteins Sturz die Ursache dafür war, „daß er sich von der lutherischen Religion, darum er geboren und erzogen, zu der catholischen gewendet, weil ihn gedüncket, daß die Mutter Gottes ihn aufgefasset und vor Schaden bewahret" habe (Diwald).

Wallensteins Spannungszustand war für die seelische Krise und damit die konfliktauslösende Situation verantwortlich. Er wurde in seiner Heimat als „Verräter" verachtet, konnte sich emotional damit aber nicht auseinandersetzen. In überkompensierender Weise kam sein Ehrgeiz-Größenselbst zum Tragen; gleichzeitig aber erkrankte er körperlich. Neben die bakteriell-virale Infektion, die auf eine Abwehrschwäche des Immunsystems hinweist, tritt eine seelische Komponente, die den beschriebenen Spannungszustand erleichtern kann, wenn es dem Betroffenen emotional nicht möglich ist, sich damit auseinanderzusetzen und ihn innerlich zu verarbeiten.

Das Jahr, bevor Wallenstein seine Gichterkrankung in einem Brief selber erwähnte, war für ihn sehr ereignisreich. So wollte ihn Graf Thurn, mit dem er früher nach Ungarn gezogen war, als „Erzpapisten" festnehmen. Wallenstein überlegte nicht lange, setzte zum Sturm seinen Oberwachtmeister Khuen ein, der sich jedoch verweigerte. Weil Wallenstein diesem sofort den Degen in den Leib stach, wurde er wegen seiner Rücksichtslosigkeit „auf ewig" des Landes verwiesen. Sein Besitz wurde entschädigungslos konfisziert. Mit seiner Tat trat Wallenstein gleichsam in das Rampenlicht der Politik des Dreißigjährigen Krieges. Es ergibt sich die Frage, wie er den erneuten Verlust seiner Heimat innerlich bewältigen konnte. Hat er sich dem Alkohol ergeben, um den Konflikt beherrschen zu können, ja, seine Trauer mit dem Suchtmittel gleichsam „ertränkt"? Auch dieses Verhalten könnte der Auslöser für die bald folgende Podagra sein.

Wallenstein versuchte, der Kränkung auch mit seiner Machtgier und seinem Ehrgeiz zu begegnen: die Truppen, die er für die kaiserliche Liga aufgestellt hatte, siegten in der Schlacht am Weißen Berge, die Rebellion wurde niedergeschlagen. Wallenstein wurde daraufhin beauftragt, alle Besitztümer zu konfiszieren, wodurch er mit großer Raffinesse und Skrupellosigkeit wieder zu einem der reichsten Grundherren des Landes und schließlich zum Herzog von Friedland ernannt wurde.

Auch vor der Zeit des (zweiten?) Ausbruchs der Gicht wurde Wallenstein erheblich gekränkt. Seinen emotionalen Belastungen konnte er nicht adäquat begegnen. Vielmehr zog er sich in den Alkohol zurück und mobilisierte alle seine Kräfte, seine Macht, seine Herrschsucht und seine ausgeprägten Expansionstendenzen, um mit der ihn belastenden Konfliktsituation fertigzuwerden.

Von psychodynamisch-psychodiagnostischer Seite her kann das Charakterbild Wallensteins einer narzißtischen Persönlichkeit mit weitgehend schizoider, aber auch zwanghafter Abwehrformation zugeordnet werden, wobei differentialdiagnostisch an ein Borderline-Syndrom zu denken ist. Zusammenfassend ist davon auszugehen, daß der hagere Friedländer eine verborgene Depression mit ausgeprägten Minderwertigkeitsgefühlen durch sein Größen-Selbst überkompensiert hatte. Die extremen Schwankungen seines Charakters zwischen Aktivität und Passivität, Progression und Regression, Realitätssinn und dem bigotten Glauben an die „Sterne", zwischen kalter Arroganz und sentimentaler Vertrauensseligkeit, Brutalität und Nachgiebigkeit, weisen auf ein fehlendes Gleichgewicht seiner innerpsychischen Strukturen hin. Idealisierte Selbstvorstellungen mußten schwere Depressionen mit dem Gefühl ohnmächtiger Wut, Hilf- und Hoffnungslosigkeit in Schach halten. Das gemeinsame psychopathologische Band zur Aufrechterhaltung eines relativ stabilen Ich lag in seinem Machtstreben, seinem kaum zu überschätzenden Ehrgeiz und seiner Besitzgier. Immer wieder aber kam es zu Durchbrüchen mit einem vorübergehenden Verlust der Impulskontrolle, die sich in Reaktionen entneutralisierter Aggressivität ebenso zeigten wie in seinem Alkoholismus. Es ist davon auszugehen, daß Wallenstein früh unbewußte Abwehrstrategien zur Angstvermeidung einsetzte, insbesondere die der Spaltung. Mit ihrer Hilfe kann die Angst dadurch „gemildert" werden, daß die betroffene Person gleichsam so tut, „als ob" etwas nicht existiere und andere Kommunikationspersonen in „ganz gut" und „ganz böse" aufteilt. Das ist darauf zurückzuführen, daß das frühe Ich unfähig war (und damit ist), Objektbilder mit gegensätzlichen Qualitäten in sich zu vereinen. Dadurch fehlt Empathie, emotionales Engagement wird vermieden, Schuldgefühle werden kaum wahrgenommen, ein Gesprächspartner kann nur schwer eingeschätzt werden. Omnipotenzgefühle bei gleichzeitiger Abwertung der Objekte halten die Spaltung und damit die (allerdings brüchige) Stabilität des Ich einigermaßen aufrecht. Bei Wallenstein ist besonders gut nachvollziehbar, daß er seine Objekte (d.h. die ihn umgebenden Personen) nur so lange anerkennen konnte, wie sie seiner Bedürfnisbefriedigung dienten.

Der psychogene Anteil der Gicht ist einmal mit Blick auf den Alkoholismus zu verstehen; der Rauschzustand vermag Probleme im sozialen Bereich zu lindern, Entspannung und Erleichterung herbeiführen. Er löst gleichsam die Konflikte, die aufgrund frühkindlicher Erfahrung nicht mit den üblichen Mitteln der seelischen Auseinandersetzung – des „ad gredi" z. B. – zu bewältigen sind. Andererseits setzte sich Wallenstein mit seinem Ehrgeiz- und Leistungsstreben, seiner Macht- und Besitzgier ständig Streßsituationen aus, die u.a. durch die Adrenalinausschüttung bei entsprechender genetischer Ausstattung zur Serum-Harnsäureerhöhung führten. Neben diesem Spezifikum der Gichtentstehung standen bei Wallenstein die ungeheuren Expansionstendenzen, die durch die Gichtsymptomatik entscheidend gebremst wurden. Der „Sinn" der Erkrankung könnte also auch bei ihm darin liegen, ihn auf seine Expansionstendenzen aufmerksam zu machen und ihn aufzufordern, sich mit seinen eigentlichen psychischen Problemen auseinanderzusetzen, statt in überkompensierend-abwehrender Haltung mit ihnen umzugehen.

Diese Zusammenhänge sind nur mit Hilfe des tiefenpsychologischen Interviews zu beurteilen. Aus der frühen Kindheitsgeschichte Wallensteins liegen wenig Informationen vor:

- Organisch: gibt es überhaupt eine genetische Anlage zur Gicht?
- Psychologisch: spielt die Tatsache, daß Wallenstein ein Sieben-Monats-Kind war, eine Rolle? War die zunächst protestantisch-rigide Erziehung ein wesentlicher Faktor für die Behinderung des gesunden Autonomiebestrebens Wallensteins? Wie konstant

waren seine Bezugspersonen, und welches empathische Verständnis konnten sie dem sicherlich besonders vitalen Kind entgegenbringen?

Auch bei Wallenstein ist davon auszugehen, daß frühkindliche Entwicklungshemmungen die Stabilität in der Selbstwertfindung behindert haben. Überkompensatorisch-expansive Einstellungen konnten Gefühle der Deprivation zeitweise ebenso in Schach halten wie die starke Hinwendung zum Alkohol. In emotional besonders belastenden Situationen spielte dieser eine hervorragende Rolle bei der „Konfliktbewältigung", führte jedoch – zusammen mit den anderen diskutierten Gegebenheiten – auch zur Entstehung der Gicht.

2.4 Die Hohenzollern

2.4.1 Friedrich Wilhelm, „der Große Kurfürst"

> Niemand, der kennt meinen Sinn, ob ich Fuchs oder Hase bin.
> *(Friedrich Wilhelm)*

Zum historischen und familiären Hintergrund

Friedrich Wilhelm, später „der Große Kurfürst" genannt, wurde am 16. Februar 1620 in Berlin geboren und starb am 19. Mai 1688 in Potsdam. Er war der Sohn des Kurfürsten Georg Wilhelm und seiner Frau Charlotte von der Pfalz. Die verwandtschaftlichen Beziehungen machten ihn zum Neffen Friedrichs V., der die politischen Katastrophen des Dreißigjährigen Krieges wesentlich mit zu verantworten hatte. Durch die Schwester seines Vaters war er gleichzeitig Neffe Gustav Adolfs und wurde als dessen künftiger Erbe angesehen. Aus politischer Sicht stand er von Geburt an gleichsam der habsburgisch-kaiserlich-katholischen Macht gegenüber.

Seine ersten Jahre verbrachte er unter der strengen Aufsicht starker Frauen. Seine Großmutter väterlicherseits war die überzeugte Lutheranerin Anna von Preußen, die gegen die Calvinisten predigen ließ. Seine Großmutter mütterlicherseits, Louise Juliane, wandte sich zusammen mit ihrer Tochter, Elisabeth Charlotte, der Mutter Friedrich Wilhelms, dem reformierten Glauben zu. Wie mögen die beiden strengen Parteien auf den jungen Kurfürsten gewirkt haben? Die Mutter prägte den Sohn durch eine Armbandinschrift. Sie ist als persönlicher Auftrag der Mutter an den Sohn zu verstehen: „Dieses gebe ich euch zur Versicherung meiner herzlichen Liebe gegen euch und einer Erinnerung, meiner getreuen Vermahnung nicht zu vergessen, Gott und eure Unterthanen über alles zu lieben, aller Tugenden euch zu befleißigen, die Laster aber ernstlich zu hassen, so wird Gottes Beistand euren Stuhl befestigen und aller zeitliche und ewige Segen euch folgen." Viele Jahrzehnte später bestätigte der Sohn, daß ihn dieser Spruch für sein Leben geprägt hatte: „Dieses ist mir während meiner ganzen Regierung stets vor Augen gewesen, und mein Sohn soll solches Armband nebst dieser Lehre von mir auch wieder erben."

Friedrich Wilhelm mußte früh erwachsen sein. Ein Kupferstich, der ihn im Alter von vier bis fünf Jahren zeigt, stellt ihn martialisch gekleidet, mit einem Degen in der Hand dar und läßt wenig Gedanken an eine freizügige Kindheit aufkommen. Selten genug wurde die Frauenherrschaft über Friedrich Wilhelm durch die Anwesenheit seines Vaters unterbrochen. Dieser war weich, nachgiebig, von dem Urteil der Frauen abhängig und wird kaum einen stabilisierenden Einfluß auf seinen Sohn gehabt haben. Beuys erwähnt in diesem Zusammenhang den Kurfürsten Johann von Sachsen, der in einem Gespräch mit Georg Wilhelm über Gemeinsamkeiten nachdachte und zu dem Schluß kam: „Wenn seine Frau so viele Widerworte fände wie die des Brandenburgers, würde er es an etlichen Maulschellen nicht fehlen lassen." Der Vater war ängstlich, vorsichtig, entscheidungsunfähig, von schwerfälligem Temperament.

Friedrich Wilhelms Kindheit endete mit seinem siebten Geburtstag. Zu diesem Zeitpunkt wurde Friedrich von Kalkum, besser unter dem Namen Leuchtmar bekannt, sein Erzieher. Mit ihm wurde Friedrich Wilhelm in die Festung Küstrin gebracht, wo er getrennt von seinen Eltern in der Nähe des überzeugten Christen Leuchtmar aufwuchs und über elf Jahre jeden Tag mit ihm verbrachte. Strenge Erziehungsanweisungen hatte der Vater dem fremden Lehrer nicht gegeben, Überforderung im Lernen, eine falsche Disziplin sollten vermieden werden. Die Hinwendung zum Glauben, die Friedrich Wilhelm auch später prägte, war ihm wichtiger. Als Ausgleich spielte die Jagd eine große Rolle; schon früh wurden ihm vom Vater sieben Pferde und eine Kutsche geschenkt. Das Jagen, die Bewegung bestimmten bereits in der Kindheit, Jugend und auch später sein Leben und befriedigten seinen enormen Expansionsdrang.

Im Alter von 18 Jahren wurde Friedrich Wilhelm an den Hof des Onkels seiner Mutter zu dem niederländischen Stadthalter Friedrich Heinrich von Oranien geschickt. Dort sollte er das weltmännische Leben eines angesehenen Landes und Hofes kennenlernen. Die Eindrücke, die er dort sammelte, wurden entscheidend für sein ganzes Leben, seine Persönlichkeit und seine Politik. Der preußische Charakter fand hier sein Vorbild, wobei die „Vernunft als Angebot bürgerlicher Freiheiten, als Toleranz gegenüber Andersdenkenden, als Zaun, der die Gewalt der Herrschenden in Schranken hält" richtungweisend wurde. Diese „niederländische" Einstellung hatte bereits den Vater Georg Wilhelm beeinflußt, der dem Sohn die Botschaft mitgegeben hatte: „Gott gehorchen ist Freiheit". Dieser ergänzte später den Satz mit seinem Wahlspruch: „Dem tapferen Herzen ist nichts unmöglich" (Beuys). Hier trennen sich die Einstellungen von Vater und Sohn: dem schwachen, entscheidungsunfreudigen Georg Wilhelm stellte sein Sohn Beharrlichkeit, Stetigkeit, Festigkeit gegenüber. Leuchtmar schien befürchtet zu haben, daß sich ein leichtes höfisches Leben negativ auf die Charakterbildung des Prinzen auswirken könnte und drängte wie sein Vater Georg Wilhelm auf Abreise aus den Niederlanden. Friedrich Wilhelm widersetzte sich, weil er seine (relative) Unabhängigkeit nicht aufgeben wollte. Dem aufgebrachten Vater begegnete er mit Jähzorn, aber auch mit Taktik und erreichte, daß er seinen Aufenthalt insgesamt um zwei Jahre verlängern konnte. Die Rückkehr in das ungeliebte, arme Berlin bewirkte keine Aussöhnung zwischen Vater und Sohn, gegenseitiges Mißtrauen kennzeichnete die Beziehung. Friedrich Wilhelm wurde von den Alltagsgeschäften ausgeschlossen; er wurde isoliert. Die Krankheit des Vaters verstärkte den Bruch und führte den Sohn weiter in tiefe Schwermut und Melancholie, in Zurückgezogenheit und Resignation. Seine Flucht nach Königsberg, wo er fünf Jahre blieb, änderte wenig an der Situation. Erst der Tod des Vaters Georg Wilhelm am 1. Dezember 1640 brachte Erlösung für den Sohn.

Es ist erstaunlich, wie rasch Friedrich Wilhelm unter diesen Umständen seine neue Aufgabe als Herrscher über Brandenburg-Preußen ausfüllte. Möglicherweise spielte die enge Bindung an Conrad von Burgsdorff während der ersten zehn Jahre der Regierungszeit eine wichtige Rolle. Er war ein enger Vertrauter seines Vaters Georg Wilhelm gewesen und wurde nun zu einem väterlichen Freund des neuen Herrschers. Sie arbeiteten eng zusammen, beeinflußten sich gegenseitig und waren sich nahe. An der engen Beziehung zu Burgsdorff änderte auch die Heirat Friedrich Wilhelms mit Louise Henriette von Oranien am 1. Oktober 1645 nichts.

Ein Hinweis auf die symbiotischen Anteile dieser hochambivalenten Beziehung ist in der Tatsache zu sehen, daß der Kurfürst den langjährigen Freund, der sich für Brandenburg und seinen Fürsten so eingesetzt hatte, in geradezu brutaler Weise vom Hof verbannte. Es ist unverständlich geblieben, wie es zu dem abrupten Bruch mit dem einstigen engen Gefährten kam, mit dem Friedrich Wilhelm sogar Waffenbrüderschaft geschlossen hatte. Anscheinend wurde er von Waldeck verdrängt. Waren für Friedrich Wilhelm die Vertrauten austauschbar wie eine „narzißtische Stütze", die, droht sie zusammenzufallen, ersetzt werden muß? Burgsdorff jedenfalls starb kurze Zeit nach der Trennung an einer schweren Krankheit.

Friedrich Wilhelm fühlte sich oft leer und verlassen. Er kompensierte diese Gefühle mit übermäßigem Essen und Trinken, gefährdete dadurch seine körperliche Gesundheit, konnte aber sein seelisches Gleichgewicht einigermaßen herstellen. Auf die wirtschaftlichen Schwierigkeiten nach seinem Regierungsantritt nahm er keinerlei Rücksicht: Auf der Tafel des Großen Kurfürsten wurden an gewöhnlichen Tagen 20 verschiedene Gänge, bei festlichen Anlässen bis zu 100 Gänge aufgetragen. Für unsere Untersuchung wäre es wichtig zu wissen, ob die Neigung zu „Völlerei und Suff" wie auch die Expansionstendenzen, die er in der Jagd auslebte, in

Krisenzeiten in besonderem Maße hervortraten. Friedrich Wilhelm war unfähig, Konfliktsituationen in adäquater Weise emotional und seine Probleme seelisch zu bewältigen. So verwundert es nicht, daß er nach dem Tod seiner ersten Frau nur eine Woche lang trauerte. Allerdings ist über diese Ehe nicht viel bekannt. Sie wurde aus politischem Kalkül geschlossen, war aber angeblich glücklich. Louise Henriette wird als nach außen hin zart, sanftmütig, demutsvoll, nach innen jedoch als hartnäckig, scharf kalkulierend und ihren Mann stark beeinflussende Frau beschrieben.

Der Kurfürst von Brandenburg gilt als der Vater Preußens, weil er sein Land zu einer relativen Einheit durch z. T. brutale Rechtsverletzungen konsolidieren konnte. In seiner „rücksichtslosen Schaukelpolitik" zeigte sich seine politische Raffinesse, mit der er das Ansehen seines Kurfürstentums stärkte. Dadurch wurde er zu seiner Zeit der mächtigste Potentat nach dem Kaiser. Der Höhepunkt seiner politischen Laufbahn war der Sieg über die Schweden bei Fehrbellin 1675. Die Grundlage seiner Erfolge ist in der frühen Begegnung mit den damals starken Niederlanden unter Friedrich Heinrich von Oranien zu sehen, in der Erziehung zum Calvinismus mit der Übernahme der calvinistischen Opposition gegenüber dem habsburgischen Kaisertum und in der Bewunderung Frankreichs als Vorbild einer absolutistischen Staatseinheit und Souveränität. Ein Ausspruch von ihm kennzeichnet seine Haltung und seine Persönlichkeit und macht den Hintergrund seiner Erfolge verstehbar: „Allianzen sind gut, aber eigene Kräfte sind besser" (Küntzel). Hohe Anerkennung fand sein Edikt von Potsdam (1685), durch das er verfolgte calvinistische Hugenotten in sein Land holte. Es war durch humanitäre, aber auch politisch-gesellschaftliche Überlegungen geleitet und trug so zu einem nicht unerheblichen Bevölkerungszuwachs Brandenburgs bei. Dadurch wurden das Land und das Heer aufgebaut und wesentlich gestärkt.

Friedrich Wilhelms Preußen lief ständig Gefahr, zwischen den starken Schweden, die Pommern besetzt hielten, und den Franzosen, dem Kaiser und den Reichsstädten zerrissen zu werden. Er brachte es jedoch fertig, sein Land „von der Maas bis an die Memel" durch Einbeziehung Kleves und Magdeburgs im Westen und Ostpreußens im Osten auszudehnen und zu festigen.

Zur Person

Der Bericht von Des Noyers aus Frankreich charakterisiert den 37jährigen Kurfürsten: „Er ist ein Fürst von stattlicher Figur, groß, mit kühnen Zügen, einnehmendem Äußeren, vollem Gesicht, großer Nase, schönen Augen; sehr höflich und weltgewandt, spricht gut über die öffentlichen Geschäfte und versteht sie trefflich; schnell in seinem ganzen Wesen." Die Kurfürstin fand der Franzose „sanfter und gesetzter, von melancholischem Temperament, wenig redend, aber was sie sagt, ist gut. Sie ist klein, doch wohl geformt, sehr fromm und eifrig in ihrer reformierten Religion. Sie hält sich nicht mit Kleinigkeiten auf und meint, die Frauen müßten an den Geschäften teilnehmen." Jeden Dienstag habe sie bis zum Abend gefastet, um damit das Andenken an ihren Bruder Wilhelm II. von Oranien zu ehren, der an einem Dienstag gestorben war (Gloger).

Friedrich Wilhelm war der Sohn eines schwachen Vaters und einer starken Mutter. Er wurde früh von den Eltern getrennt und zunächst von Frauen erzogen. Dann wurde er in die Hände von männlichen Aufsichtspersonen und Lehrern gegeben, die ihn ständig begleiteten. Seinem Vater war er bald ein „Wildfremder" und wurde von ihm als solcher behandelt. Bei anderen galt er als intrigant, unzuverlässig, „naiv-rücksichtslos". Er sagte von sich selber einmal:„Niemand, der kennt meinen Sinn, ob ich Fuchs oder Hase bin."

Für seinen Machtzuwachs war ihm jedes Mittel recht; eine Grenze fand er lediglich in seinem Glauben, mit dem er allerdings all sein Vorgehen und seine Handlungen rechtfertigte. Dadurch wurde er unangreifbar. Aus dem Bekenntnis zum Calvinismus erwuchsen sein Pflichtgefühl und sein Arbeitseifer, die auch während seiner Krankheiten nicht erlahmten. Seine wohl durch Nierensteine bedingten starken Schmerzen machten ihn zum „Gewitterkopf". Er war sehr genau, kümmerte sich um die „allerkleinsten Kleinigkeiten" und verlangte diese Genauigkeit und Korrektheit auch von seinen Untergebenen. Dabei war er außerordentlich mißtrauisch.

Nach außen hin vertrat er das „Gesetz der Natur, nach welchem der Mensch den Menschen zu (er)tragen, zu dulden ... verpflichtet ist", an das er sich innerhalb der Familie jedoch nicht hielt. Besonders deutlich wurde das in der Erbrechtsfrage. Der Tod seines geliebten Sohnes Karl Emil 1674 führte innerfamiliär zu heftigen Spannungen. Friedrich Wilhelm glaubte nicht, daß der 1657 geborene Kurprinz Friedrich sein rechter Nachfolger sein könne, weil er durch einen frühen Unfall verwachsen, schwächlich, kränklich und leicht verletzbar war. Die Ablehnung seines Sohnes und Nachfolgers, des späteren Friedrich I. (s. S. 114), mag zu dessen Persönlichkeitsentwicklung entscheidend beigetragen haben. Daß der fromme Calvinist mit seiner hehren menschlichen Einstellung und seinem religiösen Gewissen den eigenen Sohn derart ablehnte, ist überraschend. Wie mag Friedrich Wilhelm den Verlust seines geliebten Sohnes Karl Emil emotional verarbeitet haben? Hatte er seine (innerpsychisch-unbewußte) Abwehr in Form von Viel-Essen, Viel-Trinken, Jagen und persönlicher Isolation eingesetzt, um den Verlust zu verarbeiten oder erkrankte er körperlich-psychosomatisch?

Friedrich Wilhelm stand stets im Spannungsfeld zwischen seinen Wünschen und Träumen, die durch den Aufenthalt in den Niederlanden genährt worden waren, und der Schwierigkeit, aus dem darniederliegenden Staat Brandenburg ein angesehenes Staatsgebilde zu formen. Sein enormer Tatendrang, sein weitgesteckter Ehrgeiz hinsichtlich einer Machtausdehnung erhielt einen Dämpfer, als er Christine von Schweden heiraten und sich die schwedische Krone aufsetzen wollte. Er wurde zurückgewiesen und reagierte mit starkem persönlichen Arbeits-, Leistungs- und Willenseinsatz. Dadurch konnte er seine Fluchttendenzen bändigen. Friedrich Wilhelm mußte die ausgeprägten inneren und äußeren Gegensätze in Einklang bringen: die zunächst engen Lebensverhältnisse beantwortete er mit seinem Freiheits- und Expansionsbedürfnis wie auch seinem Ehrgeiz- und Machtstreben. Sein Temperament, das er oft genug nicht zügeln konnte, sein „Gewitterkopf", seine Ungeduld und sein Eigensinn hatten für seinen Taten- und Freiheitsdrang eine emotionale „Ventilfunktion".

Mit zunehmendem Alter wurden die Gegensätze, die seine Persönlichkeit durchzogen, immer deutlicher. Wenn auch seine Spontaneität und Phantasie nicht nachließen und er sich sogar anschickte, afrikanische Kolonien aufzubauen, so wurde er doch in zunehmendem Maße vom Urteil anderer abhängig. Er zog sich mehr und mehr in die Isolation zurück und wollte zeitweise niemanden sehen außer seine Frau. Der Trennungs-Autonomie-Konflikt wird deutlich in der Spannung zwischen überzogenem Tatendrang einerseits und dem Ausleben seiner Geborgenheitswünsche andererseits. Er sei nie ein „gehorsamer Patient" gewesen. Er verzichtete niemals auf die Jagd, auf gutes Essen und Trinken. Erst die stärker werdenden Schmerzen brachten ihn dazu, morgens auf nüchternen Magen 30 bis 40 Tassen Tee zu trinken, die ihm seiner Meinung nach auch Erleichterung an den Nierensteinschmerzen verschafften. „Jene leichtfertige Krankheit" – wie er typischerweise lange Zeit seine Gicht bezeichnete – mußte er jetzt nolens volens ernst nehmen.

Zusammenfassend finden wir bei Friedrich Wilhelm eine Persönlichkeit vor, deren wohl vitale Anlage keine ausreichende Entfaltung erfahren konnte, wodurch sein Selbstwertgefühl erheblich beeinträchtigt wurde. Um nicht ständig mit dem Gefühl des Minderwerts konfrontiert zu sein, setzte er unbewußte Abwehr- und Kompensationsmechanismen ein, um die depressive Grundstimmung in Schach zu halten. Hierzu gehören der Rückzug in die Isolation, der hohe Bewegungsdrang (bei den Jagden vor allem), der Verlust der Impulskontrolle beim Viel-Essen und Viel-Trinken, der „Gewitterkopf" und die fast als symbiotisch zu bezeichnende Nähe zu einer einzelnen Person. Das Spannungsfeld zwischen Geborgenheitswünschen und Individuationsimpulsen ist deutlich erkennbar.

Zur Krankheit

Wenn nach einer Verbindung zwischen Krankheitserscheinungen, der Persönlichkeit und ihrer Entwicklung gefragt wird, so können fieberhafte Erkrankungen vernachlässigt werden. Wichtiger sind die Hinweise auf Schwermut, Melancholie und Menschenscheu, die bei Friedrich Wilhelm seit dem 18. Lebensjahr feststellen lassen. In dieser Zeit kam er von dem ausschweifenden Leben am niederländischen Hof Oranien nach heftigem Streit mit dem Vater in das bedrückende Berlin zurück, das er dann auch bald wieder in Richtung Königsberg verließ. Hier traten die ersten Zeichen einer Depression auf, die Friedrich Wilhelm mit der „Flucht" nach

„Preußen" beantwortete. Der Beginn der Gicht ist nach der vorliegenden Literatur nicht sicher zu datieren. Damit kann eine mögliche konfliktauslösende Situation im Sinne der psychosomatisch-psychodynamischen Theorie nur vermutet werden. Beuys berichtet, daß Friedrich Wilhelm „zum erstenmal während des Feldzuges nach Dänemark von jenem Übel richtig gepackt worden (sei), das ihn nicht mehr loslassen, sondern immer stärker plagen würde – von der Gicht". Es war die Zeit des ersten Nordischen Krieges von 1655 bis 1660. 1656 mußte Friedrich Wilhelm die schwedische Lehnshoheit über Preußen anerkennen. Im Vertrag von Wehlau erlangte er die Souveränität zurück, nachdem er auf die polnische Seite übergewechselt war. Nach Küntzel hat der Eintritt Dänemarks in den Krieg gegen Schweden „dem Kurfürsten die Freiheit der Bewegung" zurückgegeben. Schweden, Polen und das Kaiserhaus bemühten sich um ihn, so daß er in den Auseinandersetzungen zum „Zünglein an der Waage" wurde. Eine persönliche Kränkung geht aus einem brandenburgischen Flugblatt von 1658 gegen Schweden hervor, aus dem zu „ersehen" war, „wie die Königlich Schwedische Majestät Seine Churfürstliche Durchlaucht so ganz verächtlich eine Zeit hero tractiret, und, wie man zu sagen pflegt, reden, gleichsam bey den Haaren zur endlichen Gegenwehr gezogen" (nach Beuys).

Können die schwierigen politischen Verhältnisse, bei denen Friedrich Wilhelm ständig darauf achten mußte, sich dem günstigeren Lager anzuschließen, wirklich zum Ausbruch eines psychosomatischen Leidens führen? Hat er sich in solch starker Identifizierung mit der Politik verbunden? Wie sah es in seinem persönlichen Umfeld, seiner Familie, der Beziehung zu seiner Ehefrau aus? Spielten ihre Schwangerschaft und die Geburt seines Sohnes Friedrich eine Rolle, weil er – der Bedürftige – jetzt die Zuneigung seiner Frau mit einem „schmutzigen Konkurrenten" teilen mußte? Oder war er durch den baldigen Unfall seines Sohnes persönlich gekränkt? Die Geschichtsschreibung gibt darüber nur dürftig – und meist idealisierend – Auskunft. Anzunehmen ist jedoch, daß das Machtstreben und der Ehrgeiz Friedrich Wilhelms gerade in dieser Zeit auf eine harte Probe gestellt wurden. Wenn man diesen überzogenen Ehrgeiz als psychische Abwehr gegen eine tiefer liegende Depression versteht, so ist zu vermuten, daß die Wirksamkeit der Kompensationsversuche in dieser spannungsreichen Zeit erheblich bedroht war. Ein Ausweichen in alimentäre Exzesse bei genetischer Vorprägung und gebremsten Expansionsimpulsen kann zu dem ersten Gichtanfall geführt haben, der das Leiden gleichsam in Gang setzte, die Harnsäureerhöhung förderte und bei Friedrich Wilhelm insbesondere die Nierensteinbildung nach sich zog.

Ist die Auslösesituation im Rahmen einer biographischen (oder auch Patienten-)Anamnese nicht eindeutig eruierbar, kann dem Untersuchenden eine nachweisbare konfliktauslösende Einengung bei einem Rezidiv Aufschlüsse geben. So auch bei Friedrich Wilhelm. Er war über den Tod seines idealisierten Sohnes Karl Emil tief verzweifelt. Wie er mit dieser Verzweiflung umgegangen ist, wissen wir nicht. Schon immer hatte er Gefühle unterdrücken müssen. Seine persönliche Vorgeschichte weist darauf hin, daß er nicht zu einer adäquaten affektiven Trauerantwort in der Lage war. Bei der Vorgeschichte ist anzunehmen, daß er seinen Kummer mit Alkohol und purinreichem Essen gemildert hat. Immerhin traten zu dieser Zeit neue, heftige Gichtanfälle auf. Psychodynamisch liegt das Problem für den „Großen Kurfürsten" in der Idealisierung dieses Sohnes, also einer überspitzten Zuwendung, indem er in ihn all seine Wünsche und Hoffnungen legte und damit sein eigenes Selbst stützte und erweiterte. Je ausgeprägter die Idealisierung ist, um so schlimmer wird der Verlust erlebt. Bei Wegfall dieser emotional-narzißtischen Stütze muß es zum Zusammenbruch, ja zur Katastrophe kommen. Psychische Abwehrmechanismen werden dann eingesetzt, um einen Zerfall des Selbst, der Persönlichkeit – eine Fragmentierung – zu vermeiden. Reicht aber bei stärker werdender Belastung die psychische Abwehr nicht mehr aus, so kommt es zur „letzten" Stabilisierung des Ich – zu dem psychosomatischen Symptom.

So kann bei allem Vorbehalt zusammengefaßt werden, daß eine genetische, familiäre Anlage zur Hyperurikämie und Gicht zusammen mit dem auffälligen Eßverhalten mit wahrscheinlich purinreicher Ernährung und Alkoholexzessen in einer emotional besonders schwierigen, den Expansions- und Tatendrang einengenden Situation zum Ausbruch der Gichterkrankung auch bei Friedrich Wilhelm geführt hat.

2.4.2 Friedrich I., der „erste König in Preußen"

Enfin il e'tait grand dans les petites choses et petit dans les grandes.*
(Friedrich II.)

Zum historischen und familiären Hintergrund

Friedrich I. ist von der Geschichtsschreibung vernachlässigt worden. Als Sohn des „Großen Kurfürsten" und Vater des „Soldatenkönigs" Friedrich Wilhelm stand er in beider Schatten. Wenn Friedrich I. auch 21 Jahre Krieg geführt hat, so ist sein Name doch nicht mit Krieg, Härte, Durchsetzungskraft und Vernichtung verbunden, vielmehr mit Prunksucht, Pomp und Extraversion, was so gar nicht zu unserem Preußenbild passen will. Friedrich I. versuchte, das Preußen des „Großen Kurfürsten", seines Vaters, zu erhalten. Er glaubte früh, sich im Konzert der europäischen Mächte nur durch die Erringung eines Königstitels Respekt verschaffen zu können. Er verfolgte seinen Plan mit großem Ehrgeiz und konnte Preußen schließlich in die Reihe der Königsstaaten einordnen. Dieses verhalf ihm zu größerer Unabhängigkeit und stärkte sein Gewicht unter den europäischen Herrschern. Seine Bündnispolitik wurde von der geographischen Lage seines Reiches bestimmt, das von mächtigen Staaten umgeben war. Innenpolitisch schuf er die Grundlagen für den Wohlfahrts- und Polizeistaat, weil er aus seinem Glauben heraus für sein Volk sorgen und ihm ein „geliebter" Herrscher sein wollte. Im Bereich der Kunst und Wissenschaft hat er sich große Verdienste erworben. Insbesondere seine zweite Frau Sophie Charlotte von Hannover und Danckelmann begünstigten diese Richtung; so wurden Universitäten, die Akademie der Künste und auf Anregung von Leibniz die Berliner Akademie der Wissenschaften gegründet. Er war der Wegbereiter der Aufklärung in Deutschland, zeigte sich offen für neue Ideen und galt als außerordentlich tolerant.

Unser Interesse gilt der Persönlichkeit Friedrichs I., seiner Entwicklung und den daraus entstandenen Krankheitserscheinungen sowie der Frage, ob und inwieweit diese Einfluß auf das Leben und Wirken des ersten Preußenkönigs hatten. Friedrich war der dritte

* „Schließlich – er war groß in kleinen und klein in großen Dingen." *(Übers. v. Verf.)*

Sohn des „Großen Kurfürsten" und seiner Ehefrau Louise Henriette von Oranien und wurde am 11. Juli 1657 in Königsberg geboren. Die Beziehung der Eltern zu ihren Kindern an den herrschaftlichen Höfen der damaligen Zeit war nicht sehr eng, dennoch waren für Friedrichs Entwicklung die gegensätzlichen Einstellungen seines Vaters und seiner Mutter ihm gegenüber wichtig. Ein äußeres Ereignis früh in seinem Leben war entscheidend für seine Entwicklung: als Säugling wurde er von einer Kinderfrau versehentlich fallengelassen (eine andere Version sagt, daß er bei einem Pferdewagenunfall zu Boden geglitten sei) mit der Folge, daß er eine Wirbelsäulenverkrümmung erlitt. Sie führte zu einem Buckel im Bereich der Halswirbelsäule. Das war der Grund, warum sein Vater ihn ablehnte. Er befürchtete, daß dieser Sohn schon körperlich für eine mögliche Nachfolge nicht in Frage komme. Dafür hatte Friedrich Wilhelm seinen älteren Sohn Karl Emil ausersehen, den er bevorzugte. Friedrichs Mutter aber verwöhnte den zweitgeborenen Sohn, weil sie glaubte, daß er benachteiligt werden würde. Karl Emil, am 16. Februar 1655 geboren, war robuster, aktiver, extrovertierter, gesünder als der Bruder und wurde vom Vater als sein Ebenbild angesehen. Er durfte ihn auf Jagden und Feldzügen begleiten und bekam seine ganze Aufmerksamkeit.

Der Kurfürst bestellte Graf Otto von Schwerin (1616-1697) zum Erzieher der Kinder. Er sollte „Ihro Liebden zarte Jugend durch fleißige Aufsicht, gute Vermahnung und Exempel dahin lenke(n), damit dieselbe in allen einem teutschen Fürsten wohlanständigen Sitten, Sprachen, Künsten und Tugenden zuvorderst der wahren Gottesfurcht, täglich wachse, und also tüchtig und geschickt werden möge, dermaleinst nach Gottes Willen die von desselben Gnad uns anvertrauten Länder und Leute nach unserem Hintritt löblich zu regieren, und nicht allein unserem kurfürstlichen Hause und Familie, sondern auch dem römischen Reich und geliebten Vaterlande teutscher Nation eine sonderbare Zierde, Leuchte und Säule zu sein". Die „wahre Gottesfurcht" sollte Grundlage der Erziehung sein. Schwerin galt als gewissenhaft, pedantisch und intelligent. Der Tagesablauf der Kinder war streng reglementiert, viel Freiheit zum Spielen gab es nicht. Es war üblich, daß der Erzieher im Zimmer seiner Zöglinge schlief. Nur vor und nach dem Essen waren die Kinder kurz mit den Eltern zusammen, wenn diese überhaupt anwesend waren. Für Friedrich wurde zusätzlich ein eigener Lehrer eingestellt. Louise Henriette folgte damit einem Vorschlag Schwerins, weil sie eine Vernachlässigung ihres kleinen „Fritz" befürchtete; sie schrieb an Schwerin: „Ich glaube, daß der Geist genug hat, einige Sachen zu lernen ... Ich lege in Eure Hände das, was mir das Liebste auf der Welt ist – meine beiden Kinder. Ihr wißt besser als ich, was ihnen gut ist; aber ich bitte Euch, dem Kleinen zu helfen und ihn lernen zu lassen" (nach Beuys). Ab 1663 kam für den sechsjährigen Friedrich Eberhard von Danckelmann als Lehrer hinzu, der schnell die Zuneigung des Knaben gewann, allerdings sehr streng war. Friedrich betonte später immer wieder, daß sein Lehrer ihn zweimal vor dem Tode gerettet habe; er war für ihn „Vaterersatz" geworden.

Friedrich war fleißiger als sein Bruder Karl Emil. Schon früh interessierte er sich für das höfische Zeremoniell, und es war ihm eine Freude, seine Eltern mit militärischem Gehabe zu empfangen. Mit neun Jahren gründete er einen ersten Ritterorden, den „Orden de la générosité". Titel waren ihm wichtig; Attribute eines Souveräns dienten ihm schon in jungen Jahren als Kompensation für seine Schwächlichkeit, seine Zurücksetzung (besonders durch seinen Vater) und seine Minderwertigkeitsgefühle.

Als Friedrich zehn Jahre alt war, starb seine Mutter (18. Juni 1667). Der Kurfürst zog sich aus Trauer tagelang in sein Zimmer zurück. Vor ihrem Tod hatte sie angewiesen, daß die Kinder auf das Gut Schwerins in Alt-Landsberg bei Guta gebracht werden sollten, um sie von den Intrigen des Hofes fernzuhalten und sie vor den Wutausbrüchen des Kurfürsten zu schützen. Kurze Zeit später folgte eine weitere Belastung für die Kinder: Friedrich Wilhelm heiratete bereits ein Jahr später am 4. Juli 1668 Dorothea von Holstein-Glücksburg, mit der er weitere sieben Kinder zeugte. Die „böse" Stiefmutter, „Berliner Agrippina" genannt, war streng, geltungsbedürftig, rachsüchtig und feindselig ihren angeheirateten Kindern gegenüber, so daß Friedrich glaubte, sie habe ihn 1680 und 1688 vergiften wollen.

Für Friedrich folgten schwere Jahre, in denen er eine Reihe von Verlusten, Todesfällen vertrauter Personen hinnehmen und verarbeiten mußte. Das fiel ihm nicht leicht und wurde durch die Intrigen und die Ablehnung der Stiefmutter und deren Kinder erschwert. Im Dezember 1674 starb sein vom Vater einseitig bevorzugter Bruder Karl Emil. Dadurch wurde Friedrich zum Thronfolger. Auch das Ableben seiner Großmutter Amalie, verwitwete Prinzessin von Oranien, im Jahre 1675, muß ihn ebenso getroffen haben wie der Tod seiner Tante Louise Charlotte, der Schwester des Kurfürsten. So bekam Friedrich nur noch Zuwendung von seiner anderen Tante, der verwitweten Landgräfin von Hessen-Kassel, Hedwig Sophie (ebenfalls eine Schwester des Vaters), die ihn stets „meinen lieben Prinz Friedrich" nannte. Eine weitere gute Beziehung hatte er – außer zu Schwerin und Danckelmann – auch zu seinem Onkel Johann Georg, Prinz von Anhalt, der Louise Henriettes Schwester geheiratet hatte.

Friedrich hatte in den Armen seiner Cousine Elisabeth Henriette Schutz und Geborgenheit gesucht und gefunden (sie war die zweite Tochter von Hedwig Sophie und dem Landgrafen von Hessen-Kassel). Er verliebte sich in sie und schaffte es , sich gegen den Willen seines Vaters durchzusetzen und sie zu heiraten – eine große Ausnahme in einer Zeit, in der Ehen aufgrund politischen Kalküls geschlossen wurden. Wohl deshalb wurde die Hochzeit ohne besonderen Aufwand gefeiert. Der Rückzug des jungen verliebten Paares auf Schloß Köpenick wurde von der Angst und dem Mißtrauen gegenüber der Stiefmutter überschattet, die den beiden nicht wohlgesonnen war. So vermutete Friedrich hinter einer Übelkeit nach dem Essen, daß die Stiefmutter ihn vergiftet habe. Auch machte er sie für den Tod seiner geliebten Frau (die allerdings an Pocken starb) verantwortlich. Friedrich war lange Zeit über den Tod Elisabeth Henriettes untröstlich: Indem er seiner Stiefmutter die Schuld für ihren Tod zuwies, machte er sie zum „Sündenbock" und konnte sich dadurch seelisch erleichtern.

Es ist überraschend, daß er bereits 15 Monate später, im Dezember 1684, seine zweite Frau heiratete: die 16jährige Sophie Charlotte, einzige Tochter von Sophie und Ernst August von Hannover. Problematisch für die Beziehung war, daß die junge Frau zeitlebens von ihren Eltern abhängig blieb und sich nicht zu einer selbständigen, autarken Persönlichkeit entwickelte. Diese Ehe wirkte sich negativ auf Friedrich und sein Land aus, weil seine neue Schwiegermutter ihn zwar umschmeichelte, sich aber hinter seinem Rücken über ihn lustig machte und offen aussprach, daß sie ihr „Land" lieber „unter zehn Klaftern Erde" sähe „als in den Händen Preußens". Als Friedrich auffallend modisch gekleidet nach Hannover kam, bezeichnete sie ihn als das „manikin". Es war ein schlechtes Omen, als bei der Hochzeitszeremonie der Ehering zu Boden fiel und zerbrach; außerdem mußte Friedrichs Vater wegen eines Gichtanfalls in Berlin bleiben. Das war dem Kurfürsten recht, weil er „einen guten Grund" hatte, sich der unliebsamen Hochzeit in Hannover zu entziehen. Friedrich hat seine zweite Frau sehr geliebt. Die Liebe wurde aber nicht erwidert. Das zeigt sich in einem Brief, den Sophie Charlotte an eine Freundin schrieb. In ihm erwähnt sie, daß der König angekündigt hatte, die Nacht mit ihr verbringen zu wollen. Ihr Kommentar dazu: „Ich begebe mich zum Altar. Was denkst du? Wird das Opferlamm geschlachtet werden?" Friedrich hat persönlich wie politisch unter dieser Beziehung und der für ihn falschen Wahl sehr gelitten. Immer wieder traten bei ihm nicht näher definierte Krankheiten auf, die er zum Teil auf „Vergiftungsanschläge" seiner Stiefmutter zurückführte.

Auch die Auseinandersetzungen mit seinem Vater nahmen zu. Sophie Charlotte weigerte sich, weiterhin nach Berlin zu kommen, weil sie der Schwiegervater verhöhnte und ihr unterstellte, ihre Schwangerschaften seien nicht von ihrem Ehemann Friedrich. Das Verhältnis in der Familie war so schlecht, daß Friedrich häufig mit Krankheiten reagierte, Brechmittel nahm, wegen möglicher Vergiftungen zur Ader gelassen wurde und auf Kuren nach Karlsbad und Hannover flüchtete. Traf ihn eine persönliche Niederlage oder Leid, so wurde er depressiv und fühlte sich niedergeschlagen. Er tröstete sich mit Feierlichkeiten, mit Festen und Schmuck, sorgte nicht nur selber für seine Kleider und die dazugehörigen Juwelen, sondern auch für die festliche Ausstattung der Räume. Eine andere Bewältigungsstrategie bestand darin, das ganze Leben als eine „Komödie" anzusehen. Weltlust auf der einen, Frömmigkeit auf der anderen Seite, waren die beiden Pole, die sich in ihm unvereinbar gegenüberstanden.

Die Regierungsübernahme erfolgte mit dem Tod Friedrich Wilhelms am 9. Mai 1688. Zunächst beschäftigten ihn die Auseinandersetzungen mit seinen Stiefbrüdern und seiner Stiefmutter, die Testamentsansprüche geltend machten. Eine weitere Enttäuschung und Kränkung kam von politischer Seite hinzu: am Frieden von Ryswijk, der die Kriege zwischen Ludwig XIV. und der „Großen Allianz" beendete, wurde Friedrich nicht beteiligt. Die persönlichen Wünsche und Träume nach einer Rangerhöhung des Kurfürsten durch die von ihm so sehr gewünschte Königskrönung betrieb er nun um so intensiver. Wenn er auch auf große Widerstände stieß, willigten die Mächte im Norden wie Westen Brandenburgs, die sich wie Fronten gegenüberstanden, schließlich in der Hoffnung ein, sich Friedrichs Gunst zu erhalten oder zu behalten.

Am 18. Januar 1701 schließlich setzte sich Friedrich I. in Königsberg die Krone selber aufs Haupt und nannte sich seither „König in Preußen". Der überzeugte Calvinist hatte noch vorhergesagt: „Für keine Krone der Welt würde ich meinen Glauben wechseln." Jetzt waren seine Träume in Erfüllung gegangen. Der Adler wurde zum Symbol der Kraft, Majestät und Gerechtigkeit. Auf dem Wappenschild hält er in der einen Klaue eine Lorbeerkrone, in der anderen den Donnerkeil als Symbol dafür, daß Belohnung und Strafe gerecht verteilt sein mögen. Der Adler fliegt vom Himmel herab und soll damit versinnbildlichen, daß alle Macht von Gott kommt. Friedrich II. äußerte sich zum Erwerb der Königskrone seines Großvaters in seinem Buch „Denkwürdigkeiten zur Geschichte des Hauses Brandenburg": „Ungefähr zur selben Zeit, da der Prinz von Oranien sich die Krone von England aufs Haupt setzte, erlangte Herzog Ernst August von Hannover den Kurfürstenhut. Kurfürst August von Sachsen bahnte sich den Weg zum Thron Polens, und Friedrich I. beschäftigte sich schon lebhaft mit dem Plan seines Aufstiegs zur Königswürde. – Was aber in seinem Ursprung das Werk der Eitelkeit war, erwies sich in der Folge als ein Meisterwerk der Staatskunst" (Fey). Friedrich I., der erste König in Preußen, hatte damit an Ansehen und Macht gewonnen. Er hatte sein äußeres Ziel erreicht. Aber hatte er auch innere Ruhe gefunden? Mit einer großen Verbissenheit hatte er um die Königskrone gerungen, wurde dabei wegen seiner unaussprechlichen Eitelkeit nicht selten verlacht. Dennoch schrieb er: „Da ich alles besitze, was zur Königswürde gehört, und in einem viel größeren Maß als die meisten Könige, warum sollte ich da nicht trachten, auch dem Namen nach König zu sein?" Äußere Prachtentfaltung war in der Barockzeit ebenso ein Ausdruck der Macht wie die Hinwendung zur Kunst und Wissenschaft. In dieser Epoche wurde Berlin zu einem Mekka bedeutender Männer. So etwa bekam auch Andreas Schlüter eine Anstellung als Hofskulpteur und führte das berühmte Standbild des „Großen Kurfürsten" aus. Für Friedrich galt die Kunst als Verherrlichung seiner selbst wie des Staates und festigte dadurch sein eigenes Ansehen und das seines Landes.

1705 starb Sophie Charlotte. Das von ihr so geliebte Lützenburg, jetzt Charlottenburg genannt, mied Friedrich für einige Jahre. Erst nachdem er 1708 seine dritte Frau, Sophie Louise von Mecklenburg, geheiratet hatte, gab er seine abwehrende Haltung auf, weil sie das Schloß sehr mochte. In der Anfangszeit der Beziehung muß Friedrich I. Sophie Louise sehr geliebt haben, unterstützte sie doch „alles..., was (ihm) Vergnügen machte". Sie war jedoch spröde, strenggläubig bis zur Bigotterie, versuchte, ihre Umgebung mit ihrer Frömmelei einzuengen und wurde schließlich zum Gespött des Hofes. Ab Januar 1713 war sie ein „psychiatrischer Fall", wurde wahnsinnig und lebte auf ihren familiären Gütern bis zu ihrem Tode 1735.

Im Januar 1713 trat Friedrich I. zum letztenmal bei der Geburtstagsfeier seines Enkels und späteren Thronfolgers in der Öffentlichkeit auf. Er zog sich immer mehr zurück. „In Gegenwart seines Sohnes und Erben" starb er am 23. Februar 1713 an den Folgen einer Lungenentzündung.

Zur Person

Eine äußere Charakterisierung Friedrich I. stammt von einem Geistlichen der englischen Gesandtschaft, der an der dritten Hochzeit teilgenommen hatte: Er konnte „von dem kleinen Mann nichts sehen ... als einen Federhut und eine Menge Diamanten auf einem kurzen spanischen Mantel, in dem er wie eine Marionette aussah, so daß ich mich wunderte, daß seine Begleiter ernst bleiben konnten, wo doch die Königin ihn um einen Kopf überragte".

Die Persönlichkeitsentwicklung Friedrichs I. bietet Erklärungsansätze für seine Handlungen und seine Krankheiten. „Der Bucklige", der „Aesop" Sophie Charlottes, genannt nach dem körperlich entstellten griechischen Fabeldichter, hatte durch den Unfall wie auch durch die Ablehnung seines Vaters eine schwere Bürde zu tragen. Die Überfürsorglichkeit seiner Mutter mochte für ihn ein Ausgleich gewesen sein, wobei die Gefahr einer zu großen Verwöhnung (Überprotektivität) jedoch in einer Einengung der Persönlichkeitsentwicklung lag. Seine eher strengen Erzieher lenkten ihn in „feste Bahnen", konnten aber sein brüchiges Selbstwertgefühl nicht ausreichend stabilisieren. Seine pessimistische Grundhaltung und sein Mißtrauen, das teilweise paranoide Züge annahm, müssen ebenso unter diesem Blickwinkel betrachtet werden wie seine Eitelkeit.

Die äußere Prachtentfaltung, der Pomp und das Hofzeremoniell gaben Friedrich ein gewisses Gefühl von Macht, Souveränität und Ansehen. Sein Enkel Friedrich II. charakterisierte das Berlin unter seinem Vater, dem „Soldatenkönig", als das Sparta, unter seinem Großvater, Friedrich I., als das Athen des Nordens. Diese positive Einschätzung relativierte Friedrich jedoch mit den Worten, sein Großvater sei im Kleinen groß und im Großen klein gewesen. Friedrich war schwach und entschlußlos. Seine Schwierigkeiten, Entscheidungen zu treffen, wurden durch seine religiös-calvinistischen wie ethischen Überzeugungen noch erheblich vergrößert. Das zeigt sich u.a. darin, daß der zutiefst gläubige Vater und Kurfürst fest davon überzeugt war, daß „kein Haar von einem Haupte fiel ohne Gottes Willen" (Frey). In seinem Pessimismus wies er immer wieder darauf hin, daß alles in der Welt vergänglich und nichtig sei, ein fatalistisches Denken, das seiner äußeren Prachtentfaltung konträr gegenüberstand. Das Hin- und Hergerissensein zeigte sich auch im Mißtrauen und in der wankelmütigen Haltung seinen Untergebenen gegenüber. So schrieb Sophie von Hannover 1701, „wer ehn dag favorit ist, wirdt den andern ihm (Friedrich I., d. Verf.) gefangnus gesetzt" (zitiert nach Frey). Dieser tiefe, nicht zu überbrückende innerseelische Zwiespalt ist Ausdruck großer psychischer Unzufriedenheit und Selbstunsicherheit. Diese mochte er durch seine äußere Erscheinung, seinen Hang zum Pomp und sein erfolgreiches Streben nach der Krone in Schach gehalten haben. Die Sucht nach Anerkennung und Bewundertwerden entspricht Kohuts „Sehnsucht nach dem Glanz im Auge der Mutter", also einer Hoffnung, doch noch die adäquate Zuwendung von der Mutter zu bekommen, auf die auch Friedrich als Kleinkind hatte verzichten müssen. Dieses vom Unbewußten gespeiste Abwehrarrangement mit dem Zeichen der Grandiosität diente Friedrich (wie allgemein den Betroffenen) dazu, den starken Schmerz über das

Nicht-Angenommen-Sein nicht wahrnehmen und erleiden zu müssen; er verbirgt sich also hinter den Kompensationsmechanismen, die den Schmerz und die Trauer bis zu einem gewissen Grade neutralisieren können. Damit ist allerdings auch der Weg in die innere Unabhängigkeit und die Loslösung und Trennung von den ersten Bezugspersonen erschwert. In der Sprache der Chemie: die Valenzen bleiben gebunden und sind nicht frei für neue Beziehungen.

Zur Krankheit

Bei Friedrich I. ist die Gicht nicht wie bei seinen Vor- und Nachvätern bekannt. Die genetische Anlage dazu mag er gehabt haben. Warum sie nicht zum Ausbruch kam, ist nicht sicher zu sagen. Seiner auch als narzißtisch einzuordnenden Persönlichkeit fehlen die überzogenen Expansionsimpulse, alimentäre Exzesse hat es offenbar nicht gegeben. Aus psychosomatisch-psychodynamischer Sicht sind die dauernden Erkältungen wie auch das Asthma (bronchiale?) wichtige Faktoren, die auf einen körperlichen Ausdruck tieferer Unzufriedenheit, Selbstunsicherheit, innerer Zweifel hinweisen. Sie dienten der Kompensation seines Minderwertigkeitsgefühls und der Schwierigkeiten, mit aggressiven Impulsen umzugehen.

Friedrichs körperliche Beeinträchtigungen hatten negative Auswirkungen auf seine seelische Entwicklung. Der seinerzeit berühmte Orthopäde Schott begradigte weitgehend die nach innen gedrehten Füße, die den Prinzen immer wieder stolpern ließen. Die Behandlung dieser Mißbildung bedeutete für Friedrich eine erhebliche körperliche Einschränkung und hatte ihn seelisch sehr gequält. Auch wurde er wegen seiner Rückenverletzung fortwährend ärztlich betreut; er wurde schmerzhaften Behandlungsmethoden unterzogen, in Korsetts gezwängt, an Krücken gebunden und durfte sich sportlich – insbesondere durch Reiten – nicht betätigen. Diese einengenden Prozeduren hatten erhebliche Konsequenzen für die seelische Entwicklung des jungen Friedrich. Seine Atemwegserkrankung wird wesentlich von den genannten seelischen Faktoren beeinflußt worden sein. Es ist zwar unwahrscheinlich, daß das Asthma Friedrichs I. mit der Verkrümmung der

Wirbelsäule zusammenhing, aber auch andere somatische Ursachen können nicht ausgeschlossen werden. Nehmen wir an, daß das Asthma überwiegend psychogener Natur war – gehört es doch zu den sieben wichtigen psychosomatischen Organerkrankungen –, so finden wir in der Persönlichkeitsentwicklung eine Reihe von Hinweisen, die diese Annahme stützen: Beim Asthma (bronchiale) sprechen wir von einem Konflikt über das Weinen. Das Weinen ist die erste Möglichkeit des Säuglings, die Mutter zu rufen; es ist also eine Ausdrucksform des Sich-anvertrauen-Könnens. Dieses Vertrauen ist bei den Betroffenen aufgrund der Angst vor Zurückweisung nur mangelhaft entwickelt. So finden wir diese Krankheit häufiger bei Kindern überprotektiv-aussaugender Mütter, die die (motorische wie aggressive) Entfaltung behindern. Mit Hilfe von unbewußten Abwehr- und Kompensationsmechanismen – und eben auch körperlicher Erkrankungen – wird versucht, den drohenden Persönlichkeitszerfall aufzuhalten. Diese Personen weisen dann häufig selbst dominante Züge auf, sind hingabegestört und zu tieferem Kontakt kaum fähig; sie sind sehr empfindlich und mißtrauisch, vermeiden aggressive Äußerungen und sind geprägt von einem überstarken Gewissen.

Viele dieser in der Literatur den Asthmapatienten zugeschriebenen Charakterzüge besaß auch Friedrich I. In Hinblick auf die Gicht in der Hohenzollerndynastie ist an dieser Stelle zu fragen, ob nicht das „kränkelnde Kind" mit seiner Immunabwehrschwäche und seinem (psychogenen?) Asthma den Ausbruch einer möglichen Gichterkrankung verhinderte, weil – psychodynamisch gesehen – die anderen Krankheiten „ausreichten", um das Minderwertigkeitsgefühl einigermaßen in Schach halten zu können.

2.4.3 Friedrich Wilhelm I., der „Soldatenkönig"

> Das Geheimnis jeder Macht besteht darin, zu wissen,
> daß andere noch feiger sind als wir.
> *(Börne, Der Narr im Weißen Schwan 2)*

> Das Jagen würzt den Schlummer, das Jagen würzt den Wein,
> und gegen Liebeskummer kann auch nichts besser sein.
> *(Franz von Kobell, Wildanger)*

Zum historischen und familiären Hintergrund

Friedrich Wilhelm I., der „Soldatenkönig", glaubte, daß sich sein Land gegenüber den Großmächten nur durch eine starke Armee absichern lasse. Er formte das zersplitterte Land zu einem modernen Einheitsstaat, führte das pflichttreue „preußische Beamtentum" ein und beseitigte die ständischen Vorrechte: „Ich ruiniere die Junkers ihre autorité ... und stabiliere die souveraineté wie einen rocher von bronce", schrieb er 1716. Friedrich Wilhelm I. schuf Voraussetzungen für den Aufstieg Preußens zur Großmacht; das 1726 geschlossene Bündnis mit Österreich und Rußland bildete die Grundlage dazu. Eine frühe Kinderfeindschaft mit seinem späteren Schwager, Georg II. von England, zog nicht nur politische Auswirkungen nach sich, sondern beeinflußte auch sein Familienleben und führte schließlich 1730 zu dem Konflikt mit seinem Sohn Friedrich.

Friedrich Wilhelm I., Sohn des „Königs in Preußen", Friedrich I., und Sophie Charlottes von Hannover, wurde am 14. August 1688 in Berlin geboren und starb am 31. Mai 1740. Ein dreiviertel Jahr nach seiner Geburt brachte ihn seine Mutter zu seiner Großmutter Sophie und der Erzieherin von Harling nach Hannover. Sein erster Spielgefährte war sein um fünf Jahre älterer Vetter (und späterer Schwager) Kurfürst Georg August von Hannover, der 1727 König von England wurde. Zwischen beiden entstand eine Feindschaft, die in die Geschichte einging. Mit drei Jahren kam Friedrich Wilhelm zur Mutter nach Berlin zurück und wurde in die Hände der Erzieherin Frau von Montbail gegeben. Da seine Vitalität von Frauen nicht zu bändigen war, wurde der Gouverneur Alexander von Dohna als sein Lehrer eingesetzt. Dessen Aufgabe war es, den Prinzen zu überwachen, ihn religiös-sittlich zu erziehen und auf äußere Formen und körperliche Ertüchtigung zu achten; alle „Maßlosigkeiten in Essen, Trinken und Gemütsbewegungen" (Oppeln) wurden untersagt. Der frühreife Prinz wurde 1700 auf eine „Kavalierstour" nach Brüssel und Holland geschickt: „Er ist nun zwölf Jahre alt und spricht von alles, als wan er von dreißig were, sagt einem ihden was obligants, gans ungtzwungen ist seine fründlichkeit. Ich bekänne, ich bin gans verliebt von I(hrer) L(iebden). I. L. reden gar nicht wie ein Kind, wissen das Detail von alles; Gott wolle ihn nur erhalten" – so seine Großmutter Sophie. 1703 starb sein Lehrer Rebeur, zwei Jahre später unerwartet seine Mutter an vereiterten Mandeln.

Am 28. November 1706 heiratete Friedrich Wilhelm Sophie Charlotte von Hannover, weil er einen selbständigen Hof führen, den väterlichen Zwängen entrinnen und nicht mehr bevormundet werden wollte. Angeblich bestand keine innere Neigung und Beziehung zu seiner Ehefrau; dennoch gebar sie ihm 14 Kinder. Die beiden ersten Knaben starben mit jeweils einem Jahr, die Geburt Friedrichs II. wurde als Geschenk angesehen.

Nach dem Tod seines Vaters Friedrich I. 1713 wurde er König und begann sofort mit dem Aufbau eines zentralisierten Staates. Ihm war Kontrolle ebenso wichtig wie Treue, Pflichterfüllung, Arbeit und Schnelligkeit: alles mußte „cito! cito!" erledigt werden. Der „Soldatenkönig" baute seine Armee nach dem Motto auf: „Wenn man in der Welt was will dirigieren, es gewiß die Feder nicht machet, wenn es nicht mit completter Armee soutiniert wird"; dennoch gab es in Europa keinen friedliebenderen und kriegsscheueren Fürsten als ihn (nach Venohr). Seine Strenge zeigte sich darin, daß er in einem Edikt vom 17. Oktober 1713 befahl, Deserteure „durch die Gasse" zu jagen – das bekannte Spießrutenlaufen. Seine ganze Leidenschaft galt seinen „geliebten blauen Kindern", den Soldaten. Sein Militarismus war zu einer Zwangsvorstellung geworden, die in der Einrichtung der Truppe der „langen Kerls" ihren Höhepunkt fand. Die Disziplin war barbarisch. „Räsonieren" – d.h. Widersprechen, Murren – war verboten; es wurde mit Prügeln oder gar dem „Spießrutenlauf" geahndet. Es ist überraschend, daß der „Soldatennarr" Friedrich Wilhelm den Krieg verabscheute und auch keinen Ehrgeiz hatte, seine Territorien zu vergrößern.

Für unsere Überlegungen ist der Ablauf der Geschehnisse zwischen 1724 und 1727 von Bedeutung. Es war eine Zeit voller Intrigen, voller Mißtrauen und Bespitzelung, nicht nur im politischen, sondern auch im familiären Raum. Sophie Charlotte war ehrgeiziger als ihr Mann. Sie wollte durch die Heirat ihrer Tochter Wilhelmine mit deren Cousin Friedrich Ludwig von Gloucester und die Heirat ihres Sohnes mit Prinzessin Amalie, der Schwester des Herzogs von Gloucester, Mutter zweier Königreiche werden. Die Kinder standen der musisch gebildeten Mutter erheblich näher als dem ungehobelten Vater. Ihr gelang es, England und Frankreich im Herrenhauser Bündnis mit Preußen zusammenzuführen. Damit sah sie sich dem Ziel der „Doppelheirat" näher gekommen. Der preußische Hof spaltete sich jedoch in eine englisch-französische und eine österreichisch-kaiserliche Partei. Vor allem wegen der Aussicht auf eine Erbschaft vermied Friedrich Wilhelm jeden Streit mit seiner Ehefrau. Wenn er jedoch allein war – so Venohr –, „zerbrach er Stühle, traktierte den Schreibtisch mit Fußtritten, ballte ohnmächtig die Fäuste ... das alles machte den König krank". Er ging nicht mehr zur Jagd, aß nicht mehr, wurde lustlos, „depressiv". Hinzu kam, daß der Intrigant Seckendorff die „beiden wesentlichen Charakterschwächen" Friedrich Wilhelms ausnutzte: seine Schwäche für die „langen Kerls" und seine unbändige Eßlust. Er „besorgte" ihm vom Wiener Hof großgewachsene Menschen für sein Heer und lud ihn, der so geizig war, immer wieder zu üppigen Mahlzeiten ein. Das führte schließlich am 12. Oktober 1726 zum Wusterhausener Geheimvertrag, der die Spaltung in Hof und Familie paraphierte. Gleichzeitig erkrankte Friedrich Wilhelm zum erstenmal an der Gicht.

Das Berliner Schloß hatte sich in eine „Hölle" verwandelt, die Kluft, insbesondere zu seinem Sohn, dem Kronprinzen Friedrich, wurde immer tiefer. Das Familiendrama, das fünf und mehr Jahre dauern sollte, ging „bis an den Rand der physischen und psychischen Existenz der Beteiligten". In seiner Naivität versuchte Friedrich Wilhelm, eine engere Verbindung zum Kaiser herzustellen. Das mißlang ihm. Auch die von ihm inszenierte Verlobung seines Sohnes mit Prinzessin Elisabeth Christine von Braunschweig-Bevern, einer Nichte der Kaiserin, half ihm nicht weiter, sondern bewirkte nur, daß sich Kronprinz Friedrich noch weiter von seinem Vater distanzierte. Friedrich Wilhelm wurde vielmehr hintergangen: Jülich-Berg, das man ihm versprochen hatte, bekam er nicht. Seine Initiative führte ihn ins Abseits der europäischen Politik; seine Friedfertigkeit wurde nicht respektiert; im Konzert der europäischen Mächte hatte sich der „Soldatenkönig" lächerlich gemacht.

In der weiteren Lebensgeschichte Friedrich Wilhelms I. spielte die Auseinandersetzung mit seinem Sohn, Kronprinz Friedrich, eine besondere Rolle. Dieser hatte sich unter dem strengen Regime seines Vaters und in der engen höfischen Atmosphäre dermaßen eingezwängt und bedrängt gefühlt, daß er auf einer Reise mit dem Vater einen Fluchtversuch nach England unternahm: „Ich habe zuviel Ehrgefühl, um solch eine Behandlung länger zu ertragen!" Friedrich wurde gefaßt und in den Kerker der Festung Küstrin gebracht. Sein Freund Katte wurde in seiner Gegenwart hingerichtet. Friedrich Wilhelm brauchte länger als ein Jahr, um seinen Sohn gefügig zu machen. Die Auseinandersetzung fand ihren äußeren Abschluß in der vom Vater initiierten Vermählung Friedrichs mit der von ihm nicht geliebten Prinzessin Elisabeth am 12. Juni 1733 in Wolfenbüttel.

Friedrich Wilhelm I. starb am 31. Mai 1740 mit 52 Jahren. Er hatte durch rastlose Arbeit einen gut verwalteten absoluten Militär- und Beamtenstaat aufgebaut, in dessen Mitte das Heer stand. Ihm mußten die zentralisierte Verwaltung und die merkantilistische Wirtschaft dienen. Die Geschichte fällt ihr Urteil über ihn: „außenpolitisch friedfertig, aber tatenlos".

Zur Person

Friedrich Wilhelm erhielt seinen Namen von seinem Großvater, dem „Großen Kurfürsten", der kurz zuvor gestorben war. Seine Mutter kam zur Entbindung nach Berlin, kehrte aber bald mit dem Neugeborenen nach Hannover zurück, um ihn dort erziehen zu lassen. Zwei Jahre vorher war ihr erstgeborener Sohn Prinz Friedrich August gestorben. Sein Vater war gutmütig-schwach und aus „Eitelkeit empfindlich". Er war zwar religiös, aber auf Äußerlichkeiten bedacht. Seine Jagdleidenschaft hatte der Sohn übernommen. Die Vorliebe des Vaters für höfische Pracht schlug bei Friedrich Wilhelm in das Interesse für das Heer, insbesondere für die „langen Kerls", um (was in psychoanalytischem Verständnis als Reaktionsbildung zu deuten ist). Seine Mutter galt als schöngeistig und hochgebildet. Im Gegensatz zu ihrem Ehemann förderte sie die Wissenschaften und Künste. Sie war selbständig, ehrgeizig, voller Wißbegier und zeichnete sich durch eine „rücksichtslose" Wahrheitsliebe aus. Friedrich Wilhelm charakterisierte seine Mutter folgendermaßen: „Meine Mutter war wohl eine kluge Frau, aber eine böse Christin." In diesen Worten klingt seine eigene innere wie äußere Zerrissenheit bereits an. Wieviel Mutter- und Vaterliebe Friedrich Wilhelm wirklich erfahren hat, ist unklar.

Friedrich Wilhelm war ein hübscher Junge mit rotblonden Haaren, stämmig und untersetzt, mit großem Durchsetzungsvermögen: Prinz Georg, der spätere König von England, erhielt von ihm ebenso seine Prügel wie der zukünftige Herzog von Kurland. Friedrich Wilhelm setzte seinen Willen stets durch und erfuhr zunächst kaum Einschränkungen; seinem wohl angeborenen Temperament, seiner Vitalität und Aggressivität wurden kaum Grenzen gesetzt. Ein Ereignis charakterisiert die Zeit im Alter von vier Jahren: als Madame von Montbail versuchte, ihm eine alte, silberne, mit einem Knopf und einem Dorn versehene Schuhspange zu entreißen, wurde der Prinz böse, geriet außer sich vor Zorn und verschluckte die Spange. Weil er widerspenstig, unaufmerksam und träge war, blieb er keine Stunde unbeaufsichtigt und unbeschäftigt. Selbst der Sonntag war mit religiösen Verpflichtungen weitgehend ausgefüllt. Er war stets unausgeglichen, leicht erregbar; wurde er kritisiert, wälzte er sich am Boden, schlug mit seinem Kopf gegen die Wand. Früh bekam er ein Pony zum Ausreiten, das er dermaßen anspornte, daß er anderen stets davonritt. Grenzen schien es für ihn nicht zu geben. Er setzte seinen Willen durch und verprügelte bereits in jungen Jahren jeden, der sich ihm nicht beugte. „Er prügelte mit wahrer Lust und Leidenschaft, bis ihm der Arm lahm wurde oder der Atem ausging. Dabei lief er im Gesicht dunkelrot an, die stieren blauen Augen traten ihm fast aus dem Kopf hervor. Der Betrachter solcher Szene mußte den Eindruck haben, einen Wahnsinnigen, einen total Übergeschnappten vor sich zu haben" (Venohr). Selbstdisziplin fehlte ihm bis ins Alter, Selbstkritik kannte er nicht. Wegen seiner Prügelsucht lachte man über ihn, sprach vom „königlichen Feldwebel". Wenn er durch die Straßen Berlins ging, zogen sich die Menschen in ihre Häuser zurück, um nicht unversehens mit dem Buchenstock in Berührung zu kommen, den er stets bei sich trug. Seine Brutalität zeigte sich auch darin, daß er mit Salz beladene Pistolen benutzte, wenn er wegen seiner Gicht den Stock nicht einsetzen konnte. Mit der Pistole ging er z. B. auf faule Lakaien los, die er z.T. erheblich verletzte. Seinen Kindern gegenüber verhielt er sich in ähnlicher Weise. So ist es nicht verwunderlich, daß sein Sohn (später schmeichelnd „der alte Fritz" genannt), nach einer Periode der Sublimierung in Rheinsberg, selber sehr brutal vorging, zahlreiche „überflüssige" Kriege anzettelte und mit sichtlichem Vergnügen dem von ihm verordneten „Spießrutenlaufen" beiwohnte. Friedrich Wilhelm verlangte von allen Sauberkeit, Pünktlichkeit, Sparsamkeit, Ordnung, Fleiß und nachdrücklich Gehorsam – bis zur „sklavischen Unterwerfung". Wie sehr er jedoch in einem inneren und äußeren Widerspruch lebte, wird u.a. in der Beziehung zu seinem Hofnarren Gundling deutlich: dieser mußte sich stets in der Nähe des Königs aufhalten, war aber Zielscheibe seines Spottes. Ihm wurden Titel verliehen, die ihn lächerlich machten, und er wurde in schamloser und brutaler Weise mißbraucht. Als Gundling, der das Tabakskolleg aufmunterte und selber viel trank, schließlich starb, wurde er auf Anordnung Friedrich Wilhelms in einem Weinfaß mit einer höhnischen Inschrift beerdigt.

Den König zeichnete eine besondere Freßlust aus. Er bevorzugte kräftige Hausmannskost, die die Mitessenden (um die 30-40) Personen nicht schätzten. Die unvorstellbaren Essensmengen, die er gleichsam in sich hineinstopfte, bewältigte er mit Hilfe von Rheinwein, zeitweise zusätzlich mit Tokaier. Im Anschluß an die Mittagstafel unternahm er in jüngeren Jahren Spazierritte, später legte er sich zu einen längeren Mittagsschlaf nieder. Im abendlichen Tabakskolleg wurde der Alkoholkonsum fortgesetzt. Spätestens seit seinem 35. Lebensjahr nahm er ganz erheblich zu. Mit 50 Jahren wog er fast 150 kg bei einer Größe von 165 cm. Das Übergewicht wiederum trieb ihn dazu, sein Jagdvergnügen erheblich auszudehnen. Er geriet stets in eine Art Jagdfieber mit glühendem, hochrotem Gesicht und starker Schweißproduktion. Es handelte sich überwiegend um Parforcejagden, die er bis zur totalen körperlichen Erschöpfung trieb und bei denen er oft genug auch seine Pferde opferte.

Friedrich Wilhelm hatte kaum enge Freunde, auf die er sich verlassen konnte. Das überrascht nicht, weil sich auch niemand auf ihn verlassen konnte. Mit seiner Person wurden Furcht und Schrecken verbunden – wenn möglich mied man ihn. Er war nicht in der Lage, empathisch auf andere ein- und zuzugehen und wurde deshalb abgelehnt. Spürte er das, dann reagierte er aggressiv. Sein grobes Benehmen galt auch den Frauen, die er alle als Huren ansah. Wie problematisch seine eigene eheliche Beziehung war, spiegelte sich in der politischen Auseinandersetzung und in der Beziehung zu seiner Tochter Wilhelmine und seinem Sohn Friedrich wider. Die Krisen wurden durch immer neue Schwangerschaften seiner Ehefrau wenigstens nach außen hin überwunden.

In seiner religiösen Einstellung verstand er sich als „Amtmann Gottes", und alle und alles hatte ihm blind zu gehorchen. Dabei hatte er niemals das Gefühl, tyrannisch zu sein, weil er im Auftrag seines Herren handelte. Er hielt sich für fromm, glaubte als Protestant an einen persönlichen Gott. Friedrich Wilhelm hatte zwar eine naiv-infantile Glaubenseinstellung mit paranoiden Zügen, dennoch verband er das Christentum mit nützlichen und praktischen Gesichtspunkten zum Wohle des Volkes und des Staates Preußen.

Auffallend sind die Widersprüche, die sich durch die Persönlichkeit Friedrich Wilhelms zogen: seine wenig einfühlsame Menschenbehandlung kontrastierte zu seinem Interesse für Musik und Malerei, die er selber betrieb („in tormentis pinxit"), sein abstoßendes Benehmen in Männergesellschaften und auf seinen Parforceritten stand einer gewissen „Zartheit und Keuschheit" gegenüber, die z. B. keine Zweideutigkeiten in Gegenwart von Frauen zuließ. Er forderte von seinen Untergebenen Gehorsam und Pünktlichkeit und duldete keinen Widerspruch, war jedoch selber ein Mensch ohne alle Selbstdisziplin und ohne jede Spur von Selbstkritik.

Zusammenfassend wird über seine Erziehung geschrieben, daß man eine religiöse Gesinnung, Selbstbeherrschung und Pflichttreue, absolute Ehrlichkeit und die „Bezwingung von Trägheit, Unaufmerksamkeit und Unsauberkeit" (Oppeln) erreicht habe. Seine „Krankheit", sein Jähzorn mit Prügelsucht und Tätlichkeiten und seine Menschenverachtung waren ihm geblieben. Von psychodynamischer Seite her ergibt sich die Frage der Kausalität: Hätte eine „andere" Erziehung den Jähzorn und die Menschenverachtung beseitigen können? Ist nicht eher eine frühkindliche Deprivationssituation aufgrund mangelnder adäquater elterlicher Zuwendung einschließlich der Trennung vom Elternhaus bereits mit acht Monaten (mit) verantwortlich für die inneren wie äußeren Widersprüche, in denen Friedrich Wilhelm lebte? Es ist schwer vorstellbar, daß er eine gesunde Selbstentfaltung, ein sicheres Selbstwertgefühl hat aufbauen können. Macht, Hofstaat, Hinwendung zu seinen Soldaten, v.a. den „langen Kerls", und seine Jagdmanie, gaben ihm ausreichend Möglichkeiten, sein tiefer liegendes Minderwertigkeitsgefühl zu überspielen und damit einer drohenden Fragmentation seines Selbst entgegenzuwirken. Seine „orale Gier", die sich in der Freßlust wie in der übertriebenen Sparsamkeit und dem Geiz zeigten, gehört ebenfalls in diesen Kontext als auch seine „entneutralisierte" Aggressivität, sein Expansionsverhalten und sein Perfektionismus. Die Widersprüche seines Verhaltens weisen auf eine ausgesprochene Spaltung seiner Persönlichkeit hin, die sich in einem Oszillieren zwischen Idealisierungstendenzen und Entwertungen mit all ihren psychopathologischen Auswirkungen zeigte.

Wenn wir das Lebensbild Friedrich Wilhelms in psychodynamisch-psychoanalytischer Sichtweise zusammenfassen, so haben wir einen Menschen vor uns, dessen Persönlichkeitsentwicklung durch eine frühkindliche Deprivation zu verstehen ist. Früh von den Eltern getrennt, teils eingeengt, teils ohne Grenzen aufgewachsen, wurde eine adäquate Entwicklung behindert. Das Gefühl des Nicht-ausreichend-angenommen-Seins entwickelt sich bei einem Baby, wenn es keine gleichmäßig-liebende Zuwendung erfährt; idealisierende Haltungen (im Sinne des „endlich ein Thronfolger") und als entwertend empfundene Einengungs-Erziehungsmaßnahmen („um den Thronfolger auf sein Amt vorzubereiten") hemmen die Bildung eines sicheren Selbstwert- und Identitätsgefühls. Die bei Friedrich Wilhelm anzunehmende, angeborene ausgeprägte Vitalität, die aus einem großen „Pool" ungesteuerter Aggressivität stammte, konnte sich nicht im Sinne einer „neutralisierten", d.h. geformten Aggression entwickeln, blieb „entneutralisiert" und machte aus ihm schließlich den menschenverachtenden „Prügelfetischisten". Die auch auf diesem Wege ausgelebte Macht konnte das labile Selbstwertgefühl stabilisieren und ein gewisses Maß an intrapersonalem Gleichgewicht herstellen.

Die Gicht trat zum erstenmal zu einem Zeitpunkt auf, als das innere Gleichgewicht auseinanderzufallen drohte, Kompensationsmöglichkeiten – wie Machtausübung, Expansionsstreben u.a.m. – versagten. Die angeborene Anlage war ebenso Ursache für den Ausbruch der Gicht wie die „orale Gier" mit der Freßsucht und dem erhöhten Alkoholkonsum, was auch zur Fettsucht führte. Friedrich Wilhelm hatte mit seinem Eß- und Trinkverhalten seine verborgene Depression und sein Minderwertigkeitsgefühl in Schach halten können. Sein Expansionsverhalten ist als Fluchttendenz und damit als Schutz vor der Auseinandersetzung mit seinem Inneren anzusehen. Das Symptom hat dieses Verhalten gebremst.

Zur Krankheit

Friedrich Wilhelm war von kräftiger Natur. Er hatte sich jedoch übernommen und seine Gesundheit riskiert durch die zahlreichen Inspektionsreisen, die erheblichen Strapazen beim Reiten und Jagen (denen er sich auch unterzog, um seine Körperfülle zu verringern), die häufigen Zechgelage und das unmäßige Rauchen im Tabakskolleg. Hinzu kamen die Mißerfolge in der Außenpolitik, der schwere Konflikt mit seinem Sohn und sein ausgesprochen cholerisches Temperament. Friedrich Wilhelm gab bereits mit 35 Jahren 1722 seine Instruktionen für den „Successor", eine Art Testament, das er möglicherweise wegen beginnender Krankheiten schrieb. Als er 38 Jahre alt war, brach nach einem Sturz die Gicht aus. 1729 schrieb er, nachdem ein erneuter schwerer Anfall aufgetreten war: „Bevor ich es wieder bekommen sollte, so mache der liebe Gott ein Ende mit mir, denn Sterben ist sanft, aber dieses Leiden ist viehisch. Ich glaube, wenig Leute haben so kruellement (gelitten) wie ich, denn ich (bin) sehr vollblütig, also mein Fieber hitzig dabei." Ein gutes Jahr später, 1730, „kurz nach der Katastrophe mit dem Sohn", geriet er bei einer Hetzjagd in einen Sumpf, verletzte sich das Knie und bekam erneut einen heftigen „Gichtfuß". In den Jahren 1732/33 trat eine nicht weiter erklärbare „Schlafsucht" auf, 1733 erstellte er sein zweites Testament.

Nach einem Besuch des preußischen Hilfscorps im Feldlager am Rhein erkrankte Friedrich Wilhelm erneut schwer an der Gicht und ließ sich sogar in Holland einen schwarzen Marmorsarg anfertigen. In diesem Jahr wurde zum erstenmal von einer „Wassersucht" und Erstickungsanfällen berichtet; Friedrich Wilhelm mußte aufrecht im Bett sitzen und sich mit den Händen abstützen, um Luft zu bekommen, sein Leib war gedunsen, die Füße aufgebrochen, Arme und Gesicht waren sehr mager, das Antlitz gelb mit blauen

Flecken. Mit großer Wahrscheinlichkeit hatte sich eine Herzinsuffizienz entwickelt. Im Januar 1735 erholte sich der Souverän; Friedrich, der Sohn, schrieb: „Er ißt und trinkt wie dreie." Im März desselben Jahres kam es zu einem Rückfall, der Sohn schrieb an Wilhelmine: „Die Krankheit des Königs ist rein politisch. Wenn er will, geht es ihm gut. Du kannst mir glauben, er hat bei Gott eine Bärennatur (la nature d´un Turc) und wird das künftige Geschlecht überleben, wenn er nur will und sich etwas schont." Friedrich Wilhelm aber schonte sich nicht, er behielt seinen alten Lebensstil bei und erkrankte 1738 erneut: Schwermut, Hypochondrie, Lebensmüdigkeit traten auf. Er wollte nicht mehr leben und dachte an seinen Rücktritt. Zur Jahreswende 1638/39 „flog" die Gicht durch alle Glieder; er war nur noch „Haut und Knochen, Wassersucht mit geschwollenen Füßen, Atemnot und eine Verstopfung stellten sich ein; zusätzlich wurde er von schrecklichen Wutanfällen „bis zu Geistesstörungen" erfaßt. Später kam eine Lungenentzündung mit Husten hinzu. Der König verließ Berlin und sagte: „Adieu Berlin, ich will in Potsdam sterben." Der Tod trat am 31. Mai 1740 ein.

2.4.4 Friedrich II., „der Große"

Wahre Ruhmbegierde ist die Quelle aller großen Taten
und alles Nützlichen, was auf der Welt geschieht.
(Friedrich II., zitiert nach Augstein)

Ganz bös ist keiner.
Lebenskeimend blieb in seinem Herzen noch ein sanfter Trieb.
(Byron)

Der Größe Mißbrauch ist, wenn von der Macht sie das Gewissen trennt.
(Shakespeare, Julius Cäsar II, 1; Brutus)

Schon wieder Krieg! Der Kluge hört´s nicht gern.
(Goethe, Faust 2, IV; Faust)

Zum historischen und familiären Hintergrund

Friedrich II. wurde in einen Staat hineingeboren, der gleichzeitig einem „Arbeitshaus" und einer „Kaserne" glich. Sein Vater war ein

„rocher de bronze" und hatte in seinem Land Brandenburg mit zwei Millionen Einwohnern ein Heer von 80.000 Mann errichtet, auf das er besonders stolz war. Er legte großen Wert auf Arbeit und Pflichtbewußtsein und setzte diese Forderungen auch persönlich mit seinem Krückstock durch. Krieg war dem „Soldatenkönig" zuwider, war nicht mit seinem Glauben vereinbar. Er wollte seinen Staat durch Strebsamkeit und Arbeit aus der Armut herausführen und versuchte, seinen Sohn nach seinen Vorstellungen zu erziehen.

Friedrich II. hatte den Ehrgeiz, aus dem in viele kleine Flecken zerrissenen Land Preußen einen zusammenhängenden Staat zu formen. Um seine Ziele zu erreichen, vergrößerte er die Armee, straffte die Staatsverwaltung und forcierte seine Außenpolitik. Schlesien stand schon lange auf der „Wunschliste" Preußens. In einer Randnotiz der Denkschrift seines Außenministers Podewil, die Preußens Ansprüche rechtfertigen sollte, bemerkte Friedrich: „Bravo! Das ist die Arbeit eines trefflichen Charlatans!" Seine wahren Beweggründe für die Schlesienkriege enthüllte er in einem Brief an Jordan: „Meine Jugend, die Glut der Leidenschaft, der Ruhmesdurst, ja selbst die Neugier, um Dir nichts zu verhehlen, kurz ein geheimer Instinkt hat mich den Freuden der Ruhe entrissen. Die Genugtuung, meinen Namen in Zeitungen und später in der Geschichte zu sehen, hat mich verführt." Mehrfach stand das Schicksal Preußens auf des Messers Schneide, aber immer wieder konnte es durch die rücksichtslose Angriffsstrategie Friedrichs II. gerettet werden. Einige seiner Siege über die Verbündeten (Österreich, Sachsen, Rußland, zeitweise auch Frankreich und England) waren so unerwartet, daß sie zu damaliger Zeit als Sensation betrachtet wurden und letztlich Friedrich zum „Großen" Herrscher werden ließen.

Friedrich II. wurde schon zu Lebzeiten eine Legendengestalt. Bayern verehrte ihn, weil er das Land zweimal vor den Österreichern gerettet hatte, der König von Sardinien sprach von „meinem Helden", in St. Petersburg „hing der Thronfolger Peter mit einer an Wahnsinn grenzenden Verehrung an dem feindlichen Preußenkönig" (Reiners), in Frankreich wurde überall sein Konferfei aufgestellt, Goethe bezeichnete ihn als „Polarstern". Friedrichs persönlicher Einsatz dürfte wesentlich zu diesem Ruhmesbild beigetragen haben: fünfmal wurde ihm das Pferd unter dem Leib erschossen, und in Kolin fragte ihn sein Gefolge: „Wollen Eure Majestät denn die feindlichen Batterien allein erobern?" Er entschied alles selber, das Pensum seines Arbeitstages ist kaum vorstellbar. Den Bewunderern Friedrichs standen in geradezu verblendeter Weise seine Gegner gegenüber. Ernst Moritz Arndt meinte, daß Friedrich „durch seinen wilden Despotismus alle zarten Keime menschlicher Gefühle erbarmungslos zertrat" – „Friedrichs Größe hat Deutschland klein gemacht". Lessing nannte Preußen das „sklavischste Land Europas", Wieland mochte nicht unter dem „Stock Friedrichs" leben, Winckelmann erschauderte, wenn er an den „Schinder der Völker" dachte. Toleranz war mit Taktlosigkeit vermischt; wenn Friedrich auch die Folter abgeschafft hatte, so ließ er seine Soldaten bei den geringsten Vergehen in einer Weise spießrutenlaufen, daß sie lieber starben als weiterhin die Qual ertragen zu müssen. Auswärtige Journalisten ließ er verprügeln, wenn sie über die wahre Situation in Preußen berichteten. Im Urteil der Geschichte schwankt das Bild Friedrich II. zwischen Idealisierung und Entwertung. Es ist möglich, daß diese konträren Bewertungen mit Friedrichs eigener Persönlichkeit zusammenhingen und sich – im Sinne der Gegenübertragung – in der historisch widersprüchlichen Sicht zeigten.

Friedrich II. wurde am 24. Januar 1712 von der Königin Sophia Dorothea geboren. Für die noch junge Hohenzollern-Dynastie war die Nachfolge eines männlichen Erben besonders wichtig. Seine beiden älteren Brüder waren bereits im ersten Lebensjahr verstorben; sie waren „dem Zahnen" erlegen. So war man am Berliner Hof erst beruhigt, als der nicht sehr kräftige Friedrich ohne Schwierigkeiten die ersten Zähne bekommen hatte. Seine Mutter stammte aus dem Hause Hannover und hatte ein besonderes Interesse an Kunst, insbesondere an der Literatur und der Musik. Die Kindererziehung war ihr nicht so wichtig; sie überließ Friedrich bis zu seinem dritten Lebensjahr einer französischen Gouvernante, bis ihn sein Vater dem „Weiberregiment" entzog. Offiziere wurden seine Erzieher. Der König befahl ihnen: „Vor allen Dingen wird dabei zu sehen sein, daß das Gemüt dergestalt formiert werde, daß es von der ersten Jugend an eine Lust und Hochachtung zur Tugend, hingegen einen Abscheu und Ekel vor dem Laster bekomme." Der Vater fühlte sich als Herrscher „von Gottes Gnaden", sein überzogenes Selbstbewußtsein artete in Despotie und Willkür aus.

Das problematische Verhältnis zwischen Vater und Sohn wurde früh geprägt. Friedrich Wilhelm suchte für seinen Sohn den Taufspruch aus: „Der Herr hat's gegeben, der Herr hat's genommen; der Name des Herrn sei gelobt" – eigentlich ein Grabesspruch. An der Wiege hatte der Vater bereits gelacht: „Oho, das kleine Tier bekommt ein zu starkes Gebiß. Wir werden das kleine Tier abschaffen müssen. Sonst beißt es die anderen." Hat sich aus dieser „Hexenbotschaft" ein negatives Lebensskript entwickelt, gegen das Friedrich ankämpfen mußte, an das er sich aber zeitlebens hielt?

Am Hof gab es immer zuwenig zu essen; angeblich standen die jungen Menschen hungrig von der Tafel auf. Auf Befehl des Vaters wurden nur Speisen vorgesetzt, vor denen die Kinder Abscheu hatten. Sie mußten Kohl und Rüben hinunterwürgen „auf die Gefahr hin, das Fieber zu bekommen und den ganzen Tag zu erbrechen", so Friedrichs Schwester Wilhelmine. „Wenn von ungefähr etwas in der Schüssel blieb, spie er hinein, um uns zu hindern, davon zu essen." Ein Besucher am Hof erfuhr folgendes über den Kronprinzen: „Der König sowohl als die Königin halten diesen Prinzen unter einer scharfen Zucht, und es sind wohl wenig Königskinder in der Welt, denen so durch den Sinn gefahren und der jugendliche Wille so gebeugt wird." An Friedrich mißfiel dem tyrannischen Vater nach und nach alles, angefangen von der lässigen Haltung und der Haartracht bis zu der Vorliebe für schöngeistige Beschäftigungen. Friedrich Wilhelm hatte den pädagogischen Grundsatz, den Sohn vor den Augen von Offizieren und Lakaien abzuwerten, zu beschimpfen und sogar zu schlagen, um seine Persönlichkeit auf diese Weise zu stärken. Nach einer solchen Züchtigung bemerkte der König höhnisch vor allen Hofleuten, wenn er von seinem Vater so behandelt worden wäre, hätte er sich „totgeschossen". Friedrich unternahm mit seinem Freund Katte einen Fluchtversuch nach England, der aber entdeckt wurde. Der Kronprinz sollte vom Vater zum Tode verurteilt werden. Mutige Offiziere retteten ihn jedoch. Friedrich wurde zur Haft in die Festung Küstrin gebracht. Katte wurde hingerichtet, Friedrich zur Strafe und Belehrung gezwungen, der Exekution beizuwohnen. Nach de Mause war eine derartige psychische Bestrafung während der Zeit nicht unüblich:

ganze Schulklassen mußten bei öffentlichen Hinrichtungen zusehen. Sogar der humanistische Erzieher Mafio Vegio, der sich gegen das Schlagen von Kindern aussprach, fand „es überhaupt nichts Schlechtes, Kinder zu Zeugen einer öffentlichen Exekution zu machen".

Kattes Tod hatte bei Friedrich auch zu einer grundlegenden körperlichen Wandlung geführt. Seine Schwester Wilhelmine war entsetzt: „Sein großer Kummer hat ihn fett gemacht, die ehemalige Gelenkigkeit seines Körpers war dahin (...), der Kopf saß ihm auf den Schultern, er war nicht mehr schön." Hatte Friedrich II. mit Katte sein Selbstobjekt verloren, das er jetzt durch Viel-Essen ersetzen mußte? In diesem Zusammenhang sei Kohut erwähnt, der den Begriff des Selbstobjekts konzipiert hat. Der andere („das Objekt") kann in einem früheren Entwicklungsstadium noch nicht als vom eigenen Selbst abgegrenzte Person mit eigenen Bedürfnissen wahrgenommen werden. Es ist anzunehmen, daß Friedrich diesen Reifungsschritt noch nicht vollzogen hatte. Mit der Regression auf die orale Stufe konnte er das Defizit wenigstens zeitweise auffangen. Eine ähnliche Problematik finden wir bei einer Reihe Gichtpatienten, etwa bei Bismarck.

Die Grausamkeit des Vaters, die eher desinteressierte Einstellung der Mutter und die eben erst vollzogene Hinrichtung Kattes bewirkten bei Friedrich seelische Abwehrvorgänge, die die ohnmächtige Angst sowie die aufgestaute Wut einigermaßen in Schach halten konnten. Die Anpassung zeigte sich in Friedrichs Flexibilität dem Vater gegenüber, dessen königlich-väterliche Ordre er immer besser in gespielter Unterwürfigkeit parieren konnte. Dahinter entwickelten sich in dem Kind und Jugendlichen ausgeprägte, auf den Vater gerichtete Haßgefühle und Todeswünsche. Friedrich zog sich zunehmend mehr in die künstlerisch-ästhetische Welt, in die Welt seiner Flöte, der französischen Literatur und Philosophie zurück. Es handelte sich um eine Regression und eine Sublimierung, die Friedrich davor schützten, den Schmerz über das Unverständnis und die Ablehnung seiner Person spüren zu müssen, und es ihm ermöglichten, seine ohnmächtige Wut und Depression zu verdrängen.

Die Jahre vor dem Regierungsantritt verbrachte Friedrich auf Schloß Rheinsberg. Seine Frau verbannte er vom Hofe, widmete sich ganz der Kunst und Philosophie und bekannte sich zu den humanitären Ideen der Aufklärung. Die Zeit auf Rheinsberg war „von wildem Verlangen nach Vergessen der durchgemachten Leiden erfüllt". In dieser Zeit schrieb er den „Antimachiavelli". War er gegen seinen Vater, gegen die Schattenseiten in ihm selbst gerichtet? Das ist wahrscheinlich, da wir wissen, daß er sich bald nach Übernahme der Regierung 1740 auf geradezu machiavellistische Weise verhalten hatte. Durch den Tod des Vaters mußte Friedrich mit Schuldgefühlen fertigwerden, weil er mit ausgeprägten Todeswünschen ihm gegenüber gelebt hatte. Als Entlastungsversuch nahm er die bekannten Züge des Vaters an, wurde so wie er, identifizierte sich mit ihm. Voller Elan, mit kraftvoll-jugendlichem Schwung begann er seine Regierungszeit. Die Änderung ließ jedoch nicht lange auf sich warten. Die Rheinsberger Freunde verstanden ihn nicht mehr; Friedrich wurde zunehmend mißtrauisch und ihnen fremd. Die Wandlung zum einsamen, von den Menschen enttäuschten, die Menschen enttäuschenden, verbitterten, nur noch seiner Pflicht lebenden König bereitete sich vor.

Zur Person

Die familiäre Konstellation am Hofe der Hohenzollern, der Umgang miteinander und die Entwicklungsgeschichte des Kindes und Jugendlichen Friedrich zeigen eine Schablone auf, die auf das Bild eines pathologischen Narzißmus hinweisen. Es handelt sich um eine präödipale Reifungsstörung, die durch das Gefühl von Hilf- und Hoffnungslosigkeit mit apathisch-düsterem Resigniertsein, von asthenischer Entmutigung, durch oral-regressive Züge und den erschwerten Umgang mit aggressiven Impulsen gekennzeichnet ist. Die Symptome des krankhaften Narzißmus zeigen sich allgemein in zwei Ausprägungen: der narzißtisch-depressive Mensch erlebt sich als Versager, der narzißtisch-grandiose als das gelungene, „gute" Kind. Beiden Konstellationen ist ein falsches Selbst mit einer Brüchigkeit der Selbstachtung und Verleugnung der (vom Objekt) verachteten Gefühle gemeinsam. Grandiosität wie Depression sind Abwehrkonstellationen des Ich, um eine Fragmentierung des Selbst, d.h. den Weg in die Psychose, aufzuhalten. Im Hintergrund stehen eine große Angst vor Liebesverlust, Neid auf die Gesunden, eine starke Anfälligkeit für Scham- und Schuldgefühle, Ruhelosigkeit sowie ein hoher Perfektionsanspruch, der unangreifbar werden läßt und die hinter allen Handlungen und Begegnungen lauernden Minderwertigkeitsgefühle unterdrücken soll.

Friedrichs Persönlichkeit und seine Taten sind Ausdruck und Ergebnis seiner Entwicklungsgeschichte und seiner zutiefst empfundenen Zerrissenheit, die er kompensatorisch-unbewußt überspielen mußte. Sie spalten die Betrachter in zwei Lager. Die Beschreibungen seines Charakters sind ebenso widerspruchsvoll wie die vielen Jugendbilder Friedrichs. Seine Lieblingsschwester Wilhelmine, Markgräfin von Bayreuth (1709-1758), drückte das beeindruckend aus. Eine frühe Jugendbeschreibung von ihr lautete: „Mein Bruder hatte viel Verstand, aber nicht die geringste Lebhaftigkeit, er begriff leicht, aber er hatte eine unglaubliche Mühe, das Gelernte zu behalten." Oder zehn Jahre später: „Mein Bruder war der liebenswürdigste Prinz, den man sehen konnte, schön, hübsch gewachsen, voll Geistesüberlegenheit und mit allen Eigenschaften, die einen vollkommenen Fürsten zieren, versehen." Als Friedrich dann aber von dem strahlenden Hof des Kurfürsten von Sachsen 1728 zurückgekehrt war, verfiel er „in eine finstere Schwermut; auf meine Frage gab er die üble Behandlung, die er vom Vater ertragen müsse, als Ursache an. Nach und nach schien er sich auszuzehren, er verlor alle Eßlust, war sichtlich mager, und häufige Schwächeanfälle machten besorgt, er möchte der Schwindsucht verfallen".

Dieser stetige Wandel seiner Persönlichkeit ist Ausdruck des Konfliktes mit dem Vater, der seinen Sohn „Querkopf und Poet" nannte und den „effemierten Kerl" haßte, der „nicht reiten noch schießen kann, und dabei mal propre an seinem Leibe, seine Haare nicht frisieret und nicht schneidet", „mit dem Gesicht Grimassen mache, als wenn er ein Narr wäre" und „nichts aus Liebe" zu seinem Vater machte. Um sich zu schützen, zog sich der begabte Friedrich in die geistig-kulturelle (Traum-)Welt seiner Mutter zurück, legte sich eine Bibliothek an, sprach Französisch, las den Aufklärer Voltaire, mit dem ihn später eine enge Freundschaft verband. Der Vater verabscheute diese Welt, warf Flöte und Bücher in den Kamin und verprügelte den Kronprinzen vor den Augen anderer. Friedrich konnte die häusliche Atmosphäre kaum noch ertragen. Er schrieb an Wilhemine: „Ich bin dessen so müde, daß ich lieber um mein Brot betteln möchte als in diesem Zustand weiterzuleben." Hier liegt die Ursache für seinen Fluchtversuch mit Katte mit den auch für Friedrich so schrecklichen Folgen.

Wie konnte sich Friedrich bereits als Kind angenommen und geliebt fühlen? Ein stabiles Selbstwertgefühl konnte er kaum entwickeln, vielmehr schwankte er zwischen Minderwertigkeitsgefühl und überzogenem Größenselbst (als Kompensation) hin und her. Er war ständig auf der „Suche nach dem verlorenen Glück", dem „Glanz im Auge der Mutter" (Kohut, 1979). Seine Ruhmsucht, sein Ehrgeiz, sein Perfektionismus, das Ausleben seiner „entneutralisierten Aggressivität" sind vor dem Hintergrund eines narzißtischen Defizits ebenso zu verstehen wie die sensible Seite seines Wesens, seine künstlerisch-philosophische Feinfühligkeit, aber auch seine Genialität und intuitive Geschicklichkeit (im Sinne Balints), die ihn – jeder realen Einschätzung zum Trotz – Schlachten gewinnen ließ, die er wegen zahlenmäßiger Unterlegenheit seiner Truppen eigentlich nicht gewinnen konnte. Seine Intuition ließ ihn auch in den schwierigsten Situationen dem Gegner überlegen sein. Dem Narzißten werden Niederlagen in der Regel zur Katastrophe. Bei Friedrich war das anders. Sie spornten seinen zähen Willen an, weil er nicht bereit war, Schmach, Hoffnungslosigkeit und Verzweiflung hinzunehmen. Aus seiner Persönlichkeitsbetrachtung heraus ist zu verstehen, daß sich Friedrich zum letzten, furchtbaren Widerstand aufraffte und es schließlich zu dem „Miraculum des Hauses Brandenburg" brachte, vor dem die Gegner in blindem Entsetzen zurückwichen.

Aus Friedrichs Kindheitserlebnissen ist abzulesen, daß er ein Leben lang ein tiefes Mißtrauen Menschen gegenüber hegte. Seine frühen Enttäuschungen führten zu aggressiven und destruktiven Handlungen, wie sie die Psychoanalytiker aus entsprechenden Lebensgeschichten ihrer Patienten kennen. Zu den Folgen der frühen Ablehnung durch erste Bezugspersonen gehört eine reaktionsfremde Selbstüberschätzung mit Allmachtsphantasien, die in der Kombination mit destruktiven Impulsen zu fatalen Ergebnissen führen kann; ja, es stellt sich sogar die Frage, ob der Untergang Preußens in entsprechende Zusammenhänge zu bringen ist. Auch Friedrich ließ das ihm Zugefügte an anderen aus. Ausdruck einer anal-sadistischen Charakterstruktur sind Friedrichs Neigung zur Pünktlichkeit, sein Anhäufen von Kostbarkeiten (Ringe, 300 Tabaksdosen), sein prahlerisches Auftrumpfen (Neues Palais in Potsdam), seine „unduldsame Allwisserei" auch auf Gebieten, von denen er nichts verstand, seine Grausamkeit, seine selbstquälerische Lustbefriedigung, sein Sarkasmus. Sie geht auf eine Störung im zweiten bis dritten Lebensjahr zurück, läßt gleichsam sein labiles Selbstwertgefühl vergessen und ist als unbewußtes Abwehrsystem anzusehen. Friedrichs ausgeprägte anale Störung ist besonders tragisch, weil er sehr begabt war, diese Begabung jedoch nur teilweise zeigen konnte. Sie wurde durch die nur schwer zu bändigenden zerstörerischen Impulse, die als narzißtische Enttäuschungs-Wut zu verstehen sind, zugedeckt. Die neurotische Aggressivität ist eindrucksvoll im Spießrutenlaufen nachzuvollziehen, dem Friedrich zeitweise mit höchstem Vergnügen zuschaute. Über diese neurotische Grausamkeit berichtet der von preußischen Werbern verschleppte Schweizer Ulrich Braeker: „Da mußten wir zusehen, wie man sie durch 200 Mann achtmal die lange Gasse auf und ab Spießruten laufen ließ, bis sie atemlos hinsanken, wie sie des folgenden Tags aufs neue dran mußten, die Kleider vom zerhackten Rücken heruntergerissen, und wie wieder frisch drauflosgehauen wurde, bis Fetzen geronnenen Bluts ihnen über die Hosen hinabhingen. Dann sahen Schärer und ich uns zitternd und todblaß an und flüsterten einander in die Ohren: ‚Die verdammten Barbaren!'" (zitiert nach Augstein)

Es ist verständlich, daß Friedrich die Welt des Vaters ablehnen mußte, wenngleich er sich in großen Anteilen mit ihr identifizierte. Die aus dieser Ambivalenz resultierende Beziehungsstörung zeigte sich in seiner Unfähigkeit, die künstlerischen, literarischen und philosophischen Größen seiner Zeit in sein Land zu integrieren. Gluck, Haydn und Mozart wußte er, der musikalisch Begabte und Interessierte, nicht zu schätzen. Kant, Herder, Klopstock und Lessing vermochte er nicht in seine Geisteswelt einzubeziehen.

Seine Menschenverachtung, seine Taktlosigkeiten sind Legende geworden. Das zeigt sich u. a. in einer Tagebucheintragung von James Harris, später Lord Malmesbury, von 1767: „Es gibt für einen Offizier kein besseres Mittel, des Königs Wohlgefallen zu erregen, als die vom König verhängten Strafen der Soldaten zu verschärfen." Der 27jährige Herzog von Lauzun berichtete 1775 dem französischen Außenminister: „Ich würde lieber ein Postpferd sein als sein erster Minister oder sein Bruder oder seine Frau." Friedrich hielt seine Mitarbeiter, Beamten und Minister allesamt für Esel. Und (1748): „Alle unsere Landtbaumeister sind Idioten oder Betriger." Seine Liebenswürdigkeit gegenüber Besuchern war allerdings außergewöhnlich, aber oberflächlich, denn er selber sprach viel und hörte nicht zu. Auch dieses Verhalten weist auf seine beschriebene Doppelnatur hin.

Der Identitätskonflikt durchzieht Friedrichs Leben. Es geht um bejahende Annahme seiner eigenen Person, die üblicherweise aus einer ausbalancierten Integration „guter" und „böser" Persönlichkeitsanteile besteht. Das ist Friedrich nicht gelungen, die Doppelnatur blieb bei ihm in ihren beiden Ausprägungen bestehen. Dies drückt sich auch in dem Kampf um die Akzeptanz seines eigenen Geschlechts aus. Schon sein Vater bekannte: „Das schönste Mädchen, das man mir verschaffte, wäre mir gleichgültig, aber Soldaten, das ist meine Schwäche, damit kann man mich so weit bringen, wie man will." Der „Soldatenkönig" fühlte sich in seinem Tabakskollegium unter Männern am wohlsten. Sein Sohn Friedrich dichtete nach der Schlacht von Roßbach u.a.: „Ah! quel spectacle a plus de charmes Que le c... dodu des héros." („Kein schönerer Anblick auf der Welt als der fette Hintern von Helden.") Die enge Beziehung zu Katte ist neben der hehren Freundschaft als homoerotische Verbindung im Rahmen pubertärer Entwicklung zu sehen. Auch die Beziehung zu Fredersdorf? Als der betreuende Arzt Cothenius nicht anwesend war, sagte Friedrich: „Bin ich der Docter und Mus mihr Deiner annehmen! ... glaube mir, ich verstehe mehr von anathomie und Medecin, wie Du." Fredersdorf hatte mit Friedrich ein gemeinsames Leiden: „Ew. k. Maj. Gratulire ich Zu denen haemoroiden." Es ist nicht belegt, ob Friedrich die ihm nachgesagten homosexuellen Gefühle tatsächlich ausgelebt hat. Nach einem ausschweifenden Leben in seiner Jugend (z.B. am Hof von Dresden) hatte er sich von den Frauen losgesagt. Hatte er seinen natürlichen Trieb aufgrund weiterer Identifikation mit dem Vater abgelegt und hinter anal-aggressiven Abwehrmechanismen verbergen müssen? Auf jeden Fall sollte der Husar „nicht durch die Scheide, sondern durch den Säbel" sein Glück machen.

Seiner Mutter war er eng verbunden, respektierte sie, seine Ehefrau hingegen mußte höchste Demütigungen hinnehmen. Zwei- bis dreimal im Jahr aß er mit ihr im Berliner Schloß. Viel Kommunikation fand dabei nicht statt, weil Friedrich schwieg und sie nicht reden durfte. 1776 stellte er sie seiner Schwester Ulrike mit den Worten vor: „Dies ist meine alte Kuh, die Sie schon kennen." Die Einstellung zum anderen Geschlecht wird auch aus einer Briefstelle an Grumkow deutlich: „Die Ehe macht mündig, und sobald ich es bin, bin ich Herr im Hause, und meine Frau hat nichts darin zu befehlen. Nur kein Weiberregiment in irgendetwas auf Erden. Ein Mann, der sich von Weibern regieren läßt, ist meiner Ansicht nach der größte Kujon der Welt und verdient nicht, den Ehrennamen Mann zu tragen. Drum, wenn ich heirate, heirate ich als Mann von Lebensart, d.h. ich lasse Madame ihre Wege gehen und tue meinerseits, was mir gefällt. Und es lebe die Freiheit!" Der Vater hatte seinen Sohn „mit vieler Überredung und Drohung ... ins Brautbett bringen müssen, darin er nicht länger als eine Stunde geblieben ..." schreibt Seckendorf an Prinz Eugen. Friedrich verbannte seine Frau vom Hof, wies ihr einige Räume im Schloß Berlin zu, aber Potsdam und Sanssouci durfte sie nicht betreten. Interessant ist, daß Friedrich als König seinem 14 Jahre jüngeren Bruder Heinrich den Thronfolger-Titel „Prinz von Preußen" gab, „damit niemand über die(se) Art der Ehe Zweifel haben kann".

Zusammenfassend finden wir in der Lebensgeschichte und der daraus folgenden Charakterprägung Friedrichs II. die Zeichen einer pathologisch narzißtischen Persönlichkeitsstruktur mit großer Sensibilität und einem ständigen Oszillieren zwischen Minderwertigkeits- und Grandiositätsgefühlen. Die Minderwertigkeitsgefühle trieben ihn in die für ihn kaum zu ertragende Einsamkeit, die zu seinen Worten an Voltaire führt: „Un vieillard glacé par les ans Froid, taciture et flegmatique. Dont le propos soporifique Fait bailler tous les assistants ..."*

Augstein schreibt, daß Friedrichs Todestag der erste Tag seit seiner Thronbesteigung war, an dem er nichts befahl. Friedrich hatte keine Liebe erfahren und war zu keiner Liebe fähig.

* „Ein Greis, zu Eis gefroren über die Jahre, kalt, schweigsam und phlegmatisch, dessen einschläfernde Art alle Helfer zum Gähnen bringt." *(Übers. v. Verf.)*

Im weiteren ergibt sich die Frage, ob Friedrichs Persönlichkeitsentwicklung mit seinen Krankheiten in psychosomatisch-somatopsychischer Weise „spezifisch menschlich" verwoben ist.

Zur Krankheit

Die lange Krankheits- und Leidensgeschichte Friedrichs II. weist auf ein psychosomatisches Gesamtgeschehen hin. Die ausgeprägten frühkindlichen Belastungen haben nachhaltig auf Krankheitsursache und -unterhalt eingewirkt; dennoch müssen genetische Ansätze zumindest bei der vorliegenden familiären Gicht beteiligt gewesen sein. Eine eindeutige Zuordnung des reichen Beschwerdeangebotes von Friedrich ist aus heutiger Sicht kaum möglich. Die Krankheitsbilder wurden vor gut 200 Jahren aufgrund unzureichender naturwissenschaftlicher Kenntnisse nosologisch vielfach anders beurteilt und eingeordnet. Zudem wurde die Krankengeschichte, insbesondere bei Friedrich, nur in Ansätzen aufgeschrieben. Dazu trug er selber bei, weil er nicht duldete, daß seine Körperfunktionen und -krankheiten registriert wurden. Hinzu kommt, daß er die Ärzte rasch wechselte. So hatten sie kaum eine Möglichkeit zu exakter fortlaufender Beobachtung und Dokumentation. Erst gegen Ende seines Lebens konnten die Ärzte Johann Georg Ritter von Zimmermann (1728-1795) und Christian-Gottlieb Selle (1748-1800) Friedrich für längere Zeit begleiten und ihre Krankheitsbeobachtungen aufschreiben.

In diesem Zusammenhang soll auf die schlechte Beziehung Friedrichs zu den ihn behandelnden Ärzten hingewiesen werden. Er stand allen Mitmenschen mißtrauisch und skeptisch gegenüber, nahm alle Tagesgeschäfte, alle Lebensentscheidungen selber in die Hand. So konnte er auch seinen Ärzten kaum Vertrauen entgegenbringen, schätzte sie ebenso gering ein wie andere Menschen. Sehr ausführlich allerdings ließ er sich von den Ärzten Befund und Behandlungsplan schildern. Er hielt sich jedoch nicht an die Vorschläge, sondern handelte nach eigenem Gutdünken: „Sie (die Ärzte) müssen erst den statum morbi haben, um zu beschließen, mit welchen Mitteln sie einen vergiften sollen." Nahm er einen Rat an und hielt sich eine Weile daran, so mußte sich der Erfolg sofort einstellen: „Ein Mittel verlange ich, das mir auf der Stelle helfe." Geschah das nicht, begegnete er dem Behandler mit Ironie und Sarkasmus, hielt sich an seine eigene Meinung oder konsultierte den nächsten Arzt, dem es ähnlich erging wie seinem Vorgänger.

Friedrich hatte das Gefühl, sich nur auf sich selber verlassen zu können; seine Ruhelosigkeit und sein ausgeprägtes Machtbedürfnis waren Ausdruck seiner narzißtischen Persönlichkeit. Er konnte seinen Gesundheitszustand dadurch bessern, daß er regelmäßig Inspektionsreisen unternahm: „Je mehr man sich verwöhnt, desto empfindlicher und schwächer wird der Körper. Mein Metier verlangt Arbeit und Tätigkeit, mein Körper und Geist müssen sich ihrer Pflicht anbequemen. Es ist nicht nötig, daß ich lebe, aber wohl daß ich handle. Dabei habe ich mich immer sehr wohl befunden." Kontrolle, Perfektionismus, Pünktlichkeit und Exaktheit in Verbindung mit Expansivsein schienen für Friedrich eine innerseelische Bewältigungsmöglichkeit gewesen zu sein, um sein gestörtes Selbstwertgefühl überspielen zu können.

In der Krankengeschichte finden wir neben dem körperlich-psychosomatischen Beschwerdekomplex deutliche Zeichen einer zyklischen Gemütsveränderung mit Zeichen von Schwermut und „Depression" im Wechsel mit fast maniform zu nennenden Zuständen. Es handelt sich hier um Zusammenhänge, die Alexander Mitscherlich mit dem Modell der „Zweiphasigen Abwehr" zur Erklärung psychosomatischer Krankheiten diskutiert hat. Danach reagiert eine entsprechend vorgeschädigte Person in einer traumatisierenden Konfliktsituation unbewußt zuerst mit einem als seelischen Bewältigungsversuch zu interpretierenden psychoneurotischen Symptom, z. B. der Depression. Reicht dieser Kompensationsmechanismus bei sich verstärkender Traumatisierung nicht aus, sucht der Konflikt eine Lösung im körperlichen Symptom. Die zwanghaft-aggressive Charakterstruktur Friedrichs liefert psychodynamisch die Brücke zu den körperlichen Beschwerden des Magen-Darm-Traktes, die oral-depressiv-regressive Seite zu den „Schwächeanfällen", der zeitweise aufgetretenen Adipositas und zu dem auffallenden Eßverhalten.

Das übermäßige Essen purinreicher Kost zusammen mit Alkoholexzessen leitet über zu dem psychogenen Anteil der Gichterkrankung Friedrichs. Er war in größter Kargheit aufgewachsen, bekam häufig zuwenig, fast immer kaum schmackhaftes Essen vorgesetzt. Auffallend ist, daß er später reichlich hochwertige Kost bevorzugte: psychodynamisch ist dieses Verhalten als Reaktionsbildung zu verstehen. Wichtig ist uns in diesem Zusammenhang, daß Friedrich nach Kattes Tod dick wurde. Er konnte den seelischen Schock psychisch nur schwer bearbeiten und verbarg seine Schmerzen und seine Trauer hinter Viel-Essen. Hat er den einen „Symbiose-Partner" durch einen anderen ersetzt? Konnte er jetzt mit dem Viel-Essen sein Selbstobjekt wiederfinden? Friedrich liebte gute und üppige Mahlzeiten. Für ihn galt, was der französische Arzt und Philosoph La Mettrie, der wegen seiner Schrift „Histoire naturelle de l'âme" aus Frankreich fliehen mußte und 1748 nach Berlin kam, aussprach: „Wie wirksam ist doch ein gutes Mahl! Die Freude lebt in einem betrübten Herzen wieder auf und überträgt sich auf die Seele der anderen Gäste …" Während „asperges en cardons et poulets grillés et farcis" (Spargel mit Kardon-Artischocken und gegrillten und gefüllten Hühnchen [Übers. v. Verf.]) serviert wurden, kam die Frage auf, ob „van Helmont dann nicht mit Fug und Recht die Wohnung der Seele im Magenpförtner lokalisiert hätte" (nach Rüster). Mittags wie abends saß Friedrich in seiner (Männer-)Tafelrunde bei Wein und opulenten, stark gewürzten Speisen. Der Sekt floß reichlich. Selbst wenige Tage vor seinem Tode konnte Friedrich sich nicht zu einer Diät entschließen, ließ für sich und seine Gäste nach wie vor ein Menü mit elf Gängen auserlesener Delikatessen, Ungarwein, Bergerac und Moselwein auftischen.

Es ist erstaunlich, was Friedrich seinem Körper zugemutet und wie lange dieser ihm seinen Dienst getan hat. Nach Mitteilung über den Tod seines Habsburger Paten, Kaiser Karl VI., der keinen Thronerben hinterließ, vergaß Friedrich seine damalige Krankheit: „Jetzt ist der Augenblick für eine vollständige Veränderung des alten europäischen Systems! Ich habe meinem Fieber den Laufpaß gegeben, denn ich brauche meine Maschine und muß sie jetzt aufs äußerste anspannen …" (an Voltaire). Mit seinem enormen Willen und seiner Vernunft konnte er, der sich selbst als „Hypochonder" bezeichnete, die Leiden fast stoisch ertragen und Abstand zu seinem Körper gewinnen: „Le corps humain est une machine" (der menschliche Körper ist eine Maschine [Übers. v. Verf.])

war Friedrichs Devise, und er zwang ihm mit der ganzen Zähigkeit seines Willens die jeweils nötige Spannkraft ab: „Mein Organismus muß, koste es, was es wolle, funktionieren. Ich behandle ihn wie eine alte Schindmähre und gebe ihm die Sporen."

Der erste Gichtanfall ereignete sich kurze Zeit nach der Regierungsübernahme mit 29 Jahren. Die Tatsache, daß der Anfall gerade zu diesem Zeitpunkt auftrat, ist in mehrfacher Hinsicht bemerkenswert:

1. Friedrich hatte gerade seinen Vater verloren, den er gehaßt haben mußte. Dennoch bedeutete dessen Tod einen realen Objektverlust für den Sohn, weil Friedrich jetzt mit stark aufkommenden Schuldgefühlen, die er wegen der dem Vater gegenüber gehegten Todeswünsche hatte, zurechtkommen mußte. Er nahm zu seiner Entlastung die ihm wohlbekannten Züge des Vater an und entsprach damit genau dessen Forderungen. Allerdings konnte dieses nur unter Aufgabe der anderen Seite seines eigenen Wesens, der musischen, geschehen.
2. Aus Friedrichs Lebensgeschichte geht hervor, daß er immer gern ausschweifend gelebt hatte, der körperlichen Bewegung, der Kunst und der Philosophie, angeregt durch seine Mutter, viel Raum gegeben hatte. Bei der Regierungsübernahme mußte er sich eingeengt fühlen, sah nur noch die vom Vater auferlegten Pflichten. Expansionsimpulsen konnte er nur noch in regelmäßigen Kontrollfahrten durch sein Land und später in seinen vielen Kriegen nachkommen.

Zusammenfassend läßt sich zur Gicht sagen, daß die genetisch-familiäre Komponente wahrscheinlich durch den Vater weitergetragen wurde. Die frühkindlichen Erlebnisse prägten eine Persönlichkeit, die ständig mit der Nichtannahme durch die Eltern und dadurch bedingten Minderwertigkeitsgefühlen zu kämpfen hatte. Gefühle aber durfte und konnte Friedrich bereits in der frühesten Kindheit und Jugend nicht zeigen. Um mit seinen innerseelisch unbewußten Problemen und seiner Depression fertigzuwerden und um den drohenden Zerfall der Persönlichkeit aufzuhalten, baute er Kompensationsmechanismen auf. Dazu gehörten nicht nur seine Sublimierungsfähigkeit in Richtung Kunst und Philosophie, sondern mehr noch sein Ruhm-, Leistungs- und Machtstreben als auch sein regressives Eßverhalten und seine progressiven Flucht- und

Expansionsimpulse, die für das Verständnis der Gicht wichtig sind. Die Tragik des hochbegabten, sensiblen Friedrich liegt in der restriktiven Erziehung, die er erfahren hatte. Sie führte einerseits zu seinen Erfolgen und seinem Ansehen, andererseits ließ sie ihn aber in seinem überhöhten Narzißmus krank und einsam werden.

2.4.5 Otto von Bismarck

> Wer den Daumen auf dem Beutel hat, der hat die Macht.
> *(im Norddeutschen Reichstag, 26. April 1868)*

> Wenn ich mit Grundsätzen durchs Leben gehen soll, so komme ich mir vor,
> als wenn ich durch einen engen Wald gehen soll und müßte
> eine lange Stange im Mund halten.
> *(Tischgespräche)*

Zum historischen und familiären Hintergrund

Otto von Bismarck entstammte einem altmärkischen Geschlecht, das 1345 von Ludwig von Brandenburg mit Schloß Burgstall belehnt wurde. Dieses wurde von der Familie gegen Schönhausen eingetauscht, dem eigentlichen Stammsitz der Bismarcks.

Die Landkarte Europas war zerrissen. Das Hambacher Fest 1832 und die revolutionären Bewegungen von 1848 aktualisierten die Nationalitätenprobleme, ohne zu einer Lösung zu kommen. Aufgrund des naturwissenschaftlichen Fortschrittes (Entwicklung der Dampfmaschine, der Eisenbahnen, der Telegraphie, der Elektrizität) kam es zu einem wirtschaftlichen Aufschwung mit all seinen positiven wie negativen sozialen Folgen. Bismarck sprach nach 1848 hinsichtlich der politischen Entwicklung von „deutschen Phantastereien". In dieser Zeit begann er seine politische Laufbahn als „Rechter" und „Royalist", galt als „Stockpreuße". Er zeigte sein diplomatisches Geschick in seinem Bemühen, ein politisches Gleichgewicht zwischen Preußen und Österreich herzustellen. Wenn er auch zunächst als Gesandter nach St. Petersburg abgeschoben wurde, so galt er doch immer wieder als „Retter in der Not" und bestimmte die Politik mit. Das führte schließlich zu seiner Ernennung zum Ministerpräsidenten am 23. September 1862 durch Wilhelm I. 27 Jahre lang hat er die Geschichte Europas, Preußens und Deutschlands geprägt. Der „bestgehaßte Mann Preußens" führte 1866 den „Bruderkrieg" gegen Österreich, siegte am 3. Juli 1866 bei Königgrätz, wodurch Österreich aus Deutschland verdrängt wurde. Diesen Krieg zettelte er gegen die öffentliche, die konservative und liberale Meinung an. Ein Attentat auf sein Leben war die Folge. Die Angst, von Preußen überflügelt zu werden, gab Anlaß zur Kriegserklärung Frankreichs aufgrund der Demütigung durch die Emser Depesche. Bismarck forcierte dabei nicht einseitig den Krieg, sondern förderte heimlich die Thronkandidatur eines Hohenzollern in Spanien. Durch den Krieg kam es zu einer Vereinigung der süddeutschen Staaten mit dem Norddeutschen Bund, die Basis für die Kaiserkrönung Wilhelms I. am 18. Januar 1871 in Versailles. Bismarcks Wahlspruch „Im Dienste des Vaterlandes verzehre ich mich" fand hier seine deutlichste Ausprägung. Als Reichskanzler behielt Bismarck die Schlüsselstellung und war nur dem Monarchen gegenüber verantwortlich. Durch sein außenpolitisch-diplomatisches Geschick, das auf den Ausgleich und die Gleichgewichtigkeit der Mächte gerichtet war, fand er internationale Anerkennung. Seine Entlassung am 18. März 1890 ging auf gegensätzliche Standpunkte zwischen ihm und dem jungen Kaiser Wilhelm II. und auf das mehr und mehr schwindende Vertrauen zurück.

Das Bismarck-Bild hat sich im Laufe des vergangenen Jahrhunderts sehr verändert. Nach dem Zusammenbruch des Deutschen Reiches 1945 wurde die idealisierende Beurteilung Bismarcks hinterfragt. Jetzt erscheint er als „eine vielfältig gebrochene, ja, höchst ambivalente Figur und insofern als Spiegelbild und Repräsentant ihres, des 19. Jahrhunderts, von dem man sie nach 1890 so weit zu entfernen versucht hat. Preußischer Junker und Enkel eines bürgerlichen Kabinettsrates Friedrich des Großen; Rechtsaußen der Konservativen Partei und insgeheim schon früh überzeugt, daß die Devise für die Rechte lauten müsse: ‚Lieber Revolution machen als erleiden'; ein Mann des flachen Landes, der dreiviertel seines Lebens in der Großstadt verbrachte; langjähriger schärfster politischer Gegner der Liberalen, der ihren Grundsätzen in Wirtschaft und Gesellschaft wie kein anderer zum Siege verhalf; Stockpreuße und Kritiker der nationalen Idee, der den deutschen Nationalstaat gründete; engagierter Verteidiger der politischen und gesellschaftlichen Stellung des Adels, der dessen Grundlagen unterminierte; Feind der Demokratie, der das demokratische Wahlrecht einführte – das bezeichnet nur einen Teil der Ambivalenzen dieses Lebens, das durch solche scheinbaren Unvereinbarkeiten geradezu charakterisiert wird" (Gall).

Otto Eduard Leopold von Bismarck wurde am 1. April 1815 in Schönhausen an der Elbe geboren und verlebte seine ersten fünf Jahre auf den Familiengütern Schönhausen und Kniephof in Hinterpommern.

Die Mutter Wilhelmine Luise, geborene Mencken, war Tochter eines bürgerlichen Beamten, der als Vertrauter Friedrichs des Großen hohes Ansehen genoß. Nach dem Tod des Vaters wuchs Wilhelmine am Königshof als Kameradin der Königskinder auf. Sie wird als gebildet, belesen, intelligent, geistreich, gewandt, energisch, ehrgeizig und vergnügungssüchtig beschrieben. An dem politischen Geschehen nahm sie regen Anteil. Sie muß schön und kapriziös gewesen sein. Die Minderwertigkeit ihrer bürgerlichen Herkunft versuchte sie hinter Ehrgeiz und übersteigertem Geltungsbewußtsein zu kaschieren. Sie interessierte sich nicht für Kindererziehung, brachte wenig Verständnis für die Kinder auf und gab sie wann immer möglich ab. Die Ambivalenz der Mutter gegenüber wird in Bismarcks Gefühlen deutlich: trotz aller Ablehnung bewunderte und verehrte, ja idealisierte er die Unerreichbare. So war ihr Geburtstag zeit seines Lebens ein wichtiges Datum für ihn, und er glaubte, an diesem Tag sterben zu müssen. Aber insgesamt erlebte er seine Mutter als kühl, selbstsüchtig und streng. Durch den Mangel an Geborgenheit mußte bei ihm das Gefühl entstanden sein, von der Mutter ungeliebt, abgelehnt und deshalb wertlos zu sein. Diese Enttäuschung spricht aus Entfremdungs- und Haßgefühlen, die Bismarck ihr gegenüber sein Leben lang nie überwunden hat und noch in hohem Alter verbalisierte. Er sagte im Rückblick: „Ich bin nicht richtig erzogen. Meine Mutter ging gern in Gesellschaft und kümmerte sich nicht viel um mich."

Bismarcks Vater Karl Wilhelm Ferdinand hingegen war ein humor- und gemütvoller Genießer, naturverbunden, freundlich, aber wenig geistreich. Die 18 Jahre jüngere Wilhelmine dominierte in der Ehe; das Verhältnis der beiden ist bei Marcks eindrucksvoll beschrieben: „Gestern habe ich mit Mine Mencken, jetzt von Bismarck, und ihrem Mann bei Albrechts gegessen ... Sie ist sehr nervenschwach und deswegen schon seit sechs Monaten hier, um sich von Wohlfahrt (der auch Hardenberg behandelte) magnetisieren zu lassen, und behauptet, hellsehend zu sein, auch daß das Magnetisieren ihr geholfen habe. Der Mann aber klagte, daß sie bei aller clairvoyance doch nicht hätte vorhersehen können, daß die Wollpreise gegen Ende des Wollmarktes niedriger als zu Anfang desselben sein würden." Bismarck wünschte sich, den Vater zu lieben; im Alter pflegte er ihn aufopfernd. Doch es mangelte ihm an Respekt: der Vater war schwach und zu nachgiebig, war ein starker Trinker und schämte sich für seine Unterordnung unter seine Ehefrau. Bismarck mußte den Vater abwerten, insbesondere, wenn er ihn mit seiner Mutter verglich. Es fehlte ihm damit an einer männlichen Identifikationsfigur, die die Loslösung von der Mutter ermöglicht hätte. Bismarck faßte zusammen: „Meinen Vater liebte ich wirklich, wenn ich nicht bei ihm war, fühlte ich Reue über mein Benehmen gegen ihn, faßte ich Vorsätze, die wenig stand hielten; denn wie oft habe ich seine wirklich maßlose, uninteressierte, gütmütige Zärtlichkeit für mich mit Kälte und Verdrossenheit gelohnt, und noch öfter aus Abneigung, die mir anständig erscheinende Form zu verletzen, ihn äußerlich geliebt, wenn mein Inneres hart und lieblos war über anscheinende Schwächen, deren Beurteilung mir nicht zustand und die mich doch eigentlich nur ärgerten, wenn sie mit Formverletzung verbunden waren. Und doch kann ich die Behauptung nicht zurücknehmen, daß ich ihm gut war im Grunde meiner Seele." (zitiert nach Marcks)

Entsprechend ihrer Persönlichkeit und Neigungen bevorzugten die Eltern völlig unterschiedliche Lebensstile. Während sich die Mutter am liebsten im regen Leben der Hauptstadt Berlin oder in mondänen Kurorten aufhielt, liebte Ferdinand das einfache, naturverbundene ländliche Leben. Zwischen diesen Lebensräumen bewegte sich Bismarcks Kindheit: nicht erst seit dem Eintritt ins Berliner Internat pendelte er zwischen der Großstadt und den pommerischen Gütern; schon vorher verbrachte die Familie auf Wunsch der Mutter die Wintermonate oft in der Hauptstadt. Ein abschließendes Statement über seine Kindheit gab Bismarck 1846: „Ich bin meinem elterlichen Hause in frühester Kindheit fremd, und nie wieder völlig darin heimisch geworden, und meine Erziehung wurde von Hause her aus dem Gesichtspunkt geleitet, daß alles der Ausbildung des Verstandes und dem frühzeitigen Erwerb positiver Kenntnisse untergeordnet blieb."

Bismarck wurde als viertes Kind geboren; von den drei älteren überlebte nur der fünf Jahre ältere Bernhard das Kleinkindalter. Vier Jahre lang war Bismarck also das jüngste Kind. Die einzige Schwester war zwölf Jahre jünger als er.

Bismarck wird als intelligent, aufsässig, gefühlsbetont und – als faul beschrieben. Seine Kindheit verlebte er weitgehend mit seinem Bruder Bernhard. Beide besuchten in Berlin die Plamannsche Anstalt und wohnten dort von 1822 bis 1827 im Internat.

Die Schule war für die spartanische Erziehung bekannt: die Knaben mußten hungern, frieren und sich exzessiv körperlich betätigen. Bismarck erinnerte sich: „Ich (kam) in eine Erziehungsanstalt, wo ein zu strenges System herrschte, wenig und schlecht zu essen, Abhärtung, im Winter in leichten Jacken, viel Zwang und Methode und widernatürliche Dressur." Seit dieser Zeit war Hungern für ihn ein Greuel, seine Mutter hingegen schätzte den Erziehungseffekt der kargen Schulküche: „Du kannst daraus abnehmen, wie sehr ich recht hatte, als ich dich wegen deiner allzu großen Neigung zu gutem Essen tadelte." Gutes und reichhaltiges Essen war für Bismarck sein Leben lang von besonderer Bedeutung; was als psychische Reaktionsbildung zu verstehen ist. Für Bismarck waren die Jahre im Internat entbehrungsreich und einsam. Zur damaligen Zeit wurden adelige Kinder für gewöhnlich von den Eltern oder einem Hauslehrer unterrichtet. Nicht so für Bismarck. Er berichtete selber und zog folgenden Schluß: „Meine Kindheit hat man mir in der Plamannschen Anstalt verdorben, die mir wie ein Zuchthaus vorkam. Die Plamannsche Anstalt lag so, daß man auf einer Seite ins freie Feld hinaussehen konnte. Am Südwestende der Wilhelmstraße hörte damals die Stadt auf. Wenn ich aus dem Fenster ein Gespann Ochsen die Ackerfurche ziehen sah, mußte ich immer weinen vor Sehnsucht nach Kniephof. In der ganzen Anstalt herrschte rücksichtslose Strenge. Mit der Turnerei und Jahnschen Reminiszenzen trieb man ein gespreiztes Wesen, das mich anwiderte. Kurz, meine Erinnerungen an diese Zeit sind sehr unerfreulich." Ab 1827 besuchte Bismarck das Friedrich-Wilhelm-Gymnasium, später das Gymnasium des Grauen Klosters in Berlin. Er lebte zusammen mit Bernhard und einer Hausangestellten. Für die anschließenden Studien in Göttingen interessierte sich Bismarck wenig, „demonstrierte seine Aufsässigkeit bis zum Exzeß durch Weibergeschichten und auffallende, grellfarbige Kleidung", lieferte sich als Mitglied des Corps Hannoverana mit anderen Verbindungsbrüdern Duelle und Trinkgelage. Für die letzten Stunden im Semester wechselte er an die Universität Berlin, um dort billig zuhause zu wohnen und so seine in Göttingen gemachten Schulden abzubauen. Nach dem Studienabschluß 1835 folgten Jahre der Desorientierung. Er war zunächst als Referendar am Berliner Stadtgericht und später in Aachen tätig, diente freiwillig beim Gardejägerbataillon in Potsdam und Greifswald. Gleichzeitig besuchte er heimlich die landwirtschaftliche Akademie in Eldena.

Nach dem Tod seiner Mutter 1839 übernahm Bismarck die Bewirtschaftung der elterlichen Güter und begann, sich in der Kommunalpolitik zu engagieren. Er fühlte sich einsam, unausgefüllt und unzufrieden und versuchte es noch einmal im Potsdamer Verwaltungsdienst. Reisen, viel essen und viel trinken, seine diversen Affären leiteten die Jahre des „tollen Junkers" mit Frauen, Trinkgelagen, Jagden, Ausritten und „Junkerspäßen" ein. Vor allem Enttäuschungen mit Frauen belasteten ihn sehr. Einen Wendepunkt in Bismarcks Leben bedeutete die leidenschaftliche Liebe zu Marie von Thadden, die seine Zuneigung jedoch nicht erwiderte. Als Pietistin sorgte sie sich auch um Bismarcks Seelenheil und versuchte, ihn in Richtung christlicher Ideen zu beeinflussen. Als sie im November 1846 unerwartet an Typhus starb, war Bismarck erschüttert. Einen Monat später verlobte er sich mit ihrer Freundin Johanna von Puttkamer, die er am 28. Juli 1847 heiratete. In schneller Folge ergaben sich in diesem Lebensabschnitt wichtige Veränderungen. Drei Kinder wurden in kurzen Abständen geboren. Während der Revolution 1848 tat sich Bismarck als Königstreuer hervor, wodurch seine politische Laufbahn begann. Oft war er in den folgenden Jahren mehrere Monate von Frau und Kindern getrennt, weil er als Parlamentarier in Berlin tätig war, während seine Familie erst auf Schloß Schönhausen, später bei Johannas Eltern in Reinfeld lebte. Die Eheleute schrieben sich häufig. Diese Briefe sind voller Zärtlichkeit und bringen Bismarcks intensive

Sehnsucht nach Johanna und den Kindern zum Ausdruck. Als er 1851 den Posten des Königlich-Preußischen Gesandten beim Deutschen Bundestag in Frankfurt antrat, führten Otto und Johanna ein gemeinsames Ehe- und Familienleben. Diese Zeit wird als die glücklichste in seinem Leben beschrieben. Er nahm jedoch jede Gelegenheit zu dienstlichen Reisen, aber auch Jagd- und Urlaubsaufenthalten wahr. Das Jahr 1862 bedeutete einen weiteren Einschnitt in Bismarcks Leben: während Johanna und die Kinder an der Ostsee Urlaub machten, reiste er aus gesundheitlichen Gründen nach Biarritz. Dort verliebte er sich in die 22jährige russische Fürstin Katharina Orlow, die jedoch durch die Anwesenheit ihres Ehemannes für ihn unerreichbar blieb. In seinen Berichten über Katharina war Bismarck seiner Frau gegenüber erstaunlich offen: „Die reizendste aller Frauen ... wenn ihr zusammenkommt, wirst Du mir vergeben, daß ich etwas für sie schwärme." Bismarck vergaß seinen 15. Hochzeitstag und verlängerte den Aufenthalt in Biarritz so lange wie möglich. Als er nach Wochen nach Berlin zurückkehrte, hatte er fast seine Ernennung zum Ministerpräsidenten verpaßt.

Mit feinem Gespür und hohem persönlichen Einsatz wurde Bismarck schnell zur dominanten Figur der politischen Szene in Preußen. Das Verhältnis zu seinem König war geprägt von zahlreichen heftigen Auseinandersetzungen. Obwohl Bismarck stets betonte, seinem Herrn treu zu dienen, setzte er sich in allen wichtigen Meinungsverschiedenheiten gegen ihn durch. Gegen Untergebene war Bismarck tyrannisch, forderte teilweise Unmögliches, die Arbeitsatmosphäre war geprägt von Angst vor den cholerischen Ausbrüchen des Kanzlers. Je erfolgreicher und berühmter Bismarck wurde, desto mehr sah er sich von Feinden umgeben: „Bismarck hatte in den vier Jahren von September 1862 bis September 1866 Stadien von der größten Unpopularität und grimmigsten Hasses, welcher im Mai 1866 im Blindschen Attentat gipfelte, bis zur größten Popularität durchgemacht. Die zunehmende Opposition seiner früheren Förderer und Freunde aus Junkerkreisen erlebte er als besonders verletztend" (v. Ballhausen). Die Familie wurde für ihn immer mehr zum Zufluchtsort. Johanna, die Bismarck zu Beginn der Ehe noch zu einer repräsentativen Dame erziehen wollte, ging ganz in der traditionellen Hausfrauenrolle auf, verzichtete auf eigene Wünsche, ordnete sich ihrem Ehemann unter und sah ihre einzige Aufgabe darin, ihn und ihre Kinder zu umsorgen. Ihre mütterliche Seite trat ganz in den Vordergrund, an dem öffentlichen Leben Bismarcks nahm sie nicht teil und unterschätzte die Bedeutung der Politik ihres Ehemannes vollkommen. Bismarck selber lebte einerseits seine emotionalen Geborgenheitswünsche in seiner familiären Umgebung aus, fühlte andererseits immer wieder einen inneren Drang, seiner expansiven Seite nachzugeben und lebte sie bei der Jagd, auf seinen Reisen und bei seiner diplomatischen Aktivität aus.

Zur Person

Die Entwicklungsgeschichte Bismarcks ist durch die Zurückweisung seiner als ambivalent erlebten Mutter und seinen real wie emotional meist abwesenden Vater geprägt, so daß es Bismarck schwergefallen sein muß, ein sicheres Selbstwert- und Identitätsgefühl zu entwickeln und den Individuationsprozeß zu durchlaufen, ohne Schaden zu nehmen. Einige Einzelheiten zeigen beispielhaft Bismarcks pathologisch-narzißtische Grundproblematik.

„Ich werde entweder der größte Lump oder der größte Mann Preußens", schrieb Bismarck bereits als Jugendlicher an einen Freund. Er war ein Mensch, der keine Angst hatte, „gegen den Strom zu schwimmen". Er war ein Einzelgänger, für andere ein verschlossener Mensch, „ein Unheimlicher und im Grunde Unerkennbarer". Emotional enge Bindungen scheute er, zwischenmenschliche Nähe erlebte er als bedrohlich. Drei Verlobungen hatte er gelöst, bis er sich eine Partnerin wählte, mit der ihn zwar eine liebevoll-zärtliche Zuneigung verband, mit der er sich aber weder intellektuell austauschen noch eine reife sexuelle Beziehung leben konnte. Einen „Vorgesetzten" konnte er nicht ertragen, akzeptierte – zumindest nach außen hin – nur den Monarchen. Doch auch diese Unterordnung war nur formaler Natur, denn auch in dieser Beziehung war Bismarck im Grunde die dominierende Person. In Streitfragen setzte er sich durch, überfuhr, überlistete und überspielte seinen Gegenpart. Seine Unfähigkeit zur Unterordnung führte bereits in jungen Jahren zu Schulproblemen und ließ seine Militär- und Beamtenlaufbahn scheitern. Bismarck sagte selbst, daß er nie Vorgesetzte habe ertragen können: „… ich will … Musik machen, wie ich sie für gut erkenne, oder gar keine." Es ist wahrscheinlich, daß dieser ausgeprägte Ehrgeiz mit seinen regressiv-symbiotischen Wünschen kollidierte und zu einer innerpsychischen (psychosomatischen?) Lösung drängte.

Bismarcks innere Situation ist aus einem Traum nachvollziehbar, den er am 18. Dezember 1881 in einem Brief an Kaiser Wilhelm erwähnte und in seinen „Gedanken und Erinnerungen" festgehalten hat. In dem Traum kommt zum Ausdruck, in welch eine ausweglose Lage Bismarck geraten war und wie er sich im Sinne magisch-beschwörender Wunscherfüllung daraus befreien konnte. Die Vielschichtigkeit des Traums hat der Psychoanalytiker Hanns Sachs dargestellt (Gesammelte Werke Sigmund Freuds, Band II/III, London 1948). Bismarck schrieb:

„Euer Majestät Mitteilung ermutigt mich zur Erzählung eines Traumes, den ich Frühjahr 1863 in den schwersten Konflikttagen hatte, aus denen ein menschliches Auge keinen gangbaren Ausweg sah. Mir träumte und ich erzählte es sofort am Morgen meiner Frau und anderen Zeugen, daß ich auf einem schmalen Alpenpfad ritt, rechts Abgrund, links Felsen; der Pfad wurde schmäler, so daß das Pferd sich weigerte und Umkehr und Absitzen wegen Mangel an Platz unmöglich; da schlug ich mit meiner Gerte in der linken Hand gegen die glatte Felswand und rief Gott an; die Gerte wurde unendlich lang, die Felswand stürzte wie eine Kulisse und eröffnete einen breiten Weg mit dem Blick auf Hügel und Waldland wie in Böhmen, preußische Truppen mit Fahnen und in mir noch im Traume der Gedanke, wie ich das schleunig Eurer Majestät melden könnte. Dieser Traum erfüllte sich und ich erwachte froh und gestärkt aus ihm."

Bismarck war ein liebenswürdiger, unterhaltsamer Gastgeber und verstand es, nach außen hin zu imponieren. Er empfand jedoch wenig Mitgefühl für andere, wird als arrogant, kalt, egozentrisch, rücksichtslos, unverschämt, zutiefst unaufrichtig, voll von Haß und Menschenverachtung beschrieben. Er ließ andere seine Macht spüren, indem er sie quälte und mißhandelte. Diese Haltung zeigte sich auch seinen eigenen Kindern gegenüber. So verhinderte er die Heirat seines Sohnes Herbert aus Sorge um seine eigene politische Stellung. Ein ihm Nahestehender bekannte, daß Bismarck zwar immer jemanden von seinen Angehörigen um sich haben wollte und sich über Familienfeste freute; in erster Linie waren jedoch seine Söhne nur seine natürlichen Helfer gewesen, deren Arbeitskraft er rücksichtslos in Anspruch genommen hatte. Herbert wurde gänzlich sein Sklave und sein Arbeitstier, „der Mond, der um die Sonne kreiste", wie man es mit Bitterkeit nannte. Auch der Tod ihm nahestehender Menschen berührte ihn kaum; als Johanna starb, fand er kein Wort der Trauer, sondern machte ihr Vorwürfe, daß auch sie ihn nunmehr im Stich gelassen habe. Viel tiefer berührte ihn das Eingehen seiner Dogge Sultan, über deren Tod er tagelang nicht hinwegkam, weil er „nichts lieberes auf der Welt" gehabt hatte. Seinem Freund von Blanckenburg gegenüber bekannte er einmal, daß er „nichts lieben könne". Und weiter: „Mir geht es wie Friedrich dem Großen ...: je näher ich die Menschen kennenlerne, desto mehr liebe ich – die Hunde."

In scheinbarem Widerspruch zur Geringschätzung der Menschen stand seine Gier nach Anerkennung. Ausführlich schilderte er in Tischgesprächen seine Erfolge, während er über die anderen spottete. Er gab zu, „Wert auf eine gute Grabinschrift ... und auf ein gutes Zeugnis meiner Mitbürger" zu legen, und war besorgt, daß die Nachwelt seine Leistungen nicht ausreichend würdigen könnte. Aus diesem Grunde veränderte er Fakten in seinen Memoiren in der Absicht, sich den Überlieferungen für die Nachwelt möglichst positiv darzustellen.

Es hat den Anschein, als sei Bismarck ständig getrieben gewesen. Er war in seiner Jugend wild und bekannte noch als 80jähriger: „Aus Kampf besteht das Leben in seiner ganzen Natur. Kampf ist überall, ohne Kampf kein Leben!" Der Ruhelose sehnte sich nach Ruhe, fand jedoch keine. In der Passivität erlebte er sich als gebremst und ausgeliefert, häufig genug kam ein Gefühl der Leere und Langeweile auf. So wurde die Leistungsorientierung zu einer seiner wichtigsten Triebfedern: „Jedermann ist soviel wert wie er leisten kann, abzüglich seiner Eitelkeit."

Bismarck definierte sich stark über seine Männlichkeit, lebte diese Seite seines Wesens als „toller Junker" aus, hatte allerdings eine Art Fistelstimme, als ob er im Stimmbruch steckengeblieben wäre. Er suchte Männergesellschaften auf, ließ zwar keine sexuelle Affäre aus, verachtete jedoch die „Damen der großen Welt" und beurteilte sie als „angenehm zum Umgange, aber nicht zum Heiraten".

Diesen expansiv-aggressiven Zügen Bismarcks stehen regressive Tendenzen gegenüber. Theodor Fontane charakterisierte ihn als „Heros und Heulhuber". Bismarck selber äußerte sein Geborgenheitsbedürfnis seiner Frau gegenüber und schrieb ihr: „Ich habe Dich geheiratet, um Dich in Gott und nach dem Bedürfnis meines Herzens zu lieben, und um in der fremden Welt eine Stelle für mein Herz zu haben, die all ihre dürren Winde nicht erkälten und an der ich die Wärme des heimatlichen Kaminfeuers finde, an das ich mich dränge, wenn es draußen stürmt und friert." Johanna übernahm die von ihrem Ehemann erwartete Rolle wie eine Mutter, die für seine Gesundheit sorgte, seine Aufregungen milderte, ihn pflegte und schützte. Diese oknophilen, d.h. anklammernden Tendenzen Bismarcks lassen sich auch in der Beziehung zu seinem Arzt Schweninger nachweisen. Bei ihm konnte er wieder ganz Kind werden. Schweninger betreute Bismarck Tag und Nacht, lebte mehrere Jahre in dessen Haushalt und regelte seine Nahrungsaufnahme, seine Bewegung, den Tagesablauf, den Schlaf und begleitete ihn auf Reisen und bei Kuraufenthalten. Er schlief im Zimmer Bismarcks, wachte mit ihm auf und brachte es fertig, dessen Schlaflosigkeit wie Fettleibigkeit auf diese Weise (psychoanalytisch im Sinne eines Selbstobjekts) zu beeinflussen. In diesem Zusammenhang sei auch auf Bismarcks orale Besitzansprüche hingewiesen. So bekannte er, daß es ihm wichtig war, sein Land zu besitzen: „Es liegt mir wenig daran, ein schönes Haus zu bewohnen, in schönen Parks spazieren zu gehen, in guten Betten zu schlafen und an feinen Tafeln zu speisen. Ich finde in dem allen keinen Reiz, wenn dies Haus nicht mein Haus, diese Bäume mit meine Bäume, wenn es nicht mein Bett und nicht mein Tisch ist." Sein Schutzbedürfnis war dabei so groß, daß er sich um Friedrichsruh eine dicke Mauer bauen ließ und seine beiden großen Deutschen Doggen als Wächter und Verteidiger einsetzte. Er war außerordentlich mißtrauisch, fast paranoid, traute kaum jemandem und delegierte deshalb immer weniger Aufgaben. Sein Bedürfnis nach Kontrolle zeigte sich in seinem Perfektionismus und seiner Machtgier; als Vorgesetzter war Bismarck verhaßt, Autorität, Herrschsucht und Jähzorn prägten seinen Führungsstil. Schnell brauste er bei kleinen Anlässen auf, zerschlug ein Tablett mit Gläsern, riß Türklinken ab und verschaffte sich dadurch eine Entlastung seines aggressiven, narzißtisch geprägten Potentials. Es handelte sich hierbei um ausgeprägte anal-sadistische Züge, die in engem Zusammenhang mit seinen Minderwertigkeitsgefühlen standen, die er stets überspielen und kontrollieren mußte.

Insgesamt weist das Persönlichkeitsbild Otto von Bismarcks deutliche pathologisch-narzißtische Züge auf, die Störungen insbesondere in der Selbstwertfindung nach sich gezogen und den Autonomieprozeß behindert haben. Die mangelhafte Selbstannahme wird zwar immer wieder sichtbar, mußte jedoch stets mit Hilfe von Kompensationsmechanismen bekämpft werden. Dazu gehören nicht nur die oral-einverleibenden Züge, sondern ebenso das Macht-, Ehrgeiz- und Leistungsstreben und die anal-sadistischen Handlungen vor allem im zwischenmenschlichen Bereich. Diese sind allerdings ebenso auf eine mangelhafte Impulskontrolle und ein nicht ausgereiftes Aggressionsverhalten zurückzuführen. Bei Bismarck ist ein ausgeprägtes Spannungsfeld zwischen Geborgenheitsbedürfnissen und Weglaufimpulsen erkennbar. Dies weist auf die innerpsychische Konfliktsituation des Kanzlers hin, die er mit Hilfe von seelischen wie auch körperlichen „krankhaften" Reaktionen in einer Weise in Schach halten konnte, daß seine Persönlichkeit sich dadurch relativ stabilisierte und er die Leistungen vollbringen konnte, die ihn berühmt gemacht haben.

Zur Krankheit

Die Krankengeschichte Bismarcks ist lang. Sie ist von Reitunfällen und vor allem durch zahlreiche psychoneurotische und psychosomatische Beschwerden gekennzeichnet. Letztere beginnen spätestens im Alter von 22 Jahren mit Migräne, Schlaflosigkeit und Schwindel in einer Zeit, in der er unglückliche Monate als Regierungsreferendar in Aachen verbrachte. Wenige Jahre später wird von „Anfällen von rheumatischem Leiden", Krampfadern und „Zartheit der Nerven" gesprochen, als sich Bismarck auf die väterlichen Güter zurückgezogen hatte und diese bewirtschaftete. Mit 36 Jahren kam es zu einer „gastrischen Erkrankung mit schwerem galligen Erbrechen", zwei Jahre später wird von „Verdauungshemmung mit ihrem haemorrhoidalen Gefolge", von Koliken, Sodbrennen, Grippe und „Rose" berichtet. Die Intensivierung seines politischen Lebens zu dieser Zeit fiel zusammen mit der Gründung der Familie und der Geburt seines Sohnes Herbert; ein Zusammenhang zwischen dieser Veränderung seines Lebens und der Symptomatik ist anzunehmen, jedoch nicht stringent herzustellen. Ende der 50er Jahre kam es zu „Weichlichkeit für Erkältung", „Congestionen", Venenentzündungen und „Hexenschüssen" sowie einer lebensbedrohlichen Lungenembolie nach einem Unfall. Danach trat eine länger anhaltende „Depression" in der Zeit seines Aufenthaltes als Preußischer Gesandter in St. Petersburg auf. In den nächsten Jahren folgten eine „Nervenkrankheit", Kopfschmerzen und Gallensteine, mit 54 Jahren eine ausgeprägte Krise mit Erschöpfung, Schlaflosigkeit, rheumatischen Schmerzen, Magen-Darm-Störungen, Atemstörungen sowie einer „Neuralgie in den Beinen". Es war die Zeit des Krieges zwischen Preußen und Österreich. Diese Störungen setzten sich in den folgenden vier Jahren fort. Die Kriegserklärung Frankreichs an Preußen und der notwendige Aufenthalt Bismarcks in Versailles ließen diese z. T. als diffus vegetativ einzuordnenden Beschwerden verschwinden. Als sich Bismarck in Versailles erheblich in seinem Expansionsdrang behindert und sich insgesamt abgelehnt fühlte, trat der erste Gichtanfall am Silvestertag der Jahreswende 1870/71 auf. Gichtanfälle wiederholten sich in den folgenden Jahren, andere Krankheitserscheinungen kamen hinzu. Die Schlaflosigkeit wurde stärker und belastete ihn in besonderer Weise, seine Körperfülle nahm weiter zu. Eine Trigeminusneuralgie stellte sich 1879 ein, weitere Symptome – wie z. T. oben benannte – begleiteten ihn bis zu seinem Tode am 30. Juli 1898.

Der Zusammenhang zwischen dem Beschwerdeangebot des Patienten Bismarck und seiner Lebensgeschichte geht auf frühkindliche Erlebnisse zurück. Er war nicht in der Lage, Verluste mit Hilfe von Trauer und echtem Verzicht seelisch zu verarbeiten. Seine körperlichen Symptome sind als Versuch einer seelischen Verlustverarbeitung zu deuten. Dabei haben die körperlichen wie psychischen Krankheitszeichen den „Sinn", den Schmerz über die Nichtanerkennung des kleinen Kindes in der frühen Entwicklung auszugleichen und abzufangen und die daraus resultierenden Minderwertigkeitsgefühle zu kompensieren. Schon in den ersten Monaten und Jahren der frühen Entwicklungsperiode Bismarcks sind Krisensituationen nachweisbar, die psychoneurotische (z.B. depressive) wie psychosomatische (z.B. Kopfschmerzen) Erscheinungen nach sich zogen.

Die Gichtkrankheit trat bei Bismarck während der Jahreswende 1870/71, also mit 55 Jahren relativ spät auf. Es ist aber durchaus möglich, daß der psychodynamische Anteil an der Gicht seinen Ausdruck in den anderen psychosomatischen Reaktionen fand. Zur Zeit des ersten Gichtanfalls war Bismarck in Versailles. Seine persönliche Situation war konfliktreich, spannungsgeladen und von Mißtrauen geprägt. Er fühlte sich eingeengt. „Ich führe das Leben eines Galeerensträflings", schrieb er an seine Frau, „wir (Bismarck und Roon) haben beide mit unserer Gesundheit die Durchsetzung der Belagerung erkauft." Er versuchte, seine Depressionen, die „Nervenkrankheit", die Magenbeschwerden, „mit gutem Tisch, der sich da, wo die Umstände es erlauben, zur Opulenz erhob", zu kompensieren: Spickgänse, Wild, edler Fisch, Sahne, Baumkuchen, gutes Bier und herausragender Wein bildeten mehrmals täglich seine purin- und alkoholreichen Mahlzeiten. Der immense Alkoholkonsum Bismarcks wird in zahlreichen Quellen teils bewundernd, teils kritisch bemerkt. Bismarck war stolz auf seine Trinkfestigkeit als einen Beweis seiner Männlichkeit, erzählte gerne Trinkeranekdoten und prahlte damit, „seine Gäste mit freundlicher Kaltblütigkeit unter den Tisch zu trinken". Oft drängte er anderen den Alkohol auf, um im Vergleich zu demonstrieren, wieviel er vertrug. Schon zum ersten Frühstück trank er Moselwein, zum zweiten Schaumwein.

Für die Manifestation der Gichtkrankheit sind – wie wir wissen – Diätfehler mit übermäßigem Genuß purinreicher Kost und reichlich Alkohol eine notwendige Voraussetzung. Hinzu kamen bei Bismarck insofern narzißtische Züge, als das Beste für ihn gerade gut genug war und jede Einschränkung seiner Person dem Gefühl der eigenen Größe entgegenwirkte. Er konnte sich in Trink- und Freßgelagen und in Männerkreisen als „Held" erleben. Bismarcks Eß- und Trinkverhalten ist im Rahmen der Triebtheorie Freuds als Regression auf den oralen Bereich verständlich und dient der Kompensation eines konfliktbeladenen inneren Zustandes; Bismarck beantwortete also mit Hilfe des Abwehrmechanismus der Regression Probleme, die ihm Angst und Schmerzen hätten bereiten können; damit konnte er seine Trauer umgehen. Das in der Kindheit erlebte Gefühl von Verlassenheit und Deprivation wurde auch dadurch reaktiviert, daß er bei der Kaiserproklamation am 18. Januar 1871 von Wilhelm übergangen wurde. Das bedeutete für ihn eine große narzißtische Kränkung, der er wiederum mit Viel-Essen begegnete, die aber auch die Symptome der Hypochondrie und der Schlafstörungen nach sich zog.

Die Rolle Schweningers, Bismarcks Arztes in den letzten Jahrzehnten seines Lebens, läßt seine narzißtischen Persönlichkeitsanteile besonders deutlich aufzeigen. Schweninger vermochte es, Bismarcks gravierende Schlafstörungen zu heilen, indem er sich als „Selbstobjekt" zur Verfügung stellte. Er saß so lange an Bismarcks Bett, bis dieser eingeschlafen war, und blieb die ganze Nacht über bei ihm. Wenn er aufwachte, war sein Arzt also immer noch anwesend, nahm seine Hand und wünschte ihm einen guten Morgen. Schweninger wurde für Bismarck unentbehrlich. Nach Kohut hat Schweninger Bismarcks Bedürfnis nach einem empathisch reagierenden Selbstobjekt im Sinne einer Übertragungsreaktion erfüllt und damit zur Aufrechterhaltung eines kohärenten Selbst beigetragen. Seine Gegenwart hatte eine weitere Wirkung: Bismarck begann abzunehmen. Wir können davon ausgehen, daß er bis dahin versucht hatte, das fehlende Selbstobjekt durch Nahrung zu ersetzen. Diesen Kompensationsversuch konnte er jetzt aufgeben, da er in Schweninger eine empathische, stützende Person, gleichsam als Teil seines Selbst, gefunden hatte.

Zusammenfassend kann das Persönlichkeitsbild und das Krankheitsgeschehen Otto von Bismarcks folgendermaßen skizziert werden: Kindheitsbedingungen sind bei ihm für die Entwicklung einer pathologisch-narzißtischen Persönlichkeit mitverantwortlich. Die Zurückweisung einer als ambivalent erlebten Mutter in Verbindung mit einem emotional abwesenden Vater waren wenig geeignet, ein stabiles Selbstwert- und Identitätsgefühl aufzubauen. Die wechselnde Höhe seiner Stimme, die wie ein Stimmbruch geklungen haben mußte, war Ausdruck dafür, daß er in der Pubertät „steckengeblieben" war. Abwehrformationen aus der oralen, auch intentionalen, der analen wie aggressiven Entwicklungskonstellation konnten die tiefer liegende Depression in den Zeiten des „tollen Junkers" wie auch des „Eisernen Kanzlers" wenigstens zeitweise kompensieren. Psychosomatische Reaktionen, die Bismarck spätestens seit dem Ende der Adoleszenz zeigte, trugen dazu bei, die Kohärenz des Selbst zu erhalten. Ehrgeiz und Leistungsorientierung in Verbindung mit Machtstreben waren der Motor seines Erfolges. Seine Geborgenheitswünsche jedoch gehen ebenso deutlich aus seiner Lebensgeschichte hervor wie sein Schutzbedürfnis. Wenn wir die Krankheit als Verlustverarbeitung und als Reparationsversuch des (Größen-)Selbst auffassen, dann können wir bei Bismarck die in eine Psychosomatose eingebettete Gichtkrankheit als Ausdruck des unbewußten Spannungsfeldes zwischen seinen Geborgenheitsintentionen und der Tatsache verstehen, daß ihm seine Expansions- und Fluchttendenzen in der erheblich eingeengten, auch kränkenden Umgebung in Versailles der Jahreswende 1870/71 nicht mehr zur Verfügung standen.

Christoph Tiedemann, der von 1878 bis 1881 Leiter der Reichskanzlei und engster Mitarbeiter Bismarcks war, charakterisierte seinen Vorgesetzten folgendermaßen:

„Sein Selbstgefühl war, ähnlich wie bei Friedrich dem Großen und Napoleon, mit einer starken Dosis Menschenverachtung gepaart, und diese verleitete ihn nicht selten dazu, Freunde und Feinde zu unterschätzen. Er sah in Freunden das willenlose Werkzeug seiner Pläne, Schachfiguren, die er beliebig auf dem Brette seiner Politik hin und her schieben und auch opfern konnte, wenn dies ins Spiel paßte, in seinen Feinden nur Schurken und Dummköpfe. Freunde konnte er nur gebrauchen, wenn sie sich vollständig mit ihm identifizierten. Er betrachtete sie mit Mißtrauen, sobald sie sich erlaubten, eine andere Meinung zu haben wie er, oder eine Haltung einzunehmen, die seinen Erwartungen nicht entsprach."

Aus psychosomatischer Sicht hinterließ die emotionale Kargheit der frühkindlichen Entwicklung bei Bismarck ein tiefliegendes Gefühl des Nicht-angenommen-Seins. Er kompensierte es unbewußt mit Hilfe von Streben nach Macht, enormem Leistungseinsatz, kalt überlegener Haltung. Diese innerpsychische Abwehr mit ihren Expansions- (als auch Regressions-)Tendenzen brach jeweils nach einem Objektverlust (Bismarck fühlte sich in Versailles eingesperrt und vom Kaiser mißachtet) zusammen. Die orale Regression in

Form von alimentären Exzessen ermöglichte eine gewisse Kompensation, löste aber den Gichtanfall aus, der wiederum den bis dahin gewohnten Einsatz der Flucht als „Ersatz" für Schmerz und Trauer verhinderte.

3. Schlußbetrachtung

Die psychosomatische Medizin ist eine noch junge wissenschaftliche Disziplin. Das Problem der Einheit von Leib und Seele hat die Philosophie und auch die Medizin seit den Anfängen unserer Kultur beschäftigt. Die entscheidende Trennung erfolgte durch René Descartes, der den Menschen in eine Res cogitans und eine Res extensa teilte. Seine rationalistisch-mechanistische Denkweise verleitete ihn dazu, im lebendigen Organismus eine Maschine zu erblicken und alle Erscheinungen der Außenwelt auf Corpuscula zurückzuführen. Damit hatte alle Subjektivität des Menschen, auch alle Geschichtlichkeit, keinen Platz mehr in seinem Weltbild. Descartes' Einfluß auf unsere Wissenschaft kann kaum überschätzt werden. Die entscheidenden Erfolge in der Medizin basieren auf dieser Teilung. Dennoch hat sich die Morbidität insgesamt nicht verbessert. Das liegt nicht nur daran, daß sich die Altersbevölkerungspyramide geändert hat: Wir wissen heute, daß mindestens jeder zweite Patient einer psychosomatisch-somatopsychischen Betrachtungs- und Behandlungsweise bedarf. Das geschieht bisher nicht in ausreichendem Maße.

Die Einseitigkeit wissenschaftlich-reduktionistischen Denkens hat sich auch in anderen Disziplinen breitgemacht. Der integrativ-interdisziplinäre Ansatz wird zwar immer wieder gefordert; die Spezialisierung jedoch schreitet fort, eine ganzheitliche Vorgehensweise findet nicht ausreichend Anerkennung. In der Medizin wird der kranke Mensch häufig nur wie eine Maschine, also lediglich in Hinblick auf seine Körperlichkeit betrachtet; die seelisch-unbewußte und geistige Dimension bleiben weitgehend unberücksichtigt.

In dieser Studie wurde versucht, von psychosomatisch-ganzheitlichem Standpunkt aus historische Persönlichkeiten zu untersuchen, die an der (heute als Volkskrankheit zu bezeichnenden) Gicht gelitten haben. Eigene wissenschaftliche Untersuchungen an Gichtpatienten waren Anlaß, Persönlichkeitsentwicklungen und -schicksale auch berühmter Gichtiker vor allem auf der Grundlage der Laien-, aber auch der Originalliteratur nachzuzeichnen und mit den bisherigen psychosomatischen Forschungsergebnissen zu vergleichen. Wenn sich auch viele Schwierigkeiten bei der retrograden Einschätzung der Persönlichkeit ergeben mußten, so ist es doch erstaunlich festzustellen, wie Kindheitsentwicklungen mit frühkindlich-emotionaler Deprivation nicht nur die spätere Persönlichkeitsprägung, sondern auch Körperkrankheiten (und deren Fortschreiten) beeinflussen und formen. Diese Erfahrungen und Erkenntnisse der psychoanalytisch-psychodynamischen Krankheitslehre auch auf historische Persönlichkeiten anzuwenden, ist nicht unproblematisch, hat jedoch seinen besonderen Reiz, vor allem dann, wenn es gelingt, soweit wie möglich wertfrei zu arbeiten und zu interpretieren, wie es der Psychoanalytiker, der Wissenschaftler und der Arzt versuchen.

Es gibt einige psychoanalytische Studien zu Charakterzügen bedeutender Persönlichkeiten aus der Geschichte, kaum jedoch solche, die auch körperliches Befinden oder Krankheit einbeziehen. Dieses Buch soll zu weiteren interdisziplinären Arbeiten in dem umfassenden psychosomatisch-psychodynamischen Sinne anregen und darüber hinaus zu einer umfassenderen Betrachtungsweise des kranken Menschen beitragen.

4. Anhang: Peter Paul Rubens

> Mein Talent ist so geartet, daß keine Unternehmung, sei sie auch noch so groß und mannigfaltig im Gegenstand, mein Selbstvertrauen jemals überstiegen hätte. (*Peter Paul Rubens*, 1621)

In diesem Anhang sei ein Auszug aus der Arbeit „Gichtkranke historische Persönlichkeiten. Ein Beitrag zur psychosomatischen Symptomentstehung" von R. Klußmann, erschienen in der Zeitschrift für Psychosomatische Medizin 29, S. 162–173 (1983), abgedruckt:

Rubens wird als vorletztes von 7 Kindern 1577 in Siegen geboren. Sein Vater Jan Rubens, promovierter Jurist und Schöffe der Stadt Antwerpen, ist wegen eines Verhältnisses mit Anna von Sachsen, der Gemahlin Wilhelms von Oranien, in Dillenburg gefangengesetzt worden. Seit 1573 darf er unter Hausarrest in Siegen leben. Der charmante „Leichtfuß" mit Bildung, aber ohne Charakter, wird nach seiner Entlassung geächtet, ist ganz von seiner Frau abhängig – jetzt ein gebrochener Mann. Rubens Mutter, geborene Maria Pypelinckx, scheint redlich, ruhig, gelassen, aber voller Energie gewesen zu sein. Sie hat es fertiggebracht, ihren Mann zu befreien, aber nichts von dem Ereignis zu erzählen, nicht den engsten Freunden, nicht ihrem Sohn Peter Paul. Sie „zwang ebenso den Schrekken wie den Groll nieder". Sie gebiert Peter Paul in Hoffnung und Zuversicht und ist ihm zunächst nah. Der Vater aber, von Schuldgefühlen gepeinigt, bleibt ihm stets fern.

Trotz der starken Zuneigung seiner Mutter hat Rubens eine geordnete familiäre Häuslichkeit in seiner Kindheit und Jugend nicht erlebt. Er wird von Jesuiten streng erzogen. Seine Mutter sagt von dem 14jährigen, daß er außer Hause lebe und sich selber ernähre. Nach der Pagenzeit beginnt er bald eine Malerlehre. Schon früh erwirbt er sich große Verdienste in Italien und kehrt als schon berühmter Mann von 31 Jahren in seine Heimatstadt Antwerpen zurück, weil seine Mutter auf dem Sterbebett liegt.

Kurze Zeit nach ihrem Tod heiratet er 1609 Isabella Brant. Auf dem Bild der „Geißblattlaube" stellt sich Rubens lässig mit übergeschlagenen Beinen auf einem Pfosten sitzend in prachtvoller Patrizierkleidung dar. Aus der Literatur geht hervor, daß er seinen Ehrgeiz darein gesetzt hat, sich auf seinen Selbstbildnissen schöner und attraktiver darzustellen, als er wirklich gewesen ist. Insbesondere wird auf seinen spärlichen Haarwuchs und auch auf seine unproportionale Kopfform hingewiesen, die er in seiner Eitelkeit zu vertuschen versucht hat. Er zeigt sich stets in selbstsicherer, erfolgsbewußter, aristokratischer Pose mit allen Merkmalen äußerer Würde, die er sich verdient hat. Rubens wird als imponierende persönliche Erscheinung, offen, kritisch, ernst und von außerordentlicher Arbeitskapazität beschrieben. Er sei historisch, politisch und künstlerisch gleichermaßen interessant, gebildet, aufnahmefähig, begabt für gesellschaftliche Kontakte und von sprudelnder Kreativität gewesen. 1621 schreibt er selber: „Mein Talent ist so geartet, daß keine Unternehmung, sei sie auch noch so groß und mannigfaltig im Gegenstand, mein Selbstvertrauen jemals überstiegen hätte."

Seit Anfang der 20er Jahre lebt Rubens mehr im Postwagen als zuhause und sagt selber, daß er im Dienst der Fürsten beständig den „Fuß im Steigbügel" habe. 1624 wird er von Philipp IV. von Spanien in den Adelsstand erhoben. Hohe Würdenträger besuchen ihn in seinem weitläufigen, großzügigen, selbst erbauten Haus in Antwerpen. Seine Aktivität, seine Geschicklichkeit, seine Bildung und seine Kreativität bewirken diesen „sozialen Aufstieg" – wie Warnke sagt – aus bürgerlicher Sphäre in den Adelsstand. Wenn es zur damaligen Zeit auch durchaus öfters vorkommt, daß ein Brüger in den Adelsstand erhoben wird, so ist es doch Rubens, der die Aufstiegschance auch auf materiellem Gebiet zu nutzen weiß. Und noch eine Briefstelle (10.1.1625), die ihn charakterisiert: „Was mich betrifft, so versichere ich Ihnen, daß ich in öffentlichen Angelegenheiten der leidenschaftsloseste Mensch der Welt bin, solange es sich nicht um meine Habe und um meine Person handelt; ich halte es so (wenn sonst alles stimmt), daß ich die ganze Welt für mein Vaterland ansehe; auch glaube ich, daß ich überall willkommen wäre."

Ein innerpsychisches Spannungsfeld zeigt sich darin, daß sich Rubens gegen Streitsucht, Neid und Wildheit einsetzt, die mit einem – wie Warnke sagt – „Kraftakt niedergehalten werden wollen", damit sich die positiven Affekte der Eintracht, Milde und Gerechtigkeit wieder entfalten können.

Zur Persönlichkeit Rubens gehört der Versuch einer Verbindung innerer extrem antithetischer Pole. In seiner Werkstatt hängen zeitlebens zwei Bilder, die diese Polaritäten aufzeigen: der „Höllensturz der Verdammten" und der „Silen". Ausgeprägte Spannungsfelder und Antithesen in Thema und Komposition werden deutlich. Weitere Beispiele sind der „Trunkene Herkules" und die „Krönung des Tugendhelden".

Philipp Rubens berichtet über Tagesablauf und Lebensweise seines Onkels Peter Paul: Er ist um 5 Uhr aufgestanden, in die Frühmesse gegangen und macht sich gleich danach an die Arbeit. Dabei läßt er sich seine Lieblingsschriftsteller Plutarch und Seneca vorlesen; gleichzeitig diktiert er Briefe. Ganz im Gegensatz zu dem üppigen Leben im damaligen Antwerpen ist er mäßig im Essen und Trinken und lehnt Fleischkost ab, weil er sich dann bei seiner Arbeit ermüdet fühlt. Erholung findet er auf Spazierritten und abends in geselliger Runde.

Die 20er Jahre sind durch Rubens' Interesse an der Diplomatie geprägt. Evers spricht daneben aber auch von einer „inneren Neuwerdung als Künstler", weil Rubens – auf dem Höhepunkt seines Ruhms – stets nach Neuem suche und schließlich – als Vorbild – Tizian finde, den er „nun liebte wie ein Jüngling seine Geliebte".

Darüber hinaus ist es aber auch die Zeit großer persönlicher Schicksalseinbrüche: 1623 stirbt seine älteste Tochter Klara Serena, drei Jahre später seine Gemahlin Isabella Brant. Das unruhige Leben eines Staatsmannes ist ihm gerade jetzt willkommen, weil ihm Haus und Werkstatt verödet erscheinen.

Der Tod von Isabella Brant hat für Rubens entscheidende Bedeutung: Das ist allein aus der Tatsache zu ersehen, daß er zum ersten und letzten Mal einen ganz persönlichen, von Gefühlen des Schmerzes geleiteten Brief schreibt.

Aus ihm sollen folgende Sätze zitiert werden: „Ich habe in der Tat eine gute Gefährtin verloren, die man mit Recht lieben konnte, ja mußte, da sie keine der schlechten Eigenschaften ihres Geschlechts hatte; sie war ohne Launen und ohne weibliche Schwächen, nur Güte und Zartheit, und wegen ihrer Tugenden im Leben von allen geliebt und nach dem Tode beweint. Ein solcher

Verlust scheint mir eines großen Schmerzes würdig, und da das einzige Heilmittel für alles Leid das Vergessen ist, das Kind der Zeit, so muß ich ohne Zweifel von ihm meinen einzigen Trost erhoffen. Aber wie schwer wird es sein, den Schmerz von dem Andenken eines Menschen zu trennen, den ich lieben und achten muß, solange ich lebe. Ich glaube, daß mir eine Reise gut täte, die mich von all den vielen Gegenständen entfernte, welche immer aufs neue meinen Schmerz hervorrufen; und die neuen Dinge, die sich dem Auge auf einer Reise bieten, beschäftigen die Einbildungskraft und besänftigen das Herzleid."

Ist der Brief wirklich nur von positiven Gefühlen der toten Isabella gegenüber geprägt? Lehmann fragt, ob sich Rubens' Liebe zu Isabella in Mitleid verwandelt habe, zumal sie schon früh eine verblühte Frau gewesen sei. Rubens habe zu ihr gehalten, weil sie eine so hochherzige Frau wie seine Mutter gewesen sei. Es taucht also die Frage auf, ob das Verhältnis in den letzten Jahren und besonders direkt nach ihrem Tod von Schuldgefühlen und einer Reaktionsbildung im Sinne einer verstärkten Zuneigung geprägt gewesen ist. Ist überhaupt die Darstellung oft üppiger Frauengestalten u. a. auch unter dem Aspekt der Reaktionsbildung zu sehen?

Der erste Gichtanfall tritt kurze Zeit nach Isabellas Tod auf. Für Rubens beginnt ein neuer Lebensabschnitt. Persönlich wendet er sich wieder mehr der Nachbarsfamilie Fourment zu.

Die Beziehung zu ihr war schon lange eng. Als Modell hatte sich Rubens schon früh Susanne genommen, die ihn verehrt und die er mit großer Liebe malt. Vier Jahre nach Isabellas Tod heiratet er die 37 Jahre jüngere Helène Fourment. In einem Brief blickt er auf die Zeit seiner zweiten Heirat zurück: „Seit 3 Jahren habe ich mit Gottes gnädiger Hilfe meine Seelenruhe wiedergefunden, indem ich auf jedes Engagement außerhalb meines so angenehmen Berufes verzichtete. Das Schicksal und ich, wir haben einander kennengelernt ... Ich habe den goldenen Knoten des Ehrgeizes durchhauen, um meine Freiheit zurückzugewinnen."

Mit Helène hat er offenbar eine glückliche Zeit bis zu seinem Ende verbracht. Rubens, von Gicht geplagt, ohne weiteren inneren Antrieb, hörte auf zu reisen und blieb im Kreise seiner Familie. Was wirklich in ihm vorgegangen ist, wissen wir nicht, persönliche Briefe existieren nicht mehr.

Auffallend ist, daß auch bei Rubens mit der Erstmanifestation der Gicht der Verlust einer engen, ambivalent erlebten Bezugsperson (zu dem Zeitpunkt von Mitleids- und Schuldgefühlen geprägt) verbunden ist. Echte Trauer wird nicht empfunden. In dem zitierten Brief nach dem Tod Isabellas wird die Flucht nach außen als Lösungsmöglichkeit angesprochen. Der Bruch in der äußeren Lebensgeschichte entspricht einer inneren Krise, die Rubens nicht wahrhaben will.

Versuchen wir, Gemeinsamkeiten der Persönlichkeiten Friedrichs' und Rubens' herauszuarbeiten, so fällt zunächst auf, daß beide eine außerordentlich belastete Kindheit gehabt haben. Der Vater ist emotional fern, die Mutter wird zunächst als warmherzig erlebt. Die Entfremdung folgt jedoch bald. Bei beiden sind in der ersten Lebenshälfte ausgesprochene Expansions- und Fluchttendenzen zu finden, die vor allem später in stark kontrollierende, anale Charakterzüge münden. Mit Balints Terminologie können wir sagen, daß sich eine philobatär-dynamisch-freiheitsliebende in eine oknophil-anklammernde Grundeinstellung gewandelt hat. Bei dem Verlust einer engen Beziehungsperson müssen wir bei beiden Männern vermuten, daß eine ausgesprochen zwiespältige Einstellung zu ihnen bestanden hat. Es kann angenommen werden, daß unbewußte Haßgefühle, möglicherweise Todeswünsche, aktiv waren und bei Friedrich mit Identifikationsmechanismen, bei Rubens mit einer Reaktionsbildung beantwortet werden. Charaktermerkmale von Ehrgeiz und Egozentrik, gekoppelt mit dem Wunsch nach Anerkennung, werden deutlich. Bei Rubens liegt eine Aufstiegsproblematik vor, die nicht voll bewältigt ist. Während bei Friedrich homoerotische Züge nachweisbar sind, ist die sexuelle Entwicklung bei Rubens aus der Literatur nicht eindeutig nachzuvollziehen. Trotz seiner vielen, häufig liebevollen Frauendarstellungen wird berichtet, daß er enge Beziehungen nur zu Isabella und Helène gehabt habe. Seine vielen langen Reisen haben für ihn in sexueller Hinsicht angeblich nie eine Versuchung dargestellt. Bezüglich der psychosexuellen Entwicklung ist bei Friedrich und bei Rubens eine Störung der frühkindlichen Entwicklung bis in das 2. und 3. Lebensjahr zurückzuverfolgen, die eine Störung der analen Triebdynamik und entsprechend charakteristische Persönlichkeitsmerkmale nach sich zieht. Beide verbindet eine enorme schöpferische Kraft, eine breite Bildung auf vielen Gebieten, große Intuition und ausgesprochene Geschicklichkeit in vielen Lebensbereichen.

5. Glossar

Abort	Fehlgeburt
Absence	kurze Bewußtseinstrübung
Abszeß	Eitergeschwür
Abwehr	unbewußter psychischer Vorgang, der das Ich vor inneren und äußeren Gefahren schützen soll
Adenoide Vegetation	Polypen
Adipositas	Fettsucht
Aggression	ad-gredi, auf den anderen zugehen
Allergische Diathese	angeborene oder erworbene Neigung zur Allergie
Allmachtsphantasien	unbewußte Größenvorstellungen
anal-sadistisch	sadistische Phantasien aus der analen Phase der Entwicklung; Schmerz zu verursachen, bereitet Lust
antiphlogistische Therapie	entzündungshemmende Behandlung
Apathie	Teilnahmslosigkeit
Artefakt	Trauma durch Selbstbeschädigung
Asthma bronchiale	Atemnotanfälle durch Atemwegsverengung
Atopie	Überempfindlichkeit; Allergie
Autoaggressionskrankheit	Autoimmunkrankheit – Autoimmunisierung gegen körpereigene Substanzen (Autoantigene) gerichtete Autoantikörper; psychologisch: gegen das Individuum gerichtete Selbstschädigungen

Borderline-Syndrom	Persönlichkeitsstörung im Grenzbereich von Neurose und Psychose
Congestionen	arterielle Blutüberfüllung
Depression	unspezifische Bezeichnung für Störungen der Affektivität
Deprivation	fehlende affektive Zuwendung vor allem in den ersten Lebensjahren
Diabetes mellitus	Zuckerkrankheit
Dysenterie	Ruhr
Epilepsie	zerebrale Funktionsstörung mit epileptischen Anfällen
Erysipel	Wundrose
Es	Triebpol der Persönlichkeit, Hauptreservoir der psychischen Energie, Teil des „psychischen Apparates"
falsches Selbst	Verlust des eigentlichen, möglichen Selbst
Familiendynamik	Beziehungsgefüge innerhalb einer Familie
Fleckfieber	durch Rickettsia prowazeki hervorgerufene Infektionskrankheit
Fragmentation	Auseinanderbrechen des Selbst
Gastritis	Magenschleimhautentzündung
Gegenübertragung	Gesamtheit der unbewußten Reaktionen des Analytikers auf die Person des Analysanden
Gicht	Purinstoffwechselstörung mit Abscheidung von harnsauren Salzen an verschiedenen Körperstellen
Grandiosität	unbewußte Größenvorstellungen zur Abwehr von Minderwertigkeitsgefühlen
Grand mal	großer Anfall bei Epilepsie

Gürtelrose	neurotropische Virusinfektion; (Herpes Zoster)
Hämorrhoiden	knotenförmige Erweiterungen der Blutgefäße im Analbereich
Harnsäure	in Wasser schwer lösliche organische Säure
Hemiplegie	vollständige Lähmung einer Körperhälfte
Herzinsuffizienz	unzureichende Funktion des Herzens
Hyperurikämie	Vermehrung der Harnsäure im Blut
Hypochondrie	ausgeprägte Selbstbeobachtung mit der Befürchtung, krank zu sein
Ich	Teil des „psychischen Apparates", definiert nach dessen Funktionen: Wahrnehmung, Gedächtnis, Motorik
Ich-Psychologie	Betrachtung der Person unter den Gesichtspunkten der Anpassung, der Reaktionsprüfung, der innerpsychischen Abwehr
Identitätsgefühl	beständig erlebte Einheit der Person, des Selbst
indolent	gleichgültig, schmerzlos
Inkontinenz	Unvermögen, Harn oder Stuhl willkürlich zurückzuhalten
intentional(e Phase)	erste Wochen im Leben eines Menschen, in denen er „Urvertrauen" entwickelt
Katarrh	Sonderform einer Entzündung der Schleimhäute (insbesondere am Atmungstrakt)
Kolik	krampfartiges Zusammenziehen eines Hohlorgans

Konflikt	Zusammenstoßen zweier sich widersprechender Strebungen in einer Person
Konversion	Umsetzung eines unerfüllten (Trieb-)Wunsches in ein körperliches Symptom
Libido	psychische Energie, Begierde, Trieb
Lungenembolie	Verschluß der Lungenstrombahn durch Einschwemmen eines Blutpfropfes (Thrombus)
Lungenödem	abnorme Ansammlung von Flüssigkeit in der Lunge
Malaria tertiana	durch das Plasmodium vivax hervorgerufene Form der Malaria
Masochismus	sexuelle Fehlhaltung mit Erlangung von Befriedigung durch Demütigungen und Qualen, zurückzuführen auf sadistisches Strafbedürfnis des Über-Ich
Migräne	anfallsartig, meist halbseitig auftretende Kopfschmerzen
Morbidität	Krankheitshäufigkeit
Morbus sacer	Epilepsie
Narzißmus	Konzentration seelischen Interesses auf das Selbst; Aufrechterhalten eines affektiven Gleichgewichts von innerer Sicherheit – Wohlbehagen – Selbstsicherheit
Neuralgie	auf das Ausbreitungsgebiet ei nes Nervs beschränktes Schmerzsyndrom
Objekt(-Beziehungstheorie)	Gegenstand des Erkennens, Wahrnehmens, Denkens, Handelns; Lehre von den Beziehungen zwischen Personen

Objektrepräsentanz	innerseelisches Abbild einer wichtigen Bezugsperson
ödipal(e Phase)	4.-6. Lebensjahr in der Entwicklung eines Menschen, in denen das Finden der eigenen Geschlechtsrolle im Mittelpunkt des Erlebens steht
Oknophilie	anklammerndes Verhalten an ein Objekt
oral(e Phase)	erstes Jahr im Leben eines Menschen, in dem die „Mundwelt" im Mittelpunkt des Erlebens steht
paranoid	wahnhafte Verkennung der Realität
Philobat Fluchttendenz	Scheinautonomie mit Verleugnung der Abhängigkeit vom primären Objekt; aufgrund schmerzhafter Enttäuschung
Podagra	Gichtanfall der großen Zehe
präödipal	Entwicklungsstufe vor der ödipalen Zeit (vor dem 4. Lebensjahr)
Prognathie	anormal weites Vorstehen des Oberkiefers vor dem Unterkiefer
psychischer Apparat	Strukturmodell der Psychoanalyse, bestehend aus Es – Ich – Über – Ich
Psychoanalyse	Verfahren zur Untersuchung und Heilung psychogener Störungen (Neurosen) unter Einbeziehung des Unbewußten
Psychoanalytische Entwicklungspsychologie	Lehre der Psychoanalyse über die Entwicklung eines Menschen

Psychodynamik	Erklärung psychischer Erscheinungen aus dynamischen Beziehungen
Psychoneuroimmunologie	Lehre von dem Zusammenspiel des Nervenendokrinen- und Immunsystems
Psychose	Geisteskrankheit
Psychosomatik	seelisch-körperliche Betrachtungs- und Handlungsweise unter Einbeziehung der äußeren Lebens- und inneren Erlebensgeschichte
Purinstoffwechsel	biochemische Vorgänge unter besonderer Berücksichtigung des Purins als chemischem Vorläufer der Harnsäure
Pustel	mit Eiter gefülltes Bläschen
Reaktionsbildung	unbewußter Abwehrmechanismus, bei dem der Unlust erregende Impuls durch das Gegenteil ersetzt wird
Regression	unbewußter Abwehrmechanismus mit Wiederbelebung früherer Entwicklungsstufen
Rezidiv	Wiederauftreten einer Krankheit nach Abheilung
Rose	s. Gürtelrose
schizoid	zerrissen, gespalten; Störung aus der intentionalen Phase der frühkindlichen Entwicklung
Schizophrenie	Bewußtseinsspaltung; psychisches Krankheitsbild der endogenen Psychosegruppe
Schweißfieber „febris sudatoria britannica"	„englischer Schweiß" (Bezeichnung seit 1485); Bezeichnung seit 1802: „Frieselfieber mit starkem Schweiß", auch: „rheumatisches Schweißfieber"; Ätiologie insgesamt unbekannt

Schwindsucht	Tuberkulose
sekundärer Krankheitsgewinn	Ziehen von seelischen Vorteilen aus dem Kranksein
Selbstobjekt	der andere, das „Objekt", kann in einem frühen Entwicklungsstadium noch nicht vom eigenen Selbst unterschieden werden
Selbst-Psychologie	Lehre vom Menschen unter Berücksichtigung der bewußten und unbewußten Anteile der Person
Selbstrepräsentanz	seelisches Abbild der eigenen Person in einem selber
Selbstwertgefühl	Zumutesein des Menschen im Bewußtsein seiner Selbst und seines Verhaltens zu den Mitmenschen
Sinusitis	Entzündung der Nasennebenhöhlen
Spaltung	unbewußter Abwehrmechanismus mit Teilung des Selbst
spastische Bronchitis	durch Krampf bedingte Verengung der Luftwege
Strukturniveau	Stadium der seelischen Entwicklung unter Berücksichtigung der Objektbeziehungstheorie
Symbiose	hier: Lebenssituation des Kleinkindes mit extremer Abhängigkeit von der mütterlichen Fürsorge
Syphilis	Geschlechtskrankheit des Erregers Treponema pallidum
Tophus (Trophi)	Knoten, z. B. Tophus arthriticus (Gichtknoten mit Harnsäurekristallablagerungen)
Trauerarbeit	psychische Auseinandersetzung mit dem Verlust einer wichtigen Bezugsperson

Trieb	dynamischer Prozeß, der den Organismus auf ein Ziel hinstreben läßt
Trigeminusneuralgie	anfallartig auftretende (Gesichts-)Schmerzen im Ausbreitungsgebiet des Trigeminusnervs
Über-Ich	Instanz des psychischen Apparates, entspricht dem Gewissen
überprotektiv	überfürsorglich
Übertragung	Projektion frühkindlicher Einstellungen und Gefühle auf den Analytiker
Unbewußtes	alle psychischen Inhalte, die sich nicht im Bewußtsein befinden
Urate	harnsaure Salze
Verdrängung	unbewußter Abwehrmechanismus mit Einschränkung der Realitätswahrnehmung; Nicht-wissen-Wollen
Verleugnung	unbewußter Abwehrmechanismus, wobei objektive Sinneseindrücke als unwahr hingestellt werden, wenn sie traumatisierend wirken würden
wolhynisches Fieber	5-Tage-Fieber, verursacht durch Rickettsia quintana, eine Rickettsiose
zwanghaft	neurotische Auswirkung einer Störung der analen Phase der Entwicklung (2.-3. Lebensjahr)

6. Literatur

Anumonye, A., Dobsen, J. W., Oppenheim, S., Sutherland, J. S. (1969): Plasma uric acid concentration among edinborough business executives. J. Amer. Med. Ass. 208, S. 1141-1144.

Balint, M. (1957): Der Arzt, sein Patient und die Krankheit. Klett, Stuttgart.

Besançon, A. (1971): Psychoanalytische Geschichtsschreibung. In: Wehler, H. U. (Hg.): Geschichte der Psychoanalyse. Kiepenheuer & Witsch, Köln.

Bragman, L. J. (1932): Essay on gout compiled from the writing of James Russell Lowell. Med. J. Res. 136, S. 299-306.

Brooks, G. W., Mueller, E. (1966): Serum urate concentrations among university professors. J. Amer. Med. Ass. 195, S. 415-418.

Buchborn, E. (1980): Die Medizin und die Wissenschaften vom Menschen. Ansprache zur Eröffnung des 86. Kongresses der Deutschen Gesellschaft für innere Medizin, Wiesbaden.

Castelnuovo-Tedesca, P. (1966): Psychiatric observations on attacks of gout in a patient with ulcerative colitis. Psychosom. Med. 28, S. 781-788.

Descartes, R. (1911): Über die Leidenschaften der Seele. In: Philosophische Werke, Bd. II. Meiner, Leipzig.

Dornes, M. (1993): Psychoanalyse und Kleinkindforschung. Einige Grundthemen der Debatte. Psyche 43, S. 1116-1152.

Ebstein, W. (1903): Gicht. Deutsche Klinik, Bd. 3, S. 130. Urban & Schwarzenberg, Berlin.

Emde, R. N. (1991): Die endliche und die unendliche Entwicklung. Psyche 45, S. 745-779; S. 890-913.

Erikson, E. H. (1958): Young man Luther. A study in psychoanalysis and history. Norton, New York.

Freud, S. (1933): Neue Folge der Vorlesungen zur Einführung in die Psychoanalyse. Gesammelte Werke, Bd. XV. Imago Publishing, 1950.

Garrod, A. B. (1876): A treatise of gout and rheumatic gout (rheumatic arthritis). Longmans, London.

Gay, P. (1994): Freud für Historiker. edition discord, Tübingen.

Groddeck, G. (1923): Das Buch vom Es. Intern. Psychoanalyt. Verlag, Wien.

Habermas, J. (1967): Zur Logik der Sozialwissenschaften. Philosophische Rundschau, Beiheft 5.

Heisenberg, W. (1969): Physik und Philosophie. S. Hirzel, Stuttgart.

Jores, A. (1959): Der Mensch und seine Krankheit. Klett, Stuttgart.

Kasl, S.V., Brooks, G. W., Cobb, S. (1966): Serum uric concentrations in male highschool students. J. Amer. Med. Ass. 198, S. 713-716.

Kasl, S.V., Brooks, G. W., Rodgers, W. L. (1970): Serum uric acid and cholesterol in achievement behavior and motivation. J. Amer. Med. Ass. 213, S. 1158-116.

Kasl, S.V., Cobb, S., Brooke, G. W. (1968): Changes in uric acid and cholesterol levels in men undergoing job loss. J. Amer. Med. Ass. 206, S. 1500-1507.

Katz, J. L., Weiner, H., Gutman, A., Yu, T. F. (1973): Hyperuricemia, gout and executive suite. J. Amer. Med. Ass. 224, S. 1251-1257.

Katz, J. L., Weiner, H. (1972): Psychosomatic considerations in hyperuricemia and gout. Psychosom. Med. 34, S. 165-182.

Kernberg, O. F. (1988): Schwere Persönlichkeitsstörungen. Klett-Cotta, Stuttgart.

Klauber, J. (1968): Über die Verwendung geisteswissenschaftlicher und naturwissenschaftlicher Methoden in der Psychoanalyse. Psyche 22, S. 518-533.

Kluge, F. (1967): Deutsches Etymologisches Wörterbuch. de Gruyter, Berlin, 20. Auflage.
Klußmann, R.: (1983): Psychosomatische Aspekte der Gicht. Vandenhoeck & Ruprecht, Göttingen.
Kuzell, W. Ch., Gaudin, G. P. (1956): Gicht. Docum. rheum., Bd. 10. Geigy, Basel.
Lessiak, P. (1912): Gicht. Ein Beitrag zur Kunde Deutscher Krankheitsnamen. Z. dt. Alt. 53, S. 101-182.
Lowell, J. R.: s. Bragman, L. J.
Mertens, W. (1992): Kompendium psychoanalytischer Grundbegriffe. Quintessenz, München.
Mertz, D. P., Burger, S. (1987): Zur Darstellung der Gicht in Geschichte, Satire und Malerei. Fortschr. Med. 22, S. 1257-1259.
Mertz, D. P. (1990): Geschichte der Gicht. Thieme, Stuttgart.
Minuchin, S., Baker, L., Rosman, B. L., Liebman, R., Milman, L., Todd, Th. I. (1975): A conceptual model of psychosomatic illness in children. Family organization and family therapy.
Mitscherlich, A. (1954): Zur psychoanalytischen Auffassung psychosomatischer Krankheitsentstehung. Psyche 7, S. 561-578.
Mitscherlich, A. (1961): Anmerkungen über die Chronifizierung psychosomatischen Geschehens. Psyche 15, S. 1-25.
Mitscherlich, A. (1983): „Könige sind archetypische Großväter". Zur Psychologie des Preußen Friedrich II. Aus: Alexander Mitscherlich: Gesammelte Schriften, Bd. VII. Wiegandt, H., (Hg.). Suhrkamp, Frankfurt/M. In: Wiegandt, H. (Hg.): Alexander Mitscherlich. Gesammelte Schriften, Bd. VII. Suhrkamp, Frankfurt/M.
Montoye, H. J., Faulkner, J. A., Mikkelsen, W. M., Willis, P. W., Block, W. B. (1967): Serum uric acid concentration among business executives. Ann. Intern. Med. 66, S. 838-850.
Mueller, E. T., French, J. R. P. (1974): Uric acid and achievement. J. Personal. Soc. Psychol. 30, S. 336-340.
Naunyn, B. (1909): Ärzte und Laien. Gesammelte Werke, Bd. 2, Würzburg.
Novalis (1975): Heinrich von Ofterdingen. In: Dichtungen. Rowohlt, Reinbek.
Orowan, E. (1955): The origin of man. Nature London 175, S. 683-684.
Overbeck, G. (1973): Krankheit als Anpassung. Suhrkamp, Frankfurt/M.
Rahe, R. H., Ranson, J. A. (1977): Stressful underwater demolition training. J. Amer. Med. Ass. 202, S. 1052-1054.
Rodnan, G. P. (1961): A battery of gout. Arthr. and Rheum. 27, S. 176-193.
Scheele, K. W. (1776): Examen chemicum calculi urinarii. Opuscula, Bd. II, S. 73.
Schmidl, F. (1964/65): Zur Methodenfrage der angewandten Psychoanalyse. Psyche 18, S. 616-629.
Stierlin, H. (1976): Psychosomatische Erkrankungen als Störungen der Differenzierungs-Integration: Ein Ausblick auf die „Familienpsychosomatik". Familiendynamik 4, S. 272-293.
Stierlin, H. (1977): Familientherapeutische Aspekte der Übertragung und Gegenübertragung. Familiendynamik 2, S. 182-198.
Stierlin, H., Wirsching, M., Rücker-Embden, I., Wetzel, N. (1977): „Problemfamilien" im Erstinterview. Familiendynamik 3, S. 208-229
Strout, C. (1971): Historiker und Ich-Psychologie. In: Wehler, H. U. (Hg.): Geschichte und Psychoanalyse. Kiepenheuer & Witsch, Köln.
Sydenham, Th. (1776): Abhandlung über die Gicht. In: Sudhoff, K.: Klassiker der Medizin. Barth, Leipzig.
Talbott, J. H. (1967): Gout. Grune and Stratton, New York.

Talbott, J. H., Fan Yü, Ts' sai, (1976): Gout and uric acid metabolism. Thieme, Stuttgart.
Treurniet, N. (1995): Was ist Psychoanalyse heute? Psyche 49, S. 111-140.
Uexküll, Th. v., Wesiack, W.: Theorie der Humanmedizin. Urban & Schwarzenberg, München.
Watzlawik, P. (1992): Vom Unsinn des Sinns oder vom Sinn des Unsinns. Picus, Wien.
Wehler, H. U. (1971): Zum Verhältnis von Geschichtswissenschaft und Psychoanalyse. In: Wehler, H. U. (Hg.): Geschichte und Psychoanalyse. Kiepenheuer & Witsch, Köln.

- Heinrich VII.

Baumann, U. (1994): Heinrich VIII. Rowohlt, Hamburg/Reinbek.
Commire, A. (1994): History world leaders. Europe, Bd. 2, Gale Research Inc., Detroit, Washington, London.
Flügel, J. C. (1921): Charakter und Eheleben Heinrichs VIII. Imago 7, S. 424-452.
Graham, W., Graham, K. M. (1955): Our gouty past. Cand. M. A. J. 73, S.485-493.
Ridley, J. (1993): Heinrich VIII. Eine Biographie. Knaur, München.
Shrewsbury, J. F. B. (1952): Henry VIII.: A medical Study. J. Hist. Med. 7, S. 141-185.
Talbott, J. H., Fan Yü, Ts' sai (1976): Gout and uric acid metabolism. Thieme, Stuttgart. S. 1-25.

- Heinrich VIII.

Baumann, U. (1994): Heinrich VIII. Rowohlt, Hamburg.
Flügel, J. C. (1921): Charakter und Eheleben Heinrichs VIII. Imago 7, S. 424-452.
George, M. (1988): The autobiography of Henry VIII. Pan Books, Macmillan, London.
Jacobs, E., de Vitray, E. (1980): Heinrich VIII. von England in Augenzeugenberichten. dtv, München.
Ridley, J. (1993): Heinrich VIII.: Eine Biographie. Droemer-Knaur, München.
Shrewsbury, J. F. D. (1952): Henry VIII. A medical study. J. Hist. Med. 7, S. 141-185.
Tucker, V. M. J. (1994): Das Kind als Anfang und Ende: Kindheit in England im fünfzehnten und sechzehnten Jahrhundert. In: de Mause, L. (Hg.): Hört ihr die Kinder weinen. Suhrkamp, Frankfurt/M.

- Karl V.

Alvarez, M. F. (1980). Karl V. Herrscher eines Weltreiches. Heyne, München.
Brandi, K. (1959): Kaiser Karl V. Werden und Schicksal einer Persönlichkeit und eines Weltreiches. Wiss. Buchges., Darmstadt.
Brandi, K. (1967): Kaiser Karl V., Quellen und Erörterungen. Wiss. Buchges., Darmstadt.
De Fernandy, M. (1966): Karl V. Wunderlich, Tübingen.
Mc Guigan, D. Gies (1966): Familie Habsburg, 1273-1918. Fritz Molder, Wien.
Lahnstein, P. (1979): Auf den Spuren von Karl V. List, München.
Lettenhove, K. v. (Hg.) (1862): Aufzeichnungen des Kaisers Karl des Fünften. Deutsch von L. A. Warnkönig, Brockhaus, Leipzig.
Morel-Fatio, A. (1913): Historiographie de Charles-Quint. Librairie Honore Champion, Paris.
Nette, H. (1990): Karl V. Rowohlt, Reinbek.
O'Malley, C. D. (1964): Andreas Vesalius of Brussels 1514-1564. Univ. of California Press, Berkeley, Los Angeles.
Pfandl, L. (1938): Philipp II. Gemälde eines Lebens und einer Zeit. Callwey, München.

Rassow, P. (1957): Karl V., der letzte Kaiser des Mittelalters. Musterschmidt, Göttingen.
Schneider, P. (1996): Karl V. und seine Gicht. Unveröffentl. Diss., München.
Seibt, F. (1990): Karl V. Der Kaiser und die Reformation. Siedler, Berlin.
Treue, W. (1955): Mit den Augen ihrer Leibärzte. Von bedeutenden Medizinern und großen Patienten. Droste, Düsseldorf.
Vacha, B. (Hg.), (1992): Die Habsburger. Styria, Graz.
Walther, A. (1911): Die Anfänge Karls V. Raul, Leipzig.
Winkler, E. (1966): Margarete von Österreich, Grande Dame der Renaissance. München.

– Philipp II.

Alvarez, M. F. (1908): Karl V. Herrscher eines Weltreiches. Heyne, München.
Cremerius, J. (1968): Die Reaktionsbildung im Leben Philipps II. und ihre Bedeutung für das Schicksal Spaniens. Psyche 22, S. 118-142.
Giardini, C. (1936): Don Carlos. Infant von Spanien. Callwey, München, 2. erw. Auflage.
Kesten, H. (1982): König Philipp II. Ullstein, Frankfurt/M., Berlin.
Pfandl, L. (1938): Philipp II. Gemälde eines Lebens und einer Zeit. Callwey, München.
Schneider, P. (1996): Karl V. und seine Gicht. Unveröffentl. Diss., München.
Schneider, R. (1987): Philipp II. oder Religion und Macht. Suhrkamp, Frankfurt/M.
Vacha, B. (Hg.), (1992): Die Habsburger. Styria, Graz.

– Wallenstein

Boehn, M. v. (1926): Wallenstein. Karl König, Wien, Leipzig.
Diwald, H. (1969): Wallenstein. Eine Biographie. Bechtle, München.
Diwald, H. (1972): Friedrich Schiller. Wallenstein. Ullstein, Frankfurt/M.
Huch, R. (1920): Wallenstein. Eine Charakterstudie. Insel, Leipzig.
Janko, W. E. v. (1867): Wallenstein. Ein Charakterbild. W. Braumüller, Wien.
Klein, H. V. (1935): Die Krankheit Wallensteins. Sudhoffs Arch. Gesch. Med. und Naturwiss. 28, S. 81-112.
Klußmann, R. (1983): Psychosomatische Aspekte der Gicht. Vandenhoeck & Ruprecht, Göttingen.
Klußmann R. (1993): Psychotherapie. Springer, Heidelberg, Berlin, 2. Auflage.
Lange-Eichbaum, W., Kurth, W., Ritter, W. (Bearb.) (1992): Genie, Irrsinn und Ruhm. , E. Reinhardt, München.
Mann, G. (1972): Wallenstein. S. Fischer, Frankfurt/M.
Mitchell, L. C. J. (1968): The life of Wallenstein, Duke of Friedland. Greenwood Press, New York.
Pekar, K. (1937): Wallenstein 1630-1634. Metzner, Berlin.
Ranke, L. v. (1938): Wallenstein. Junker & Dümmhaupt, Berlin.
Srbik, H. (1952): Wallensteins Ende. Müller, Salzburg.
Stieve, F. (1897): Wallensteins Übertritt zum Katholizismus. Straub, ohne Ortsangabe.
Strubell-Harkort, A. (1933): Albrecht von Wallenstein, Herzog von Friedland, von Mecklenburg und Sagan. Eine medizinhistorische Studie. Sudhoffs Arch. f. Gesch. Med. und Naturwiss. 26, S. 105-120.
Wagner, G. (1958): Wallenstein. Bergland, Wien.

– Friedrich Wilhelm, der große Kurfürst

Bedürftig, F. (1981): Preußisches Lesebuch. Unipart, Stuttgart.
Beuys, B. (1984): Der Große Kurfürst. Rowohlt, Reinbek.

Carsten, F. L. (1968): Die Entstehung Preußens. Kiepenheuer & Witsch, Köln.
Engelmann, B. (1979): Preußen. Bertelsmann, München.
Haffner, S. (1978): Preußen ohne Legende. Gruner & Jahr, Hamburg.
Hintze, O. (1967): Geist und Epochen der preußischen Geschichte. Vandenhoeck & Ruprecht, Göttingen.
Oesterreich, G. (1971): Friedrich Wilhelm, der Große Kurfürst. Vandenhoeck & Ruprecht, Göttingen.
Opgenoorth, E. (1971): Friedrich Wilhelm, der Grosse Kurfürst von Brandenburg. Musterschmidt, Göttingen.
Petersdorff, H. v. (1939): Der Große Kurfürst. Kochler & Amdang, Leipzig.

– Friedrich I., der „erste König in Preußen"
Bedürftig, F. (1981): Preussisches Lesebuch. Unipart, Stuttgart.
Beuys, B. (1984): Der Große Kurfürst. Rowohlt, Hamburg.
Frey, L. (1984): Friedrich I.: Preußens erster König. Styria, Graz, Wien, Köln.
Haffner, S. (1979): Preussen ohne Legende. Gruner & Jahr, Hamburg.
Heyck, E. (1901): Friedrich I. und die Begründung des preußischen Königtums. Velhagen & Klasing, Bielefeld, Leipzig.
Klußmann, R. (1996): Psychosomatische Medizin. Springer, Heidelberg, 3. Auflage.
Koch, W. (1926): Hof und Regierungsverfassung König Friedrich I. von Preußen (1697-1710). M & H Marcus, Breslau.
Ranke, L. v., Schoeps, H. J. (Hg.), (1981): Preußische Geschichte 1415-1871. W. Goldmann, München.
Strack., M. (1935): Das wahre Gesicht des ersten Preußenkönigs Friedrich I., Julius Belz, Langensalza, Berlin, Leipzig.

– Friedrich Wilhelm I., der „Soldatenkönig"
Bedürftig, F. (1981): Preußisches Lesebuch. Unipart, Stuttgart.
Benninghoven, F., Börsch-Sudan, H., Gundermann, I. (1986): Friedrich der Große. Ausstellungskatalog. Geheimes Staatsarchiv Preußischer Kulturbesitz. Nicolai, Berlin.
Haffner, S. (1979): Preußen ohne Legende. Gruner & Jahr, Hamburg.
Hinrichs, C. (1941): Friedrich Wilhelm I., König in Preussen. Eine Biographie. Hanseat. Verlagsanstalt, Hamburg.
Kathe, H. (1981): Der „Soldatenkönig". Pahl-Rugenstein, Köln.
Klepper, J. (1937): Der Vater. Roman eines Königs. Deutsche Verlagsanstalt, Stuttgart.
Klepper, J. (1959): In tormentis pinxit. Bilder und Briefe des Soldatenkönigs. Deutsche Verlagsanstalt, Stuttgart.
Miosge, A. (1935): Soldatenkönig Friedrich Wilhelm I. Julius Beltz, Langensalza, Berlin, Leipzig.
Oesterreich, G. (1971): Friedrich Wilhelm I. Preußischer Absolutismus, Merkantilismus, Militarismus. Musterschmidt, Göttingen.
Oppeln-Bronikowski, F. v. (1934): Der Baumeister des preußischen Staates. Leben und Wirken des Soldatenkönigs Friedrich Wilhelm I. Diederichs, Jena.
Venohr, W. (1990): Der Soldatenkönig. Ullstein, Berlin.

– Friedrich II., „der Große"
Artelt, W. (1955): Ärzte um Friedrich den Großen. Ciba Zeitschrift 72, Bd. 6, Friedrich der Große und seine Ärzte, Wehr/Baden.
Augstein, R. (1991): Preußens Friedrich und die Deutschen. S. Fischer, Frankfurt/M.
Balint, M. (1972): Angstlust und Regression. Rowohlt, Reinbek.

Benninghoven, F., Börsch-Sudan, H., Gundermann, I. (1986): Friedrich der Große. Ausstellungskatalog. Geheimes Staatsarchiv Preußischer Kulturbesitz. Nicolai, Berlin.
Berney, A. (1934): Friedrich der Große. Entwicklungsgeschichte eines Staatsmannes. Mohr, Tübingen.
de Mause, L. (Hg.), (1994): Hört ihr die Kinder weinen. Eine psychogenetische Geschichte der Kindheit. Suhrkamp, Frankfurt/M.
Gerlitt, J. (1955). Der Alte Fritz. Ciba Zeitschrift 72, Bd. 6, Friedrich der Große und seine Ärzte. Wehr/Baden.
Holmsten, G. (1969): Friedrich II. Rowohlt, Reinbek.
Klußmann, R. (1983): Psychosomatische Aspekte der Gicht. Vandenhoeck & Ruprecht, Göttingen.
Klußmann, R. (1983): Gichtkranke historische Persönlichkeiten. Ein Beitrag zur psychosomatischen Symptomentstehung. Z. Psychosom. Med. 29, S. 162-173.
Kohut, H. (1979): Narzißmus. Suhrkamp, Frankfurt/M.
Kohut, H. (1987): Wie heilt die Psychoanalyse? Suhrkamp, Frankfurt/M.
Koser, R. (1912–1914): Geschichte Friedrichs des Großen, Vol. 1-4, J. G. Cotta, Stuttgart, Berlin.
La Mettrie, J. O. de. (1984): Der Mensch eine Maschine. Reclam, Leipzig, 2. Auflage.
Larisse, E. (1891/1918): Die Jugend Friedrichs des Großen. Reimar-Hobbing, Berlin.
Mitscherlich, A. (1981): „Könige sind archetypische Großväter". Zur Psychologie des Preußen Friedrich II. In: Wiegandt H. (Hg.): Alexander Mitscherlich. Gesammelte Schriften, Bd. VI. Suhrkamp, Frankfurt/M.
Reiners, L. (1980): Friedrich. Deutscher Taschenbuchverlag, München.
Schieder, T. (1983): Friedrich der Große. Ein Königtum der Widersprüche. Propyläen, Frankfurt/M.
Selle, C. G., von Rüster, D. (Hg.) (1993): Dort bin ich ohne Sorgen. Krankheit und Sterben des Großen, aufgeschrieben von seinem Leibarzt. Aufbau, Berlin.

– Bismarck

Ballhausen, L. v. (1921): Bismarck-Erinnerungen. J. G. Cottasche Buchhandlung Nachfolger, Stuttgart, Berlin.
Baumgardt, R. (1951): Bismarck: Licht und Schatten eines Genies. Andermann, München, Wien.
Brockhaus Enzyklopädie Bd. II. (1967), F. A. Brockhaus, Wiesbaden.
Crankshaw, E. (1990): Bismarck: Biographie. List, München.
Engelberg, E. (1987): Bismarck: Urpreuße und Reichsgründer. Akademieverlag, Berlin.
Engelberg, E. (1990): Otto und Johanna von Bismarck. Siedler, Berlin.
Gall, L. (1990): Bismarck-Preußen, Deutschland und Europa. Ausstellungskatalog Deutsches Historisches Museum Berlin. Nicolai, Berlin.
Groos, K. (1920): Bismarck in eigenem Urteil: Psychologische Studien. J. G. Cottasche Buchhandlung Nachfolger, Stuttgart, Berlin.
Hank, M. (1980): Kanzler ohne Amt: Fürst Bismarck nach seiner Entlassung 1890-1898. tuduv Verlagsgesellschaft, München.
Klußmann, R. (1983): Psychosomatische Aspekte der Gicht. Vandenhoeck & Ruprecht, Göttingen.
Klußmann, R. (1983): Gichtkranke historische Persönlichkeiten: Ein Beitrag zur psychosomatischen Symptomentstehung. Z. Psychosom. Med. 29, S. 162-173.
Kohl, H. (Hg.) (1915): Briefe Ottos von Bismarck und Schwager Malwine von Arnim, geb. v. Bismarck und Oskar von Arnim-Kröcklendorff 1843-1897. 1. Aufl., Dietrich, Leipzig.

Kohut, H. (1979): Die Heilung des Selbst. Suhrkamp, Frankfurt/M.
Lehmann, M. (1948): Bismarck: Eine Charakteristik. O. Arnold, Berlin.
Ludwig, E. (1978): Bismarck: Eine Biographie. Goldmann, München.
Mann, G. (1958): Deutsche Geschichte des 19. und 20. Jahrhunderts. Deutscher Bücherbund, Stuttgart, Hamburg.
Marcks, E. (1939): Bismarck: Eine Biographie 1815-1851. Deutsche Verlagsanstalt, Stuttgart, 21. Auflage.
Meyer, A. O. (1949): Bismarck: Der Mensch und der Staatsmann. K. F. Koehler, Stuttgart.
Mösch, D. (1994): Psychosomatische Aspekte der Gichterkrankung Bismarcks. Dissertation Univ. München.
Nissen, W. (1982): Otto von Bismarcks Göttinger Studienjahre. Vandenhoeck & Ruprecht, Göttingen.
Pflanze, O. (1990): Toward a psychoanalytic interpretation of Bismarck. A. His. Rev. 77, S. 419-477.
Pflanze, O. (1997): Bismarck. Der Reichsgründer. Beck, München.
Richter, W. (1962): Bismarck. S. Fischer, Frankfurt/M.
Schoeps, H. J. (1972): Bismarck über Zeitgenossen. Zeitgenossen über Bismarck. Ullstein, Frankfurt/M.
Sempell, C. (1972): Otto von Bismarck. Twayne Publishers, New York.
Siebenschön, L. (1990): Der achte Himmel: wie Ehen gelingen. S. Fischer, Frankfurt/M.
Tiedemann, C. v. (1909): Aus sieben Jahrzehnten: Erinnerungen, Bd. 2. Sechs Jahre Chef der Reichskanzlei unter dem Fürsten Bismarck. S. Hirzel, Leipzig.
Winter, J. M. (1988): Mein geliebter Bismarck: Der Reichskanzler und die Fürstin Johanna. Droste, Düsseldorf.
Ziegler, P. (1979): Bismarck in der Badewanne: Als „eiserner" Kurgast in Bad Kissingen, Baden-Baden und Gastein: Ein Lesebuch. Kommissionsverlag, Volkach.

– Rubens

Daye, P. (1943): Peter Paul Rubens. Hesperos, Nürnberg.
Evers, H. G. (1942): Peter Paul Rubens. Bruckmann, München.
Klußmann, R. (1983): Gichtkranke historische Persönlichkeiten. Z. Psychosom. Med. 29, S. 162-173.
Knackfuß, H. (1925): Rubens. Velhagen & Clasing, Bielefeld.
Lehmann, F. R. (1954): Rubens und seine Welt. Günther, Stuttgart.
Warnke, M. (1977): Peter Paul Rubens. Leben und Werk. Du Mont, Köln.
Zoff, O. (1918): Die Briefe des P. P. Rubens. Anton Scholl, Wien.

– Vater-Sohn-Problematik und Macht

Eissler, K. R. (1992): Todestrieb, Ambivalenz, Narzißmus. Fischer Taschenbuch Verlag , Frankfurt/M.
Freud, S. (1892–1899): Die Sexualität in der Ätiologie der Neurose. Gesammelte Werke, Bd. I. Imago Publishing, London (1952).
Freud, S. (1913): Totem und Tabu. Gesammelte Werke, Bd. IX. Imago Publishing, London.
Frey, L. u. M. (1984): Friedrich I., der erste König in Preußen. Styria, Graz, Köln.
Hammelehle, A. (1994): Vaterliebe gegen das Patriarchat. Eigendruck, Kornthal-Münchingen.

Herrmann, A. P. (1986): Das Vaterbild psychosomatisch Kranker. Springer, Berlin, Heidelberg.
Mentzos, S. (1993): Der Krieg. Fischer Taschenbuch Verlag, Frankfurt/M.

In der Reihe »BIBLIOTHEK DER PSYCHOANALYSE« bislang erschienen:

Karin Bell, Kurt Höhfeld (Hg.): Psychoanalyse im Wandel.

Karin Bell, Kurt Höhfeld (Hg.): Aggression und seelische Krankheit.

Rosemarie Eckes-Lapp, Jürgen Körner (Hg.): Psychoanalyse im sozialen Feld.

Otto Fenichel: Aufsätze.

Otto Fenichel: Psychoanalytische Neurosenlehre.

Mathias Hirsch (Hg.): Der eigene Körper als Objekt.
Zur Psychodynamik selbstdestruktiven Körperagierens

Kurt Höhfeld, Anne-Marie Schlösser (Hg.): Psychoanalyse der Liebe.

Marianne Leuzinger-Bohleber (Hg.): Psychoanalysen im Rückblick.

E. James Lieberman: Otto Rank – Leben und Werk.

Hans-Martin Lohmann (Hg.): Das Unbehagen in der Psychoanalyse.

Christiane Ludwig-Körner: Wiederentdeckt – Psychoanalytikerinnen in Berlin.
Auf den Spuren vergessener Generationen

Esther Menaker: Schwierige Loyalitäten.
Psychoanalytische Lehrjahre in Wien 1930-1935

Emilio Modena (Hg.): Das Faschismus-Syndrom.

Ludwig Nagl u.a. (Hg.): Philosophie und Psychoanalyse.

Otto Rank: Das Trauma der Geburt.
und seine Bedeutung für die Psychoanalyse

Paul Roazen: Sigmund Freud und sein Kreis.

Paul Roazen: Wie Freud arbeitete.
Berichte von Patienten aus erster Hand

Anne-Marie Schlösser, Kurt Höhfeld (Hg.): Trauma und Konflikt.

Robert J. Stoller: Perversion.
Die erotische Form von Haß

Vamik D. Volkan: Das Versagen der Diplomatie.
Zur Psychoanalyse nationaler, ethnischer und religiöser Konflikte

Robert J. Stoller

Perversion

Die erotische Form
von Haß

290 Seiten
DM 34,–, öS 248,–, SFr 31,50
ISBN 3-932133-51-X

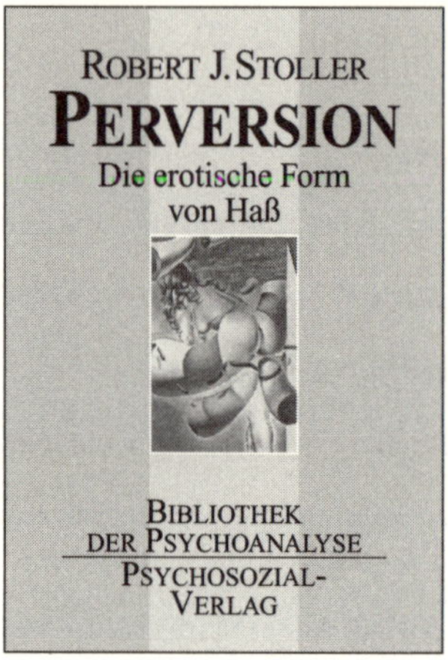

In diesem Buch setzt sich Stoller mit den psychischen Energien auseinander, die Männer und Frauen in sexuelle Erregung versetzen.

Die Dynamik einer »normalen« geschlechtlichen Entwicklung wird erst durch die von Stoller beschriebenen sexuellen Störungen voll verständlich.

Er unterscheidet Perversion von anderen Formen der sexuellen Abweichung und stellt fest, daß der Haß das entscheidende Merkmal der Perversion ist.

An faszinierenden Beispielen und Fallstudien weist Stoller nach, daß Versagungen, Traumata und Konflikte, deren Wurzeln in der Kindheit liegen, sich durch ein prozeßhaftes Geschehen, das sich der Phantasie bedient, in sexuelle Erregung verwandeln.

PSV

Psychosozial-Verlag · Friedrichstraße 35 · 35392 Gießen
Telefon: 06 41/ 7 78 19 · Telefax: 06 41/ 7 77 42